R&A 공식 지정

사진과 그림으로 보는
골프 룰 해설집

2012–2015

고려닷컴

차례

머리말	3
2012년 규칙의 주요 변경 사항	4
이 책의 이용 방법	5
골프 규칙의 빠른 이해를 위한 지침	6

제1장
에티켓: 코스에서의 행동 … 10

제2장
용어의 정의 … 13

제3장
플레이 규칙 … 24

경기
1. 경기 … 24
2. 매치 플레이 … 27
3. 스트로크 플레이 … 31

클럽과 볼
4. 클럽 … 33
5. 볼 … 39

플레이어의 의무
6. 플레이어 … 43
7. 연습 … 52
8. 어드바이스: 플레이 선의 지시 … 55
9. 타수의 보고 … 57

플레이 순서
10. 플레이 순서 … 58

티잉 그라운드
11. 티잉 그라운드 … 62

볼 플레이
12. 볼 찾기와 확인 … 64
13. 볼은 있는 그대로의 상태로 플레이 … 68
14. 볼을 치는 방법 … 74
15. 교체한 볼: 오구 … 79

퍼팅 그린
16. 퍼팅 그린 … 82
17. 깃대 … 88

볼이 움직여지거나, 방향이 변경되거나, 정지된 경우
18. 정지된 볼이 움직인 경우 … 92
19. 움직이고 있는 볼이 방향이 변경되거나 정지된 경우 … 98

구조 상황과 그 처리 방법
20. 볼을 집어 올리기, 드롭하기 및 플레이스하기: 오소에서의 플레이 … 102
21. 볼의 닦기 … 111
22. 플레이에 원조 또는 방해가 되는 볼 … 112
23. 루스 임페디먼트 … 114
24. 장해물 … 116
25. 비정상적인 코스 상태, 지면에 박힌 볼 및 다른 퍼팅 그린 … 127
26. 워터 해저드 (래터럴 워터 해저드 포함) … 135
27. 분실구 또는 아웃 오브 바운드 볼: 잠정구 … 141
28. 언플레이어블 볼 … 147

기타의 플레이 방식
29. 스리섬과 포섬 … 150
30. 스리볼, 베스트볼 및 포볼 매치 플레이 … 152
31. 포볼 스트로크 플레이 … 156
32. 보기, 파 및 스테이블포드 경기 … 159

운용 관리
33. 위원회 … 161
34. 분쟁과 재정 … 167

부속 규칙

부속 규칙 I
로컬 룰: 경기 조건 … 170
Part A. 로컬 룰 … 170
Part B. 로컬 룰의 실례 … 171
Part C. 경기 조건 … 178

부속 규칙 II
클럽의 디자인 … 183

부속 규칙 III
볼 … 190

부속 규칙 IV
기기 및 다른 장비 … 190

감사의 말 … 192

머리말

골프 규칙은 4년마다 개정하고 발행되며 이번 《사진과 그림으로 보는 골프 룰 해설집》에는 2012년 1월 1일부터 유효한 골프 규칙이 수록되어 있습니다.

골프의 가장 큰 특징은 사람과 장소의 다양성이라고 할 수 있습니다. 증가하는 상황과 환경의 변화에 관해서 취급해야 하기 때문에 골프 규칙이 다소 복잡해지는 것은 불가피한 일입니다. 그중에 많은 부분은 2년마다 재검토하여 발행되는 《골프 규칙 재정》에 수록됩니다.

《사진과 그림으로 보는 골프 룰 해설집》의 목적은 골퍼들이 보다 쉽게 이해할 수 있도록 돕기 위하여 골프 규칙에 대한 시각적인 안내를 하는 것입니다. 이 출판물에서 잘 활용하고 있는 그림, 도표와 본문뿐만 아니라 '골프 규칙의 빠른 이해를 위한 지침'에서 얻을 수 있는 통합된 정보는 모든 골퍼에게 긴요한 학습 도구이며 참고 문헌입니다.

이 책 이외에도 R&A 웹사이트(www.randa.org)에서는 특정한 규칙에 관해서 흥미를 집중시키기 위하여 퀴즈, 비디오 및 뉴스와 함께 골프 규칙과 골프 규칙 재정에 더 접근할 수 있는 유용한 '규칙 탐험가(Rules Explorer)'를 운영하고 있습니다. 그리고 역시 그 웹사이트에서 휴대용 기기를 위한 규칙 응용 프로그램도 있는데 이것은 '다운로드 및 무료 발행(Downloads and Free Publicatons)' 메뉴에서 얻을 수 있습니다.

끝으로 나는 일반적인 모든 골퍼에게 전적으로 이 책을 추천하는 바입니다. 옛말에 "천 마디 말보다 한 번 보는 게 낫다"고 했습니다. 독자들이 이 책을 읽으면 그 말이 진실임을 알게 될 것이라고 믿습니다.

크리스토퍼 힐튼(Christopher J. Hilton)
규칙위원회 위원장
R&A 규칙 유한 회사

R&A 규칙 유한 회사

2004년 1월 1일부로 골프 규칙에 관한 제정, 해석 및 재정을 내리는 사항의 로열 앤드 에인션트 골프 클럽 오브 세인트 앤드루스(The Royal and Ancient Golf Club of St Andrews)의 책임과 권한을 R&A 규칙 유한 회사로 이양한다.

성별

골프 규칙에서 어떤 사람에 관련해서 사용된 성별은 양성(남성과 여성)을 모두 포함하는 것으로 이해하여야 한다.

신체 장애가 있는 골퍼

신체 장애인 골퍼들의 편의를 도모하기 위하여 골프 규칙에서 허용된 수정 사항이 포함된 《신체 장애가 있는 골퍼들을 위한 골프 규칙 수정판(A Modification of the Rules of Golf for Golfers with Disabilities)》이라는 R&A 출판물이 있으며 R&A를 통하여 이를 구입할 수 있다.

재정

이 책은 《골프 규칙 재정(Decisions on The Rules of Golf)》을 참조하였다. 현행 《골프 규칙 재정》은 www.randa.org를 통하여 구입할 수 있다.

2012년 규칙의 주요 변경 사항

용어의 정의
볼에 어드레스
플레이어가 스탠스를 취했거나 취하지 않았거나에 상관없이 단지 클럽을 볼 바로 앞이나 볼 바로 뒤의 땅에 댔을 때 볼에 어드레스한 것이 되는 것으로 용어의 정의를 수정하였다. 따라서 일반적으로 규칙은 플레이어가 해저드 안에서 볼에 어드레스하는 것에 대해서는 더 이상 규정하지 않는다(규칙18-2b에 대한 관련 변경 사항 참조).

규칙
규칙1-2. 볼의 움직임이나 자연적 상태의 변경에 영향을 미치는 행동
만일 플레이어가 한 홀의 플레이 중 규칙에서 허용되지 않으나 다소 불리하게 작용하도록, 고의로 볼의 움직임에 영향을 미치거나 자연적 상태를 변경시키기 위한 행위를 했다면 그 행위가 이미 다른 규칙에 규정되어 있지 않은 경우에 한해서 규칙1-2가 적용된다는 것을 더욱 명확히 제정하기 위하여 규칙을 수정하였다. 예를 들어 플레이어가 볼의 라이를 개선한 것은 규칙13-2의 위반이기 때문에 그 규칙이 적용되지만 한편으로 플레이어가 고의로 동반 경기자 볼의 라이를 개선한 것은 규칙13-2에 규정되어 있지 않은 상황이기 때문에 규칙1-2가 적용된다.

규칙6-3a. 출발 시간
출발 시간에 지각하였으나 출발 시간 후 5분 이내의 도착에 대한 벌은 경기 실격에서 매치 플레이에서는 1번 홀의 패, 스트로크 플레이에서는 1번 홀에서 2벌타로 줄인다는 것을 규정하기 위하여 규칙6-3a를 수정하였다. 이미 이 완화된 벌칙은 경기 조건으로 도입이 가능하였었다.

규칙12-1. 볼이 보이는 한도: 볼 찾기
규칙12-1은 명확히 하기 위하여 기술 형식을 개선하였다. 아울러 (i) 코스의 어느 곳에서도 플레이어의 볼이 모래로 덮여 있을지도 모른다고 생각될 때 플레이어에게 그의 볼 찾기를 허용하고 그 상황에서 볼을 움직인 경우 벌이 없다는 것과 (ii) 해저드 안에서 플레이어가 그의 볼이 루스 임페디먼트로 덮여 있다고 생각되어 그 볼을 찾을 때 그의 볼을 움직인 경우에는 규칙18-2a에 의한 1벌타를 적용하기 위하여 본 규칙을 수정하였다.

규칙13-4. 볼이 해저드 안에 있는 경우: 금지되는 행위
다만 코스를 보호하기 위한 목적이라면 그리고 규칙13-2에 위반되지 않는다면 플레이어에게 해저드 안에서, 그 해저드에서 플레이하기 전을 포함하여, 어느 때든지 모래나 흙을 평탄하게 고르는 것을 허용하기 위하여 규칙13-4 예외2를 수정하였다.

규칙18-2b. 어드레스한 후에 움직인 볼
플레이어가 어드레스한 후에 볼이 움직였는데 그가 볼을 움직인 원인이 되는 일을 하지 않았다는 것을 알고 있거나 사실상 확실한 경우 플레이어는 벌에서 면제된다는 새로운 예외를 추가하였다. 예를 들어 어드레스한 후에 갑작스런 돌풍으로 볼이 움직인 경우에는 벌이 없으며 그 볼은 새로운 위치에서 플레이한다.

규칙19-1. 움직이고 있는 볼의 방향이 변경되거나 정지된 경우: 국외자에 의한 경우
움직이고 있는 볼이 국외자에 의하여 고의로 방향이 변경되거나 정지된 경우 발생하는 여러 가지 경우를 규정하기 위하여 주(註)를 상세히 설명하였다.

규칙20-7c. 오소에서의 플레이: 스트로크 플레이
플레이어가 오소에서 플레이한 것에 대하여 벌을 받게 된 경우, 그가 스트로크하기에 앞서 다른 규칙에서 위반이 되는 상황이 있었을지라도, 대부분의 경우 그 벌을 2벌타로 제한하기 위하여 주를 수정하였다.

부속 규칙 IV
티, 장갑 그리고 거리 측정 기기와 같은 기기 및 다른 장비의 디자인에 대한 일반적인 규제를 규정하기 위하여 새로운 부속 규칙을 추가하였다.

이 책의 이용 방법

규칙책을 가진 모든 사람이 이 책의 처음부터 끝까지 전부를 읽는 것은 아니라고 생각한다. 대부분의 골퍼는 코스에서 해결할 필요가 있는, 규칙에 관한 문제가 생겼을 때에만 규칙책을 찾는다. 확실히 규칙에 관한 기초적인 이해를 습득하고 합리적인 자세로 골프를 하기 위하여 적어도 이 책에 수록된 '골프 규칙의 빠른 이해를 위한 지침'과 '에티켓'을 읽어보도록 권장한다. 다음 사항들은 효율적이고 정확하게 규칙책을 이용하는 데 도움이 될 것이다.

표현의 이해

규칙책은 매우 정확하고 신중한 방식으로 기록되었다. 따라서 다음과 같은 말을 사용하는 데 있어서 그 차이를 알아야 하고 이해하여야 한다.

- '…할 수 있다, …해도 된다(may)' – 그 행동은 선택적 또는 임의로 할 수 있음을 뜻한다(예를 들어, 플레이어는 그 스트로크를 취소할 수 있다).
- '…해야 한다, …하도록 한다(should)' – 그 행동을 권고 또는 권장하지만 반드시 그렇게 해야 하는 것은 아니라는 것을 뜻한다(예를 들어, 마커는 스코어를 검사해야(하도록) 한다).
- '…하지 않으면 안 된다(must)' – 지시 또는 명령을 뜻한다. 따라서 그렇게 하지 않으면 벌이 있다(예를 들어, 플레이어의 클럽은 규칙에 적합하지 않으면 안 된다).
- '**볼**(a ball)' – 다른 볼로 교체할 수 있다는 것을 뜻한다(예를 들어, 그 지점 후방에 볼을 드롭한다. 규칙26, 27 및 28).
- '**볼**(the ball)' – 다른 볼로 교체해서는 안 된다는 것을 뜻한다(예를 들어, 플레이어는 그 볼을 집어 올려서 드롭하지 않으면 안 된다. 규칙24-2 및 25-1).

용어의 정의를 알아야 한다.

정의가 내려진 50개 이상의 용어(예를 들어, 비정상적인 코스 상태, 스루 더 그린 등)가 있으며 그것들은 골프 규칙이 제정된 내용을 중심으로 그 기반을 형성하고 있다. 정의가 내려진 용어(책의 본문 전체에 걸쳐 굵은 서체로 되어 있는)에 대한 완전한 이해는 규칙의 올바른 적용에 있어서 대단히 중요하다.

경우에 관련된 사실

규칙에 관해서 어떤 의문에 대한 해답을 얻기 위해서는 그 경우에 관련된 사실의 상세한 내용을 고려해야 한다. 따라서 다음과 같은 내용을 확인하여야 한다.

- 플레이 방식(예를 들어, 매치 플레이나 스트로크 플레이, 싱글, 포섬이나 포볼 등)
- 관련된 사람(예를 들어, 플레이어, 그의 파트너나 캐디, 국외자 등)
- 사건이 일어난 장소(예를 들어, 티잉 그라운드 위, 벙커 안이나 워터 해저드 안, 퍼팅 그린 위 등)
- 실제로 일어난 일의 내용
- 플레이어의 의도(예를 들어, 그가 무엇을 하였으며 무엇을 하기 원하는가?)
- 사건이 일어난 때(예를 들어, 플레이어가 스코어 카드를 제출한 후, 경기가 끝난 후 등)

규칙책의 참고

어떤 규칙에 의문이 있는 경우 코스는 있는 그대로 플레이하며 볼은 있는 그대로 플레이한다. 클럽 하우스에 돌아오자마자 위원회에 그 문제를 회부할 수 있으며 규칙책 자체만으로는 명백하지 않은 문제 해결에 도움이 되는 《골프 규칙 재정》을 참고할 수도 있다.

골프 규칙의 빠른 이해를 위한 지침

본 지침은 일반적으로 마주치게 되는 골프 규칙에 관련된 상황에 그 초점을 맞추었으며 규칙의 간단한 설명을 제공하기 위하여 계획되었다. 그러나 본 지침은 의문 사항이 생기면 언제나 찾게 되는 골프 규칙을 대신할 수는 없다. 본 지침에 수록된 문제점에 관한 더 상세한 정보는 관련 규칙을 참조하기 바란다.

전반적인 요점

골프 게임은 올바른 정신으로 플레이하여야 하며 이를 이해하기 위하여 골프 규칙의 에티켓 장을 반드시 읽어야 한다. 특히 다음의 내용에 유의하여야 한다.

- 다른 플레이어들에 대한 배려 행위를 몸소 나타내야 한다.
- 약간 빠른 속도로 플레이하여야 하며 더 빠르게 플레이할 수 있는 조에게 먼저 플레이하여 나아가도록 권해야 한다.
- 벙커를 평탄하게 고르고 디보트를 제자리에 메우고 그린 위의 볼 마크를 수리하여 코스를 보호하여야 한다.

라운드를 시작하기 전에

- 스코어 카드나 게시판에 있는 로컬 룰을 읽어 본다.
- 볼에 식별 마크를 한다. 많은 골퍼가 같은 상표와 모델의 볼을 사용하고 있는데 만일 자신의 볼을 식별할 수 없으면 분실구로 간주된다(규칙12-2 및 27-1).
- 자신의 클럽 수를 세어 본다. 허용되는 클럽 수는 최대 14개까지다(규칙4-4).

라운드 중에

- 자신의 파트너(즉 자신이 속한 편의 플레이어)나 자신의 캐디를 제외한 누구로부터도 어드바이스를 구하지 않는다. 자신의 파트너를 제외한 누구에게도 어드바이스를 하지 않는다. 규칙, 해저드와 깃대까지의 거리 및 위치 등에 관한 정보는 물을 수 있다(규칙8-1).
- 한 홀의 플레이 도중에 어떤 연습 샷도 하지 않는다(규칙7-2).
- 로컬 룰에 의하여 특별히 허용되지 않는 한 어떤 인공적인 기기나 비정상적인 장비를 사용하지 않는다(규칙14-3).

라운드 끝에

- 매치 플레이에서는 매치의 결과가 확실히 게시되도록 한다.
- 스트로크 플레이에서는 확실히 자신의 스코어 카드를 정확히 채워서 기록하고(자신과 마커의 서명을 포함한) 될수록 빨리 제출하도록 한다(규칙6-6).

플레이 규칙

티샷 (규칙11)

티샷은 2개의 티 마커 사이에서 하되 티 마커 앞에서 하지 않는다. 2개의 티 마커 바깥쪽 한계선에서 뒤로 2클럽 길이 이내에서 티샷할 수 있다.
그 구역 밖에서 티샷한 경우

- 매치 플레이에서는 벌이 없으나 자신의 상대방은, 즉시 그렇게 하겠다면, 자신의 스트로크를 다시 하도록 요구할 수 있다.
- 스트로크 플레이에서는 자신이 2벌타를 받게 되며 올바른 구역 안에서 볼을 플레이하지 않으면 안 된다.

볼 플레이 (규칙12, 13, 14 및 15)

자신의 볼이라고 생각하는데 그 볼에서 자신의 식별 마크를 볼 수 없는 경우에는 자신의 마커나 상대방에게 통보하고 그 볼 위치를 마크한 후 확인하기 위하여 집어 올릴 수 있다(규칙12-2).
볼은 있는 그대로의 상태로 플레이한다. 다음과 같은 행위를 하여 자신의 라이, 의도하는 스탠스나 스윙 구역 또는 플레이 선을 개선하지 않는다.

- 바른 스탠스나 스윙하기 위하여 일어난 경우를 제외하고 어떤 생장물 또는 고정물을 움직이거나, 구부리거나, 부러뜨리는 행위, 또는
- 어떤 것을 누르는 행위(규칙13-2).

자신의 볼이 벙커 안이나 워터 해저드 안에 있는 경우 다음과 같은 행위를 해서는 안 된다.

- 다운스윙하기 전에 자신의 손이나 클럽으로 지면(또는 워터 해저드 안의 물)에 접촉하는 행위, 또는
- 루스 임페디먼트를 움직이는 행위(규칙13-4).

오구를 플레이한 경우

- 매치 플레이에서 자신은 그 홀에서 패하며,
- 스트로크 플레이에서 자신은 2벌타를 받고 그 뒤 올바른 볼을 플레이하여 그 잘못을 시정하지 않으면 안 된다(규칙15-3).

퍼팅 그린 위 (규칙16 및 17)

퍼팅 그린 위에서는

- 볼을 마크하고 집어 올려서 닦을 수 있으며(그 볼은 항상 정확한 지점에 리플레이스하며)
- 볼 마크와 오래된 홀 자국은 수리할 수 있으나 스파이크 마크와 같

은 다른 손상은 수리할 수 없다(규칙16-1).

퍼팅 그린 위에서 스트로크할 때 확실히 깃대가 제거되었거나 깃대에 붙어서 시중들고 있는 것을 확인하여야 한다. 볼이 퍼팅 그린 밖에 있는 경우에도 역시 깃대는 제거되거나 깃대에 붙어서 시중들 수 있다(규칙17).

정지된 볼이 움직인 경우 (규칙18)

일반적으로 볼이 인 플레이일 때 만일

- 우연히 자신의 볼을 움직인 원인이 되는 일을 하거나
- 허용되지 않는데 볼을 집어 올리거나
- 어드레스한 후에 볼이 움직인 경우에는

1벌타를 받고 자신의 볼을 리플레이스한다(그러나 규칙18-2a 및 18-2b의 예외도 참조한다).

자신, 파트너, 자신의 캐디 이외의 다른 사람이 정지된 자신의 볼을 움직이거나 다른 볼에 의하여 자신의 볼이 움직인 경우 벌 없이 볼을 리플레이스한다.

정지된 볼이 바람에 의하여 움직이거나 저절로 움직인 경우에는 벌 없이 볼이 있는 그대로의 상태로 플레이한다.

움직이고 있는 볼이 방향이 변경되거나 정지된 경우 (규칙19)

자신이 친 볼이 자신, 자신의 파트너, 자신의 캐디나 휴대품에 의하여 방향이 변경되거나 정지된 경우 1벌타를 받고 그 볼은 있는 그대로의 상태로 플레이한다(규칙19-2).

자신이 친 볼이 정지하고 있는 다른 볼에 의하여 방향이 변경되거나 정지된 경우 정상적으로는 벌이 없으며 그 볼은 있는 그대로의 상태로 플레이한다. 그러나 스트로크 플레이에서 자신이 스트로크하기 전에 양쪽 볼이 퍼팅 그린 위에 있었던 때에는 2벌타를 받는다(규칙19-5a).

볼을 집어 올리기, 드롭하기 및 플레이스하기 (규칙20)

리플레이스해야 할 볼(예를 들어 퍼팅 그린 위에서 볼을 닦기 위하여 집어 올린 경우)을 집어 올리기 전에 그 볼 위치를 마크하지 않으면 안 된다(규칙20-1).

다른 위치에 드롭하거나 플레이스하기 위하여(예를 들어 언플레이어블 볼 규칙에 의하여 2클럽 길이 이내에 드롭하는 경우) 볼을 집어 올릴 경우, 그렇게 하도록 권장하고 있지만 그 볼 위치를 반드시 마크해야 하는 것은 아니다.

드롭할 때는 똑바로 서서 볼을 어깨 높이까지 올려서 팔을 완전히 편 채로 볼을 드롭한다.

가장 일반적인 상황으로 다음과 같은 경우에는 드롭한 볼을 재드롭하지 않으면 안 된다.

- 벌 없이 구제를 받았으나(예를 들어 움직일 수 없는 장해물로부터) 바로 그 상태로부터 방해를 받는 위치로 볼이 다시 굴러간 경우
- 볼이 드롭된 지점에서 2클럽 길이 이상 굴러가서 정지한 경우 또는
- 볼이 최초의 위치, 가장 가까운 구제 지점이나 볼이 워터 해저드의 한계를 최후로 넘어간 지점보다 홀에 더 가까이 굴러가서 정지한 경우

드롭한 볼을 재드롭해야 하는 경우는 모두 9가지 상황인데 그것들은 규칙 20-2c에 수록되어 있다. 2번째 드롭한 볼이 규칙20-2c에 수록된 위치로 굴러간 경우에는 재드롭할 때 코스에 처음 떨어진 지점에 플레이스한다.

플레이에 원조 또는 방해가 되는 볼 (규칙22)

- 볼이 다른 플레이어에게 원조가 될 염려가 있다고 생각할 경우 자신의 볼은 집어 올릴 수 있고 다른 볼은 집어 올리게 할 수 있으며
- 볼이 자신의 플레이에 방해가 될 염려가 있는 경우 그 볼을 집어 올리게 할 수 있다.

다른 플레이어를 원조하기 위하여 볼을 그 위치에 그대로 놓아두는 데 동의해서는 안 된다.

퍼팅 그린 위에서 집어 올린 볼을 제외하고, 플레이에 원조 또는 방해가 되기 때문에 집어 올린 볼은 닦아서는 안 된다.

루스 임페디먼트 (규칙23)

루스 임페디먼트(즉 돌, 떨어진 나뭇잎 및 작은 가지와 같은 자연히 떨어져 있는 물건)와 자신의 볼이 같은 해저드 안에 있는 경우를 제외하고 어떤 루스 임페디먼트도 움직일 수 있다. 루스 임페디먼트를 제거하였는데 그 행위가 자신의 볼을 움직인 원인이 된 경우 그 볼은 리플레이스하여야 하며(볼이 퍼팅 그린 위에 있는 경우를 제외하고) 자신은 1벌타를 받는다.

움직일 수 있는 장해물 (규칙24-1)

어느 곳에 있더라도 움직일 수 있는 장해물(즉 고무래, 빈 깡통, 빈 통 등과 같은 움직일 수 있는 인공물)은 벌 없이 움직일 수 있다. 그렇게 움직인 결과로 볼이 움직인 경우 그 볼은 벌 없이 리플레이스하지 않으면 안 된다.

볼이 움직일 수 있는 장해물 위에 있는 경우 볼을 집어 올리고 그 장해물을 제거할 수 있으며 그 장해물 위에 볼이 놓여 있었던 곳의 바로 아래 지점에 그 볼을 벌 없이 드롭할 수 있다. 다만 퍼팅 그린 위에서는 볼이 있었던 곳의 바로 아래 지점에 볼을 플레이스할 수 있다.

움직일 수 없는 장해물과 비정상적인 코스 상태 (규칙24-2 및 25-1)

움직일 수 없는 장해물은 코스 위의 움직일 수 없거나(예를 들어 건물) 쉽게 움직일 수 없는(예를 들어 지면에 단단히 박혀 있는 방향표지 푯말) 인공 물체를 말한다. 아웃 오브 바운드로 정의된 물체는 장해물로 취급하지 않는다.

비정상적인 코스 상태는 캐주얼 워터, 수리지 또는 구멍 파는 동물이나 파충류, 새들에 의하여 만들어진 구멍, 쌓인 흙, 통로를 말한다.

볼이 워터 해저드 안에 있을 때를 제외하고 움직일 수 없는 장해물과 비정상적인 코스 상태가 볼의 라이, 자신의 스탠스나 스윙에 물리적으로 방해가 되는 경우 그 상태로부터 벌 없이 구제를 받을 수 있다. 따라서 볼을 집어 올려서 가장 가까운 구제 지점(용어의 정의 36 '가장 가까운 구제 지점' 참조)에서 1클럽 길이 이내이며 그 가장 가까운 구제 지점보다 홀에 더 가깝지 않은 곳에 드롭할 수 있다(8쪽의 도해 참조). 볼이 퍼팅 그린 위에 있는 경우 그 볼은 가장 가까운 구제 지점에 플레이스하는데 그 지점이 퍼팅 그린 밖이 될 수도 있다.

자신의 볼과 움직일 수 없는 장해물이나 비정상적인 코스 상태가 퍼

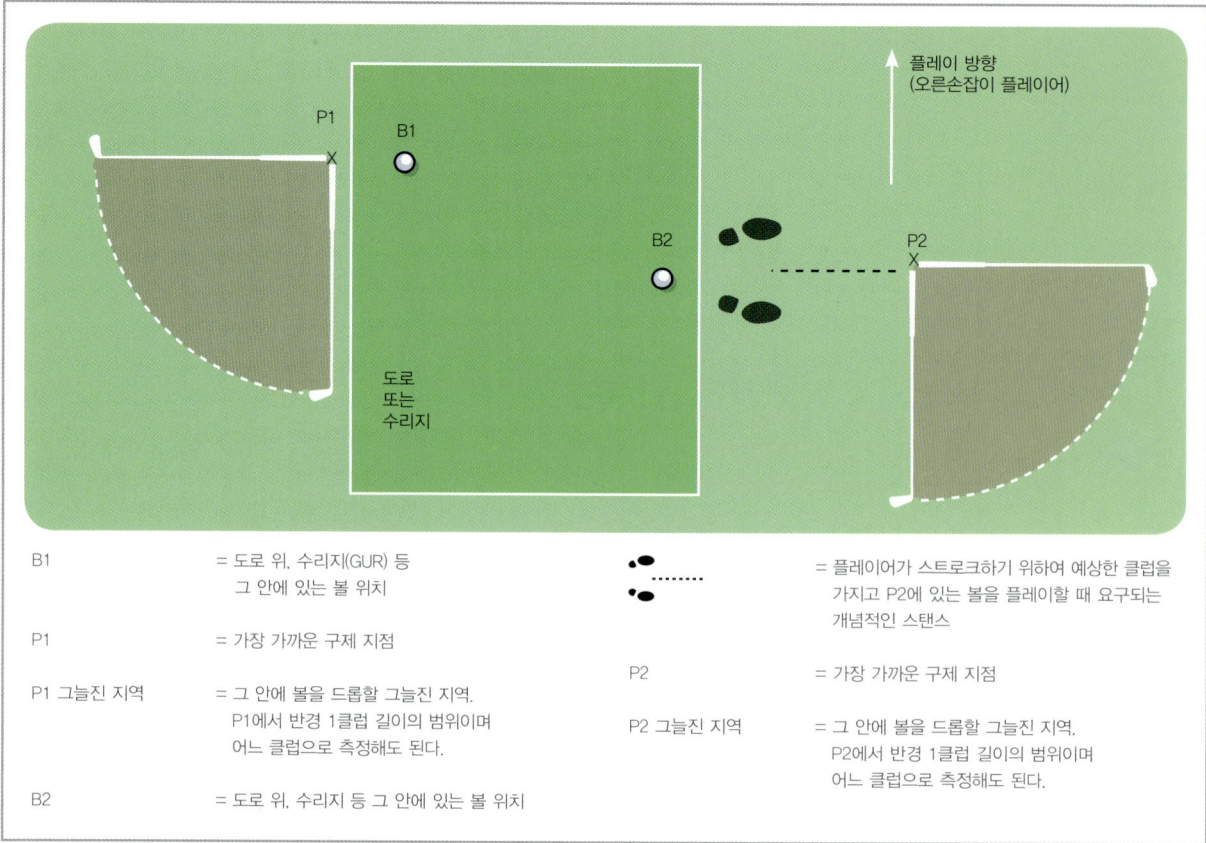

B1	= 도로 위, 수리지(GUR) 등 그 안에 있는 볼 위치		= 플레이어가 스트로크하기 위하여 예상한 클럽을 가지고 P2에 있는 볼을 플레이할 때 요구되는 개념적인 스탠스
P1	= 가장 가까운 구제 지점	P2	= 가장 가까운 구제 지점
P1 그늘진 지역	= 그 안에 볼을 드롭할 그늘진 지역. P1에서 반경 1클럽 길이의 범위이며 어느 클럽으로 측정해도 된다.	P2 그늘진 지역	= 그 안에 볼을 드롭할 그늘진 지역. P2에서 반경 1클럽 길이의 범위이며 어느 클럽으로 측정해도 된다.
B2	= 도로 위, 수리지 등 그 안에 있는 볼 위치		

팅 그린 위에 있을 때를 제외하고 자신의 플레이 선상에 그러한 상태가 걸려 있는 경우에도 구제를 받을 수 없다.

볼이 벙커 안에 있는 경우, 추가의 선택 사항으로는 1벌타를 받고 그 벙커 후방에서 그러한 상태로부터 구제를 받을 수 있다.

위의 도해는 규칙24-2와 25-1에 있는 용어 '가장 가까운 구제 지점'에서 오른손잡이 플레이어의 경우를 예시한 것이다.

워터 해저드 (규칙26)

자신의 볼이 워터 해저드(황색 말뚝과/또는 선) 안에 있는 경우 볼을 있는 그대로의 상태로 플레이하거나 1벌타를 받고

- 앞서 그 워터 해저드 안으로 볼을 친 곳에서 볼을 플레이한다. 또는
- 홀과 볼이 워터 해저드의 한계를 최후로 넘어간 지점을 연결한 직선 상으로 그 워터 해저드 후방에, 그 거리는 제한 없이 볼을 드롭한다.

자신의 볼이 래터럴 워터 해저드(적색 말뚝과/또는 선) 안에 있는 경우, 워터 해저드 안에 볼이 있을 때의 선택 사항에 추가하여(위의 내용 참조), 1벌타를 받고 홀에 더 가깝지 않은 곳으로 다음 지점에서 2클럽 길이 이내의 범위 안에 볼을 드롭할 수 있다.

- 볼이 그 래터럴 워터 해저드의 한계를 최후로 넘어간 지점. 또는
- 볼이 그 래터럴 워터 해저드의 한계를 최후로 넘어간 지점과 같은 거리에 있는 래터럴 워터 해저드 건너편의 한계상 지점.

분실구 또는 아웃 오브 바운드 볼: 잠정구 (규칙27)

코스의 경계를 확인하기 위하여 스코어 카드상에 나와 있는 로컬 룰을 점검한다. 일반적으로 그것은 울타리, 벽, 백색 말뚝 혹은 백색 선으로 정해져 있다.

자신의 볼이 워터 해저드 밖에서 분실되거나 아웃 오브 바운드가 된 경우 1벌타를 받고, 즉 스트로크와 거리의 벌을 받고, 최후로 플레이했던 지점에서 다른 볼을 플레이하지 않으면 안 된다.

볼을 찾기 위하여 5분이 허용되는데 그 후에도 볼이 발견되지 않거나 확인되지 않은 경우 그 볼은 분실된 것이다.

샷을 한 후 자신의 볼이 워터 해저드 밖에서 분실될 염려가 있거나 아웃 오브 바운드가 될 염려가 있다고 생각한 경우 잠정구를 플레이하여야 한다. 그리고 잠정구라는 것을 말하지 않으면 안 되며 원구를 찾으러 앞으로 나가기 전에 잠정구를 플레이하지 않으면 안 된다.

원구가 분실되거나(워터 해저드 이외의 곳에서) 아웃 오브 바운드가 된 경우 1벌타를 받고 그 잠정구로 플레이를 계속하지 않으면 안 된다. 원구가 인 바운드에서 발견된 경우 그 원구로 플레이를 계속하지 않으면 안 되며 잠정구로 플레이하는 것을 중지하지 않으면 안 된다.

언플레이어블 볼 (규칙28)

자신의 볼이 워터 해저드 안에 있는 경우 언플레이어블 볼 규칙은 적용되지 않으며, 구제를 받을 경우에는 워터 해저드 규칙에 의하여 처리하지 않으면 안 된다. 코스의 어느 곳에서도 자신의 볼이 언플레이어블이라고 생각한 경우 1벌타를 받고 다음의 한 가지로 처리할 수 있다.

- 최후로 쳤던 곳에서 볼을 플레이한다. 또는
- 홀과 볼이 놓여 있었던 지점을 연결한 직선상으로 볼이 있었던 지점

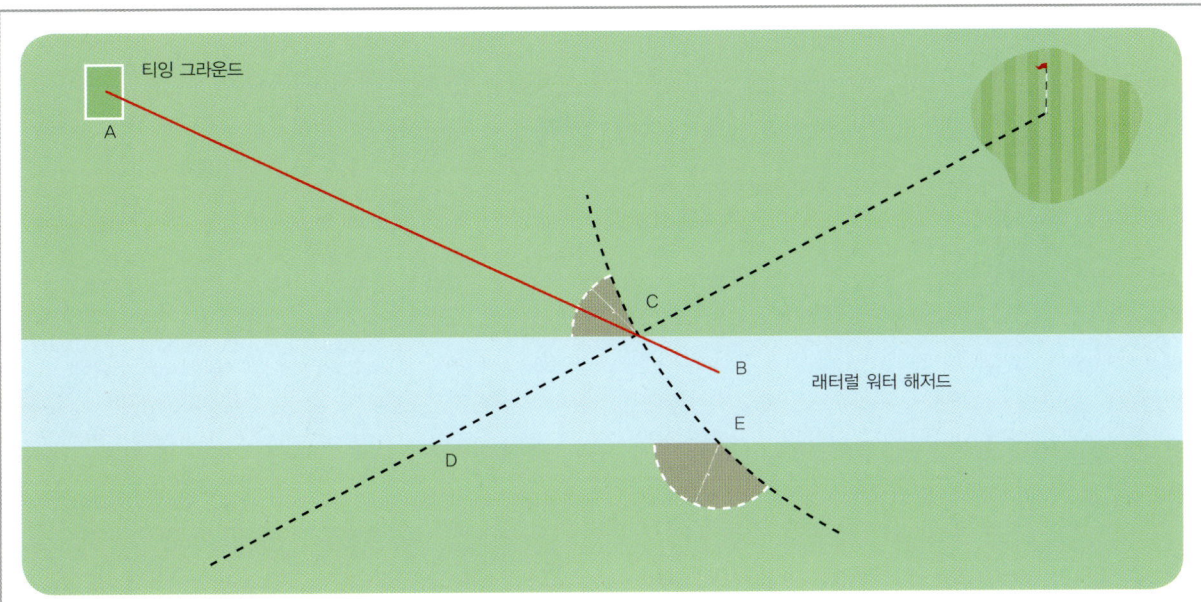

티잉 그라운드의 A지점에서 플레이한 볼이 래터럴 워터 해저드의 C지점에서 그 해저드의 한계를 최후로 넘어가 해저드 안의 B지점으로 들어가 정지하였다. 그때 플레이어의 선택 사항은 다음과 같다.
- B지점에서 벌 없이 볼이 있는 그대로의 상태로 플레이한다. 혹은 1벌타를 받고
- 티잉 그라운드에서 다른 볼을 플레이한다.
- D지점 후방의 점선상으로 어느 한 곳의 해저드 후방에 볼을 드롭한다.
- C지점에 있는 지면의 그늘진 지역 안에 볼을 드롭한다(C지점에서 2클럽 길이 이내이며 C지점보다 홀에 더 가깝지 않은 곳).
- E지점에 있는 지면의 그늘진 지역 안에 볼을 드롭한다(E지점에서 2클럽 길이 이내이며 E지점보다 홀에 더 가깝지 않은 곳).

후방에, 거리 제한 없이 볼을 드롭한다. 또는
- 홀에 더 가깝지 않은 곳으로 볼이 놓여 있는 지점에서 2클럽 길이 이내의 범위 안에 볼을 드롭한다.

자신의 볼이 벙커 안에 있는 경우 위에서 규정된 바와 같이 처리할 수 있다. 다만 후방선상의 한 지점이나 2클럽 길이 이내에 드롭하는 경우에는 그 벙커 안에 드롭하지 않으면 안 된다.

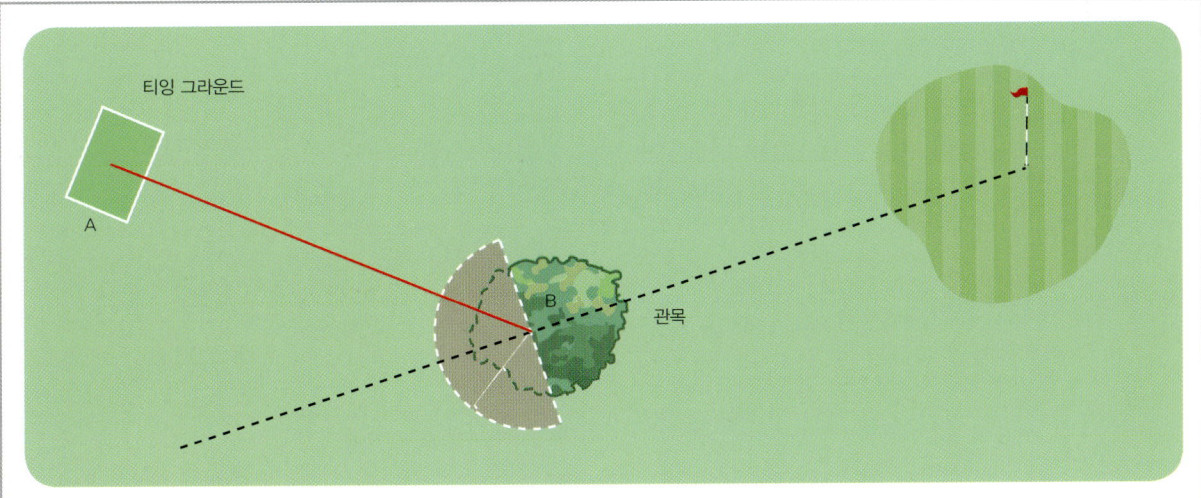

티잉 그라운드의 A지점에서 플레이한 볼이 관목 속의 B지점에 가서 정지하였다. 플레이어가 그 볼을 언플레이어블로 간주한 경우에는 1벌타를 받고 그에게는 다음과 같은 선택 사항이 있다.
- 티잉 그라운드에서 볼을 플레이한다.
- B지점 후방의 점선상으로 어느 한 곳에 볼을 드롭한다.
- 그늘진 지역 안에 볼을 드롭한다(즉 B지점에서 2클럽 길이 이내이며 B지점보다 홀에 더 가깝지 않은 곳).

제1장
에티켓: 코스에서의 행동

서론
본 장은 골프 게임을 할 때 지켜야 할 예의에 관한 지침을 규정한다. 모든 플레이어가 이를 준수한다면 게임에서 최대한의 즐거움을 얻을 수 있을 것이다. 가장 중요한 원칙은 코스에서 항상 다른 플레이어를 배려하는 일이다.

게임의 기본 정신
골프는 대부분 심판원의 감독 없이 플레이된다. 골프 게임은 다른 플레이어들을 배려하고 규칙을 준수하는 사람의 성실성 여하에 달려 있다. 그리고 모든 플레이어는 경기하는 방법에 관계없이 언제나 절제된 태도로 행동하고 예의를 지키며 스포츠맨십을 발휘하여야 한다. 이것이 골프 게임의 기본 정신이다.

안전
플레이어는 스트로크 또는 연습 스윙을 할 때 클럽으로 다칠 만한 가까운 곳 또는 볼이나 돌, 자갈, 나뭇가지 등이 날려서 다칠 만한 위치에 아무도 없는가를 확인하여야 한다.

플레이어는 앞서 간 플레이어들이 볼의 도달 범위 밖으로 나갈 때까지 볼을 쳐서는 안 된다.

플레이어는 볼을 스트로크할 때 가까이 있거나 앞에 있는 코스관리인을 맞힐 염려가 있을 경우 항상 경고를 주어야 한다.

플레이어가 사람이 맞을 위험이 있는 방향으로 볼을 플레이한 경우에는 즉시 큰 소리를 질러 경고하여야 한다. 그와 같은 상황에서 관례적인 경고 발언은 "볼"이라고 외치는 것이다.

다른 플레이어에 대한 배려
소란이나 정신 집중 방해의 금지
플레이어는 항상 코스에서 다른 플레이어들을 배려하여야 하며 움직이거나, 말하거나, 불필요한 잡음을 내서 그들의 플레이를 방해해서는 안 된다.

플레이어는 코스로 가져간 전자 기기가 다른 플레이어들을 혼란시키지 않는다는 것을 확인하여야 한다.

티잉 그라운드 위에서 플레이어는 자신의 플레이 순서가 올 때까지 자신의 볼을 티업해서는 안 된다. 그리고 플레이어들은 다른 플레이어가 플레이하려고 할 때 볼 가까이나 바로 뒤에 서서는 안 되며 홀 바로

플레이어들은 그들의 순서가 오자마자 곧 플레이할 수 있도록 준비하고 있어야 한다. 소란을 피우거나 정신을 산란하게 하여 다른 플레이어를 방해하지 않는다면 다른 플레이어들이 플레이하는 동안 퍼트 선의 진로를 확인함으로써 이러한 준비를 할 수 있다. 타이거 우즈 (Tiger Woods)가 그의 퍼트를 준비하고 있는 사이에 필 미켈슨 (Phil Mickelson)이 퍼트하고 있다.

뒤에 서서도 안 된다.

퍼팅 그린 위에서

퍼팅 그린 위에서 플레이어는 다른 플레이어의 퍼트 선 위에 서서는 안 되며 다른 플레이어가 스트로크할 때 그의 퍼트 선에 그림자를 지게 해서도 안 된다.

　플레이어들은 그들이 속한 조의 다른 플레이어 전원이 홀 아웃 할 때까지 퍼팅 그린 위나 가까이에 머물러 있어야 한다.

스코어 기록

스트로크 플레이에서 마커를 맡아보는 플레이어는 필요한 경우, 다음 티잉 그라운드로 가는 도중에 관련 플레이어와 함께 스코어를 확인하고 이를 기록하여야 한다.

경기 속도

약간 빠른 경기 속도 및 유지

플레이어는 약간 빠른 속도로 플레이하여야 한다. 위원회는 모든 플레이어가 준수해야 할 경기 속도 지침을 제정할 수 있다. 앞서 간 조와의 속도를 맞추어 나가는 일은 그 조의 책임이다. 한 홀이 비어 있도록 늦어지고 그 결과 후속 조가 지연되는 경우 그 조에 속한 플레이어 수에 관계없이 후속 조에게 먼저 플레이하여 나아가도록 권하여야 한다. 한 조가 한 홀이 비어 있을 정도로 늦지는 않았으나 후속 조가 더 빠르게 플레이할 수 있는 것이 명백한 경우 그 빠르게 움직이는 후속 조에게 먼저 플레이하여 나아가도록 권하여야 한다.

플레이할 준비

플레이어는 플레이 순서가 왔을 때 바로 플레이할 수 있도록 준비하여야 한다. 그리고 퍼팅 그린 위나 그 가까이에서 플레이할 때에는 자신들의 백이나 카트를 퍼팅 그린을 떠나서 다음 티잉 그라운드로 빨리 이동할 수 있는 위치에 놓아두어야 한다. 한 홀의 플레이가 끝나면 플레이어들은 곧 그 퍼팅 그린을 떠나야 한다.

분실구

플레이어가 자신의 볼이 워터 해저드 밖에서 분실될 염려가 있거나 아웃 오브 바운드가 될 염려가 있다고 생각할 때 시간 절약을 위하여 잠정구를 플레이하여야 한다.

　볼을 찾는 플레이어들은 볼을 쉽게 찾지 못할 것이 분명해지면 곧 후속 조의 플레이어들에게 먼저 플레이하여 나아가도록 신호를 보내야 하며 5분 이상 찾아본 후에 신호해서는 안 된다. 그리고 후속 조에게 먼저 플레이하여 나아가도록 허용한 경우 그 후속 조가 지나가서 볼의 도달 범위 밖으로 나갈 때까지 플레이해서는 안 된다.

코스의 선행권

위원회가 따로 결정한 경우를 제외하고 코스의 선행권은 조의 플레이

코스의 보호
(1) 항상 디보트를 수리하고.
(2) 조심스럽게 퍼팅 그린 위의 피치 마크를 수리하며
(3) 벙커를 떠날 때 발자국 및 다른 흔적을 평탄하게 고른다.
(4) 홀에서 볼을 꺼낼 때 퍼터에 의지하여 기대지 않는다.

속도에 의하여 결정된다. 1라운드를 플레이하는 조는 1라운드보다 더 짧은 라운드를 플레이하는 조를 통과하여 먼저 나아갈 권리가 인정된다. 그때 '조'라는 용어에는 혼자서 플레이하는 경우도 포함된다.

코스의 보호

벙커

플레이어들은 벙커를 나오기 전에 그들 자신이 만든 것과 그 근처의 다른 플레이어들이 만든 움푹 팬 곳이나 발자국을 모두 잘 채워서 평탄하게 골라 놓아야 한다. 벙커에 가까운 적당한 범위 안에 고무래가 있는 경우에는 이러한 목적을 위하여 그 고무래를 사용하도록 한다.

디보트, 볼 마크 및 골프화에 의한 손상의 수리

플레이어들은 그들 자신들이 만든 디보트 자국과 볼의 충격에 의한 퍼팅 그린 면의 손상(플레이어 자신이 만들었거나 그렇지 않거나에 상관없이)을 정성껏 고쳐 놓지 않으면 안 된다. 그리고 골프화에 의한 퍼팅 그린 면의 손상은 같은 조의 플레이어 모두가 그 홀의 플레이를 끝낸 후 곧 수리해 놓아야 한다.

불필요한 손상의 방지

플레이어는 연습 스윙을 할 때 디보트를 내거나, 화가 나서 또는 다른 이유 때문에 클럽 헤드로 지면을 내리쳐서 코스가 상하지 않도록 주의하여야 한다.

　플레이어는 백이나 깃대를 놓을 때 퍼팅 그린이 상하지 않도록 주의

하여야 한다.

홀이 상하지 않도록 하기 위하여 플레이어와 캐디는 홀에 너무 가까이 서서는 안 되며 깃대를 빼거나 꽂을 때나 홀에서 볼을 꺼낼 때 홀이 상하지 않도록 유의하여야 한다. 그리고 홀에서 볼을 꺼내기 위하여 클럽 헤드를 사용해서는 안 된다.

플레이어는 퍼팅 그린에서, 특히 홀에서 볼을 꺼낼 때 클럽을 짚고 기대서는 안 된다.

깃대는 퍼팅 그린을 떠나기 전에 홀 가운데의 제자리에 바르게 세워 놓아야 한다.

플레이어는 경기하는 골프장의 골프 카트 운행에 관한 주의 사항을 엄수하여야 한다.

결론: 위반 시의 벌

플레이어들이 본 장의 지침을 준수할 경우 각자가 더 유쾌한 게임을 즐기게 될 것이다.

플레이어가 라운드 중에 또는 어떤 기간에 걸쳐 계속해서 이 지침을 무시하고 다른 사람에게 피해를 끼친 경우 위원회는 위반 플레이어에 대하여 적절한 징계 조치를 고려하도록 권장한다. 이러한 징계 조치에는 예를 들어, 코스에서 한정된 기간 플레이가 금지되거나 일정한 횟수의 경기 참가가 금지되는 조치가 포함된다. 이것은 본 지침에 따라서 플레이하려는 다수의 이익을 보호한다는 관점에서 정당하다고 인정할 수 있다.

위원회는 플레이어가 에티켓의 중대한 위반을 했을 경우 규칙33-7에 의하여 그 플레이어를 경기 실격시킬 수 있다.

Q&A

골프 코스에서 한 사람의 플레이어는 어떤 지위를 갖게 되는가?

골프 코스에서는 여러 플레이어가 각기 다른 속도로 플레이한다. 플레이어들은 코스를 뛰어다녀서도 안 되지만 같은 시간에 코스에는 다른 플레이어들이 있다는 것을 알아야 하기 때문에 상식 있는 행동을 하고 다른 플레이어들에 대하여 예의를 갖추어야 한다.

에티켓 장에서는 위원회가 따로 결정한 경우를 제외하고 코스의 선행권은 조의 플레이 속도에 의하여 결정되며 이때 '조'라는 용어는 한 사람의 플레이어인 경우도 포함된다는 것을 암시하고 있다. 그리고 에티켓 장의 플레이 속도 부분에서는 '앞서 간 조와의 속도를 맞추어 나가는 일은 그 조의 책임이다. 한 홀이 비어 있도록 늦어지고 그 결과 후속 조가 지연되는 경우 그 조에 속한 플레이어 수에 관계없이 후속 조에게 먼저 플레이하여 나아가도록 권하여야 한다. 한 조가 한 홀이 비어 있을 정도로 늦지는 않았으나 후속 조가 더 빠르게 플레이할 수 있는 것이 명백한 경우 그 빠르게 움직이는 후속 조에게 먼저 플레이하여 나아가도록 권하여야 한다'는 것을 말하고 있다. 그러므로 늦은 조는 가능하면 빠른 조에게 양보하여야 하며 이때 한 사람의 플레이어라 할지라도 다른 플레이어들과 똑같은 권리가 그에게 주어져야 한다.

제2장
용어의 정의

용어의 정의는 알파벳순으로 나열하였으며 규칙에서 그 용어가 나올 때 굵은 서체로 표시하였다.

1. **비정상적인 코스 상태**(Abnormal Ground Conditions): '비정상적인 코스 상태'란 캐주얼 워터, 수리지 또는 **구멍 파는 동물**이나 파충류, 새들에 의하여 **코스**에 만들어진 구멍, 쌓인 흙, 통로를 말한다.

2. **볼에 어드레스**(Addressing the Ball): 플레이어가 **스탠스**를 취했거나 취하지 않았거나 클럽을 볼 바로 앞이나 볼 바로 뒤의 땅에 댔을 때 '볼에 어드레스'한 것이 된다.

3. **어드바이스**(Advice): '어드바이스'란 플레이어의 플레이에 관한 결단, 클럽의 선택 또는 **스트로크**의 방법에 영향을 미칠 수 있는 조언이나 시사(示唆)를 말한다.
   규칙, 거리 또는 공지사항, 예를 들어 **해저드**의 위치나 **퍼팅 그린** 위의 **깃대** 위치와 같은 것에 관한 정보는 **어드바이스**가 아니다.

4. **움직인 것으로 보는 볼**(Ball Deemed to Move): 용어의 정의 35 '움직인 또는 움직여진 볼' 참조.

5. **홀에 들어간 볼**(Ball Holed): 용어의 정의 27 '**홀에 들어가다**' 참조.

6. **분실된 볼**(Ball Lost): 용어의 정의 33 '**분실구**' 참조.

7. **인 플레이 볼**(Ball in Play): 볼은 플레이어가 **티잉 그라운드**에서 **스트로크**하는 순간 '**인 플레이**'로 된다. 그 볼은 분실되거나, **아웃 오브 바운드**이거나, 집어 올려졌거나 또는 교체가 허용되거나 안 되거나 간에 다른 볼로 **교체된** 경우를 제외하고 홀 아웃할 때까지 **인 플레이** 상태를 지속한다. 다만 다른 볼로 교체된 경우 그 **교체된 볼**이 **인 플레이** 볼로 된다.
   플레이어가 한 홀의 플레이를 시작할 때 **티잉 그라운드** 밖에서 플레이하거나 또는 그 잘못을 시정하려고 하면서 다시 **티잉 그라운드** 밖에서 플레이한 경우 그 볼은 **인 플레이**가 아니며 규칙11-4 또는 11-5가 적용된다. 그 이외의 경우 **인 플레이** 볼에는 플레이어가 다음 **스트로크**를 **티잉 그라운드**에서 하기로 하였거나 규칙에 따라 그곳에서 쳐야할 때 **티잉 그라운드** 밖에서 플레이한 볼이 포함된다.
   매치 플레이에서의 예외: **인 플레이** 볼에는, 플레이어가 한 홀의 플레이를 시작할 때 **티잉 그라운드** 밖에서 플레이하였는데, 상대방이 규칙 11-4a에 따라서 **스트로크**를 취소하도록 요구하지 않으면 그 **티잉 그라운드** 밖에서 플레이한 볼이 포함된다.

볼에 어드레스

(1) 플레이어가 스탠스를 취했거나 취하지 않았거나 클럽을 볼 바로 앞이나 볼 바로 뒤의 땅에 댔을 때 볼에 어드레스한 것이 된다.

(2) 플레이어가 그의 퍼터를 볼 바로 앞이나 볼 바로 뒤의 땅에 대지 않았기 때문에 그는 볼에 어드레스한 것이 아니며 따라서 그의 볼이 움직인 경우에도 규칙18-2b에 의한 벌을 받지 않는다.

8. 베스트볼(Best-Ball): 용어의 정의 20 '**매치 플레이 방식**' 참조.

9. 벙커(Bunker): '**벙커**'란 흔히 움푹 들어간 지역으로 풀이나 흙이 제거되고 그 대신 모래 또는 이와 유사한 것을 넣어서 지면에 조성한 구역으로 된 **해저드**를 말한다.

  뗏장을 쌓아 올린 면(풀로 덮여 있거나 흙만 있거나를 불문하고)을 포함하여 **벙커**의 지면 가장자리나 **벙커** 안에서 풀로 덮여 있는 지면은 **벙커**의 일부가 아니다. 풀로 덮여 있지 않은 **벙커**의 측벽이나 턱은 벙커의 일부다. **벙커**의 한계는 수직 아래로 연장될 뿐 위로는 아니다.

  볼이 **벙커** 안에 놓여 있거나 볼의 어느 일부가 **벙커**에 접촉하고 있는 경우 그 볼은 **벙커** 안에 있는 볼이다.

10. 구멍 파는 동물(Burrowing Animal): '**구멍 파는 동물**'이란 토끼, 두더지, 마멋, 땅다람쥐, 도롱뇽과 같이 주거나 은신처를 위하여 구멍을 파는 동물(벌레, 곤충 또는 이와 유사한 것을 제외한)을 말한다.

주: 개와 같은 구멍 파는 동물이 아닌 동물이 만든 구멍은 **수리지**로 표시하거나 **수리지**로 선언하지 않는 한 **비정상적인 코스 상태**가 아니다.

11. 캐디(Caddie): '**캐디**'란 **규칙**에 따라서 플레이어를 원조하는 사람을 말하며 여기에는 플레이하는 동안 플레이어의 클럽을 운반하거나 취급하는 일이 포함될 수 있다.

  1캐디를 2명 이상의 플레이어가 공용한 경우 그 캐디는 볼(또는 **파트너의 볼**)과 관련된 문제가 일어났을 때 항상 그 볼의 소유자의 **캐디**로 간주하며 캐디가 운반하고 있는 **휴대품**도 그 플레이어의 **휴대품**으로 간주한다. 다만 **캐디**가 다른 플레이어(또는 다른 플레이어의 **파트너**)의 특별한 지시에 의하여 행동한 경우에는 지시한 그 플레이어의 캐디로 본다.

캐디

캐디는 플레이어의 클럽을 운반하거나 취급하며 클럽의 선정, 플레이 방향 그리고 퍼팅 선에 관한 어드바이스를 제공할 수 있다.

12. 캐주얼 워터(Casual Water): '**캐주얼 워터**'란 **워터 해저드** 안에 있지 않으며 플레이어가 **스탠스**를 취하기 전 또는 취한 후에 볼 수 있는 **코스** 위에 일시적으로 고인 물을 말한다. 서리 이외의 눈과 천연 얼음은 플레이어의 선택에 따라서 **캐주얼 워터** 또는 **루스 임페디먼트**로 취급할 수 있다. 인공 얼음은 **장해물**이다. 이슬과 서리는 **캐주얼 워터**가 아니다.

벙커

한국의 골퍼 정연진이 스코틀랜드 세인트 앤드루스(St. Andrews) 올드 코스 17번 로드홀 벙커에서 플레이할 준비를 하고 있다. 뗏장을 쌓아 올린 면은 풀로 덮여 있거나 흙만 있거나를 불문하고 벙커의 일부가 아니다.

캐주얼 워터

캐주얼 워터는 플레이어가 그의 스탠스를 취하기 전이나 후에 보아서 알 수 있는 비정상적인 코스 상태를 말한다. 플레이어는 규칙 25-1에 의하여 그러한 상태로부터 구제를 받을 수 있다.

볼이 **캐주얼 워터** 안에 놓여 있거나 볼의 어느 일부가 **캐주얼 워터**에 접촉하고 있는 경우 그 볼은 **캐주얼 워터** 안에 있는 볼이다.

13. **위원회(Committee)**: '**위원회**'란 경기를 관리하는 위원회를 말하며 경기에 관한 문제가 아닌 경우에는 코스를 관리하는 위원회를 말한다.

14. **경기자(Competitor)**: '**경기자**'란 스트로크 플레이 경기의 플레이어를 말한다. '**동반 경기자**'란 경기자와 함께 플레이하는 사람을 말하며 이들은 서로 **파트너**가 아니다.

    포섬과 **포볼** 스트로크 플레이 경기에서는, 문맥상 그와 같이 인정되면 '**경기자**' 또는 '**동반 경기자**'라는 용어에 그의 파트너가 포함된다.

15. **코스(Course)**: '**코스**'란 위원회가 설정한 모든 경계선 이내에 있는 전 지역을 말한다(규칙 33-2 참조).

16. **휴대품(Equipment)**: '**휴대품**'이란 플레이어가 사용, 착용 또는 휴대하거나 플레이어를 위하여 그의 **파트너**나 그들의 **캐디**가 휴대하는 모든 물건을 말하며 현재 플레이하고 있는 홀에서 플레이 중인 볼 그리고 볼 위치나 볼을 드롭할 장소의 범위를 마크하기 위하여 사용되고 있는 동전이나 티와 같은 작은 물건은 **휴대품**이 아니다. **휴대품**에는 동력식인가 아닌가에 관계없이 골프 카트가 포함된다.

주1: 현재 플레이하고 있는 홀에서 플레이 중인 볼도 집어 올려진 후 다시 인 플레이로 되지 않았을 때에는 그 볼은 **휴대품**이다.

주2: 골프 카트를 2명 이상의 플레이어가 공용하고 있을 때 그 카트와 그 안에 실려 있는 모든 것은 그 카트를 공용하고 있는 플레이어

휴대품

볼을 드롭할 수 있는 지역의 범위를 마크하기 위하여 사용된 동전이나 티와 같은 작은 물건은 플레이어의 휴대품이 아니다.

중 1명의 **휴대품**으로 간주한다.

카트를 공용하고 있는 플레이어 중 1명(또는 플레이어 중 1명의 **파트너**)이 그 카트를 움직이고 있을 경우 그 카트와 그 안에 실려 있는 모든 것은 그 플레이어의 **휴대품**으로 간주한다. 그 이외의 경우에는 볼(또는 **파트너**의 볼)과 관련된 문제가 일어났을 때 그 카트와 그 안에 실려 있는 모든 것은 카트를 공용하고 있는 그 플레이어의 **휴대품**으로 간주한다.

17. **동반 경기자(Fellow-Competitor)**: 용어의 정의 14 '**경기자**' 참조.

18. **깃대(Flagstick)**: '**깃대**'란 홀의 위치를 표시하기 위하여 깃발 또는 다른 물건을 달거나 달지 않은 채 홀의 중심에 똑바로 세워 둔 움직일 수 있는 표시물을 말한다. **깃대**의 단면은 원형이어야 한다. 볼의 움직임에 부당한 영향을 미칠지도 모르는 충전물이나 충격 흡수물질의 사용은 금지된다.

19. **포어캐디(Forecaddie)**: '**포어캐디**'란 플레이하는 동안 볼의 위치를 플레이어에게 가르쳐 주기 위하여 **위원회**가 배치한 사람을 말하며 그는 **국외자**이다.

20. 매치 플레이 방식(Forms of Match Play):

싱글: 1명이 다른 1명에 대항하여 플레이하는 매치를 말한다.
스리섬: 1명이 다른 2명에 대항하여 플레이하며 각 **편**은 1개의 볼로 플레이하는 매치를 말한다.
포섬: 2명이 다른 2명에 대항하여 플레이하며 각 **편**은 1개의 볼로 플레이하는 매치를 말한다.
스리볼: 3명이 서로 대항하여 각자의 볼을 플레이하는 매치 플레이 경기를 말한다. 각 플레이어는 2개의 별개 매치를 동시에 하는 것이다.
베스트볼: 1명이 다른 2명 중 스코어가 더 좋은 사람과 대항하거나 다른 3명 중 스코어가 가장 좋은 사람과 대항하여 플레이하는 매치를 말한다.
포볼: 2명 중 스코어가 더 좋은 사람이 다른 2명 중 스코어가 더 좋은 사람에 대항하여 플레이하는 매치를 말한다.

21. 스트로크 플레이 방식(Forms of Stroke Play):

개인: 각 **경기자**가 한 개인으로서 플레이하는 경기를 말한다.
포섬: 2명의 **경기자**가 **파트너**로서 1개의 볼을 플레이하는 경기를 말한다.
포볼: 2명의 **경기자**가 **파트너**로서 플레이하며 각자는 자기 볼을 플레이하는 경기를 말한다. **파트너**들이 낸 스코어 중에서 더 적은 스코어가 그 홀의 스코어가 된다. 1명의 **파트너**가 1홀의 플레이를 끝마치지 않은 경우에도 벌이 없다.

주: 보기, 파 및 스테이블포드 경기에 관해서는 규칙32-1을 참조한다.

22. 포볼(Four-Ball): 용어의 정의 20 '**매치 플레이 방식**' 및 21 '**스트로크 플레이 방식**' 참조.

23. 포섬(Foursome): 용어의 정의 20 '**매치 플레이 방식**' 및 21 '**스트로크 플레이 방식**' 참조.

24. 수리지(Ground Under Repair): '**수리지**'란 **위원회**의 지시에 의하여 **수리지**로 표시되거나 위원회로부터 권한을 위임받은 사람에 의하여 **수리지**로 선언된 **코스**의 일부 구역을 말한다. **수리지** 안에 있는 모든 지면과 풀, 관목, 나무 또는 기타 생장물은 **수리지**의 일부분이다. **수리지**에는 그 표시가 없어도 다른 곳으로 옮기기 위하여 쌓아 놓은 물건과 그린 키퍼가 만든 구멍이 포함된다. 다른 곳으로 옮길 의사가 없이 방치되어 있는 깎아 놓은 풀과 기타 코스 위에 남겨 놓은 물건은 그 표시가 없는 한 **수리지**가 아니다.

　수리지의 한계가 말뚝으로 정해졌을 때 그 말뚝은 **수리지** 안에 있는 것으로 하며 **수리지**의 한계는 말뚝의 지표면에 접한 가장 가까운 **수리지** 바깥쪽 지점들에 의하여 정해진다. **수리지**를 표시하기 위하여 말뚝과 선 양쪽을 사용한 경우 말뚝은 **수리지**라는 것을 확인하고 선은 **수**

수리지

다른 곳으로 옮기기 위하여 쌓아 올려 놓거나 위원회가 수리지로 표시한 경우 깎아 놓은 풀은 수리지다. 깎아 놓은 풀이 썩도록 수풀 속에 버려진 것이 분명한 경우 플레이어는 규칙25-1에 의하여 구제를 받을 수 없다. 깎아 놓은 풀은 다른 곳으로 옮기기 위하여 쌓아 올려 놓았건 그렇지 않건 간에 루스 임페디먼트이며 플레이어는 그것을 다른 곳으로 옮겨도 된다(규칙23-1 참조).

리지의 한계를 정한다. **수리지**의 한계가 선으로 지상에 정해졌을 때 그 선 자체는 **수리지** 안에 있는 것이다. **수리지**의 한계는 수직 아래로 연장될 뿐 위로는 아니다.

볼이 **수리지** 안에 놓여 있거나 볼의 어느 일부가 **수리지**에 접촉하고 있는 경우 그 볼은 **수리지** 안에 있는 볼이다.

수리지의 한계를 정하기 위하여 또는 **수리지**라는 것을 확인하기 위하여 사용한 말뚝은 장해물이다.

주: **위원회**는 **수리지**에서 또는 **수리지**로 정해진 환경상 취약지역에서 플레이를 금지하는 로컬 룰을 제정할 수 있다.

25. 해저드(Hazards): '해저드'란 모든 벙커 또는 워터 해저드를 말한다.

26. 홀(Hole): '홀'의 직경은 4.25인치(108mm)이어야 하며 깊이는 4인치(101.6mm) 이상이어야 한다. 원통을 사용할 경우 그 원통은 토질이 허용하는 한 퍼팅 그린 면에서 적어도 1인치(25.4mm) 아래로 묻어야 한다. 또 원통의 외경은 4.25인치(108mm)를 초과해서는 안 된다.

27. 홀에 들어가다(Holed): 볼이 홀의 원둘레 안에 정지해 있으며 볼 전체가 홀 가장자리보다 아래에 있을 때 그 볼은 '홀에 들어갔다'라고 말한다.

28. 아너(Honour): 티잉 그라운드에서 가장 먼저 플레이하는 플레이어를 '아너'라고 한다.

29. 래터럴 워터 해저드(Lateral Water Hazard): '래터럴 워터 해저드'란 규칙26-1b에 따라서 그 **워터 해저드** 후방에 볼을 드롭하기가 불가능하거나 **위원회**가 실행 불가능하다고 인정한 위치에 있는 **워터 해저드** 또는 그 일부를 말한다. **래터럴 워터 해저드**의 한계 안에 있는 모든 지면과 물은 그 **래터럴 워터 해저드**의 일부다.

래터럴 워터 해저드의 한계가 말뚝으로 정해졌을 때 그 말뚝은 **래터럴 워터 해저드** 안에 있는 것으로 치며 **래터럴 워터 해저드**의 한계는 말뚝의 지표면에 접한 가장 가까운 **래터럴 워터 해저드** 바깥쪽 지점들에 의하여 정해진다. **래터럴 워터 해저드**를 표시하기 위하여 말뚝과 선 양쪽을 사용한 경우 말뚝은 **래터럴 워터 해저드**라는 것을 확인하고 선은 **래터럴 워터 해저드**의 한계를 정한다. **래터럴 워터 해저드**의 한계가 선으로 지상에 정해졌을 때 그 선 자체는 **래터럴 워터 해저드** 안에 있는 것이다. **래터럴 워터 해저드**의 한계는 수직 위와 아래로 연장된다.

볼이 **래터럴 워터 해저드** 안에 놓여 있거나 볼의 어느 일부가 **래터럴 워터 해저드**에 접촉하고 있는 경우 그 볼은 **래터럴 워터 해저드** 안에 있는 볼이다.

래터럴 워터 해저드의 한계를 정하기 위하여 또는 **래터럴 워터 해저드**라는 것을 확인하기 위하여 사용한 말뚝은 **장해물**이다.

주1: **워터 해저드**의 일부를 **래터럴 워터 해저드**로 할 때는 그 부분은 명확히 표시해 두지 않으면 안 된다. **래터럴 워터 해저드**의 한계를 정하기 위하여 또는 **래터럴 워터 해저드**라는 것을 확인하기 위하여 사용한 말뚝이나 선은 반드시 적색이어야 한다.

주2: **위원회**는 **래터럴 워터 해저드**로 정해진 환경상 취약지역에서 플레이를 금지하는 로컬 룰을 제정할 수 있다.

주3: **위원회**는 **래터럴 워터 해저드**를 워터 해저드로 정할 수 있다.

30. 플레이 선(Line of Play): '플레이 선'이란 플레이어가 볼을 쳐서 보내고자 하는 방향을 말하며 의도하는 그 방향 양쪽의 적절한 넓이를 포함한다. **플레이 선**은 지면에서 수직 위로 연장되지만 **홀**을 넘어 연장되지 않는다.

31. 퍼트 선(Line of Putt): '퍼트 선'이란 퍼팅 그린 위에서 플레이어가 볼을 쳐서 보내고자 하는 선을 말한다. 규칙16-1e에 관한 경우를 제외하고, **퍼트 선**은 플레이어가 의도하는 그 선 양쪽의 적절한 넓이를 포함한다. **퍼트 선**은 홀을 넘어 연장되지 않는다.

32. 루스 임페디먼트(Loose Impediments): '루스 임페디먼트'란 자연물로써

- 고정되어 있지 않고, 생장하지 않으며
- 땅에 단단히 박혀 있지 않고
- 볼에 달라붙어 있지 않은 것으로

다음의 것들이 포함된다. 즉

- 돌, 나뭇잎, 나무의 잔가지, 나뭇가지 그리고 이와 유사한 것
- 동물의 똥
- 벌레, 곤충 및 이와 유사한 것들 그리고 그것들이 만든 쌓인 흙과 퇴적물

모래와 흩어진 흙은 **퍼팅 그린** 위에 있을 때에는 **루스 임페디먼트**이나 다른 곳에 있을 때는 아니다.

서리 이외의 눈과 천연 얼음은 플레이어의 선택에 따라서 **캐주얼 워터** 또는 **루스 임페디먼트**로 취급할 수 있다.

이슬과 서리는 **루스 임페디먼트**가 아니다.

33. 분실구(Lost Ball): 다음과 같은 경우에는 볼이 '분실'된 것으로 간주한다.

a. 플레이어, 플레이어 편 또는 이들의 **캐디**가 볼을 찾기 시작하여 5분 이내에 볼이 발견되지 않거나 플레이어가 자신의 볼임을 확인하지 못하였을 때

b. 플레이어가 원구가 있을 것으로 생각되는 장소에서 또는 그 장소보다 홀에 더 가까운 지점에서 **잠정구**를 **스트로크**했을 때(규칙27-2b 참조)

c. 플레이어가 규칙26-1a, 27-1 또는 28a에 의하여 스트로크와 거리의 벌을 받고 다른 볼을 **인 플레이**로 했을 때

d. 발견되지 않은 볼이 **국외자**에 의하여 움직였거나(규칙18-1 참조), **장해물** 안에(규칙24-3 참조) 있거나, **비정상적인 코스 상태**(규칙25-1c) 안에 또는 **워터 해저드**(규칙26-1b 또는 26-1c) 안에 있다는

것을 알고 있거나 사실상 확실하기 때문에 플레이어가 다른 볼을 **인 플레이**로 했을 때

e. 플레이어가 **교체한 볼**을 **스트로크** 했을 때

오구를 플레이하는 데 보낸 시간은 찾기 위하여 허용된 5분 내에 포함되지 않는다.

34. 마커(Marker): '마커'란 스트로크 플레이에서 **경기자**의 스코어를 기록하도록 **위원회**가 임명한 사람을 말하며 **동반 경기자**도 **마커**가 될 수 있다. **마커**는 **심판원**이 아니다.

35. 움직인 또는 움직여진 볼(Move or Moved): 볼이 있는 위치를 떠나서 다른 장소에 가서 정지하였을 때 그 볼은 '**움직인**' 것으로 본다.

36. 가장 가까운 구제 지점(Nearest Point of Relief): '가장 가까운 구제 지점'이란 움직일 수 없는 **장해물**(규칙24-2), **비정상적인 코스 상태**(규칙25-1) 또는 **다른 퍼팅 그린**(규칙25-3)에 의한 방해로부터 벌 없이 구제를 받을 때의 기점을 말한다.

　가장 가까운 구제 지점은 볼이 놓여 있는 곳에 가장 가까운 **코스** 위의 한 지점으로

(i) **홀**에 더 가깝지 않고

(ii) 구제를 받고자 하는 상태가 그곳에 없었다면 플레이어가 볼이 있는

티잉 그라운드

티잉 그라운드는 양쪽 티 마커로부터 뒤로 2클럽 길이의 측면을 이루는 직사각형으로 된 구역이다. 플레이어가 원하는 경우, 티잉 그라운드 안에 있는 볼을 플레이하기 위하여 티잉 그라운드 밖에 설 수 있다.

51. **싱글(Single)**: 용어의 정의 20 '**매치 플레이 방식**' 및 21의 '**스트로크 플레이 방식**' 참조.

52. **스탠스(Stance)**: 플레이어가 **스트로크**하기 위하여 발의 위치를 정하고 섰을 때 '**스탠스**'를 취한 것으로 한다.

53. **정규 라운드(Stipulated Round)**: '**정규 라운드**'는 **위원회**가 따로 허용한 경우를 제외하고 올바른 홀 순서에 따라 코스의 여러 홀을 플레이하는 것으로 이루어진다. **정규 라운드**의 홀 수는 위원회가 18홀보다 더 적은 홀 수를 허용한 경우를 제외하고 18홀이다. 매치 플레이에서 **정규 라운드**의 연장에 관해서는 규칙2-3을 참조한다.

54. **스트로크(Stroke)**: '**스트로크**'란 볼을 쳐서 움직이게 할 의사를 가지고 클럽을 앞 방향으로 움직이는 동작을 말한다. 그러나 클럽 헤드가 볼에 도달하기 전에 플레이어가 자발적으로 다운스윙을 중지했을 경우 그 플레이어는 **스트로크**하지 않은 것이다.

55. **교체한 볼(Substituted Ball)**: '**교체한 볼**'이란 **인 플레이 볼, 분실구, 아웃 오브 바운드** 볼 또는 집어 올려진 원구 대신에 **인 플레이**로 한 볼을 말한다.

56. **티잉 그라운드(Teeing Ground)**: '**티잉 그라운드**'란 플레이할 홀의 출발 장소를 말한다. **티잉 그라운드**는 2개의 티 마커 바깥쪽 한계로 전면과 측면이 정해지며 측면의 길이가 2클럽 길이인 직사각형으로 된 구역이다. 볼 전체가 **티잉 그라운드** 밖에 놓여 있는 경우 그 볼은 **티잉 그라운드** 밖에 있는 볼이다.

57. **스리볼(Three-Ball)**: 용어의 정의 20 '**매치 플레이 방식**' 참조.

58. **스리섬(Threesome)**: 용어의 정의 20 '**매치 플레이 방식**' 참조.

59. **스루 더 그린(Through the Green)**: '**스루 더 그린**'이란 다음과 같은 것을 제외한 **코스**의 전 지역을 말한다.
a. 현재 플레이하고 있는 홀의 **티잉 그라운드**와 **퍼팅 그린**
b. **코스** 안에 있는 모든 **해저드**

스트로크의 정의

이 그림의 플레이어는 다운스윙을 시작하지 않았기 때문에 그의 스트로크를 시작하지 않은 것이다. 일단 플레이어가 다운스윙을 시작하면 그가 자발적으로 다운스윙을 중지하지 않는 한, 그는 스트로크한 것으로 간주된다.

60. 워터 해저드(Water Hazard): '워터 해저드'란 **코스** 안의 모든 바다, 호수, 연못, 하천, 도랑, 표면 배수로 또는 뚜껑이 없는 수로(물이 있고 없고를 불문하고) 그리고 이와 유사한 상태의 것을 말한다. **워터 해저드**의 한계 안에 있는 모든 지면과 물은 그 **워터 해저드**의 일부다.

워터 해저드의 한계가 말뚝으로 정해졌을 때 그 말뚝은 **워터 해저드** 안에 있는 것으로 하며 **워터 해저드**의 한계는 말뚝의 지표면에 접한 가장 가까운 **워터 해저드** 바깥쪽 지점들에 의하여 정해진다. **워터 해저드**를 표시하기 위하여 말뚝과 선 양쪽을 사용한 경우 말뚝은 **워터 해저드**라는 것을 확인하고 선은 **워터 해저드**의 한계를 정한다. **워터 해저드**의 한계가 선으로 지상에 정해졌을 때 그 선 자체는 **워터 해저드** 안에 있는 것이다. **워터 해저드**의 한계는 수직 위와 아래로 연장된다.

볼이 **워터 해저드** 안에 놓여 있거나 볼의 어느 일부가 **워터 해저드**에 접촉하고 있는 경우 그 볼은 **워터 해저드** 안에 있는 볼이다.

워터 해저드의 한계를 정하기 위하여 또는 **워터 해저드**라는 것을 확인하기 위하여 사용한 말뚝은 **장해물**이다.

주1: **워터 해저드**의 한계를 정하기 위하여 또는 **워터 해저드**라는 것을 확인하기 위하여 사용한 말뚝이나 선은 반드시 황색이어야 한다.

주2: **위원회**는 **워터 해저드**로 정해진 환경상 취약 지역에서 플레이를 금지하는 로컬 룰을 제정할 수 있다.

61. 오구(Wrong Ball): '오구'란 다음과 같은 플레이어의 볼 이외의 모든 볼을 말한다.

- **인 플레이 볼**
- **잠정구**
- 스트로크 플레이에서 규칙3-3 또는 20-7c에 의하여 플레이한 제2의 볼

그리고 오구에는 다음과 같은 볼이 포함된다.

- 다른 플레이어의 볼
- 버려진 볼
- 더 이상 **인 플레이 볼**이 아닌 플레이어의 원구

주: **인 플레이 볼**에는 볼 교체가 허용되거나 안 되거나 간에 **인 플레이 볼**을 다른 볼로 교체했으면 그 **교체한** 다른 볼도 포함된다.

62. 다른 퍼팅 그린(Wrong Putting Green): '**다른 퍼팅 그린**'이란 현재 플레이하고 있는 홀의 **퍼팅 그린** 이외의 퍼팅 그린을 말한다. **위원회**가 따로 규정한 경우를 제외하고 **다른 퍼팅 그린**이라는 용어에 **코스**의 연습용 **퍼팅 그린**이나 연습용 피칭 그린이 포함된다.

사례

어니 엘스(Ernie Els)는 같은 동포인 레티프 굿센(Retief Goosen)의 2010 남아프리카 오픈(South Africa Open) 제패를 위한 최근의 다섯 번째 도전을 방어하는 데 성공하였다. 그러나 최종 2라운드의 36홀이 아닌 단 34홀로 승리하였다.

주초에 비가 와서 대회 첫날에 거의 전부를 쓸어가 버렸기 때문에 2회의 정규 라운드는 대회 마지막 날 플레이하기로 되어 있었다. 위원회가 더 적은 수의 홀을 승인하지 않는 한 정규 라운드의 홀 수는 18홀이다. 그런데 마지막 날 아침 일찍부터 억수 같은 비가 와서 파3의 4번 홀이 침수되었고, 물을 제거하는 노력에도 불구하고 그 홀에서는 플레이할 수 없다는 것이 분명하였다. 따라서 세 번째 라운드를 출발하기 전에 이 홀은 제외하고 정규 17개 홀로 최종 2개 라운드를 플레이한다는 결정이 내려졌다.

그리고 그 경기가 끝나자마자 모든 플레이어는 4번 홀에 대한 그들의 스코어로 명목상의 파를 받았는데 그것은 유럽 투어 시드권을 위하여 수집되는 각 선수들의 성적 통계용인 것이다.

정규 라운드에서 홀 수를 줄이는 재정은 전례가 없었던 것은 아니었다. 지난 1960년대에 네덜란드 오픈(Dutch Open)에서 두 차례 있었는데 그 경기는 그린이 정치적 시위자들에 의하여 파헤쳐진 뒤에 17개 홀로 플레이했었다.

남아프리카의 레티프 굿센과 그의 캐디가 침수된 4번 홀 그린을 가로질러 가고 있는데 2010년 더번 컨트리 클럽(Durban Country Club)에서 열린 2010 남아프리카 오픈 골프 챔피언십의 3, 4라운드에 사용할 수 없게 된 그린이었다.

Q&A

플레이어는 어떻게 가장 가까운 구제 지점을 정하는가?

플레이어의 볼이 페어웨이에 있는 경우 볼의 라이 또는 의도하는 스탠스나 스윙에 방해를 받는다면 (예를 들어 비정상적인 코스 상태로부터 방해(규칙25-1)) 플레이어는 벌 없이 구제를 받을 수 있다. 플레이어가 구제를 선택한 경우 그는 이 세 가지 요소로부터 구제를 받아야 한다 (즉 '완전한 구제'). 따라서 플레이어는 두 가지를 제외하고 한 요소로부터 구제받는 것을 선택할 수는 없다. 그러므로 그의 볼이 캐주얼 워터 (비정상적인 코스 상태) 안에 있는 경우 가장 가까운 구제 지점을 결정할 때 플레이어는 그의 볼이 캐주얼 워터 안에 있지 않아야 하며, 캐주얼 워터가 그의 스탠스나 스윙에 방해가 없어야 한다는 것을 확실히 상정하지 않으면 안 된다. 그리고 단순히 볼의 라이 때문에 구제를 받을 수는 없다.

가장 가까운 구제 지점을 정확히 결정하기 위하여 플레이어는 이런 상태(캐주얼 워터)가 없었다면 그곳에서 다음 스트로크에 사용했을 클럽을 사용하여야 하며, 어드레스 자세를 취하고 플레이 방향을 잡아서 스트로크를 위한 스윙을 해보고 그렇게 했을 때 그 방해가 없다는 것을 확실히 하여야 한다.

가장 가까운 구제 지점은 볼이 놓여 있는 지점에 가장 가까운 코스상의 지점으로 (i) 홀에 더 가깝지 않고, (ii) 볼이 그 지점에 위치하면 더 이상 그 상태에 의한(이 경우에는 캐주얼 워터에 의한) 방해가 없는 지점이다.

플레이어는 가장 가까운 구제 지점을 측정하고 결정하기 위하여 어떤 클럽을 사용하지 않으면 안 되는가?

가장 가까운 구제 지점을 결정할 때 플레이어는 그의 다음 스트로크를 할 때 예상하고 있는 클럽을 사용하여야 한다. 이것은 하나의 권장 사항이기 때문에 용어 '하지 않으면 안 된다(must)' 대신에 '해야 한다(should)'를 사용한다. 따라서 플레이어는 단순히 그 권장 사항을 따르지 않았다고 해서 벌을 받을 수는 없다. 그러나 플레이어가 다른 클럽, 예를 들어 그가 다음 스트로크를 할 때 합리적으로 전혀 예상할 수 없는 클럽을 사용한 경우 그는 실제로 그 지점이 그의 가장 가까운 구제 지점이 아니라는 것이 확인되는 위험을 지게 된다. 플레이어가 그렇게 한 경우 그는 그의 볼을 오소에 드롭하는 결과를 초래하고 그 지점에서 플레이하면 그는 오소에서 플레이한 것에 대한 벌을 받게 된다.

타이완의 캔디 쿵(Candie Kung)은 가장 가까운 구제 지점에서 1클럽 길이를 측정하고 있다. 일단 가장 가까운 구제 지점이 정해지면 플레이어는 볼을 드롭할 지역을 측정하기 위해서 어떤 클럽을 사용해도 된다.

예를 들면, 플레이어의 볼이 홀에서 100야드 거리에 있고 플레이어는 캐주얼 워터 안에 서 있다고 하자. 그 경우에 플레이어는 규칙 25-1에 의하여 그 캐주얼 워터로부터 벌 없이 구제를 받을 수 있다. 그때 플레이어는 캐주얼 워터가 그곳에 없어야 하며 그 위치에서 정상적으로 칠 수 있는 클럽, 예를 들어 피칭 웨지를 간단히 선택하는 것을 상상해 보아야 한다. 따라서 그 피칭 웨지는 가장 가까운 구제 지점을 정확히 결정하기 위하여 사용할 올바른 클럽이다. 그러나 플레이어가 드롭할 지역(규칙에 따라 다르다)을 1클럽 길이 혹은 2클럽 길이로 측정할 때에는 어떤 클럽을 사용해도 된다.

어떤 규칙, 예를 들어 움직일 수 없는 장해물(규칙24-2), 비정상적인 코스 상태(규칙25-1)에서는 플레이어가 가장 가까운 구제 지점에서 1클럽 길이 이내에 볼을 드롭하도록 요구하고 있다. 그러나 다른 규칙에서는, 예를 들어, 언플레이어블 볼(규칙 28)에서는 몇 클럽 길이 이내에 볼을 드롭하도록 요구하고 있는데 규칙 28c의 경우에는 볼이 놓여 있는 곳에서 2클럽 길이 이내에 볼을 드롭하도록 요구하고 있다.

제3장
플레이 규칙

RULE 1

경기

1-1. 총칙
골프 게임은 **규칙**에 따라서 1개의 볼을 클럽으로 **티잉 그라운드**에서 플레이하여 1**스트로크** 또는 연속적인 **스트로크**로 홀에 넣는 것으로 이루어진다.

1-2. 볼의 움직임이나 자연적 상태의 변경에 영향을 미치는 행동
플레이어는 (i) **인 플레이** 볼의 움직임에 영향을 줄 의도로 어떤 행동을 하거나, (ii) 한 홀의 플레이에 영향을 미칠 의도로 자연적 상태를 변경시켜서는 안 된다.

정의
용어의 정의는 제2장에 알파벳순으로 나열하였으며 규칙에서 그 용어가 나올 때 굵은 서체를 사용하였다. 13~23쪽 참조.

볼의 움직임이나 자연적 상태의 변경에 영향을 미치는 행동

오직 코스를 보호할 목적으로 그렇게 했다면 올라온 잔디 조각을 눌러 주거나 디보트 자국을 수리한 것은 규칙1-2에 위반되지 않는다. 그러나 그 행동이 볼의 움직임에 영향을 미칠 의도였거나 그 홀의 플레이에 영향을 미칠 의도였던 경우에는 규칙1-2에 위반된다.

예외:
1. 다른 **규칙**에 의하여 특별히 허용되거나 특별히 금지된 행동은 규칙1-2가 아닌 그 다른 **규칙**에 의한다.
2. 오직 **코스**를 보호하기 위한 목적으로 취한 행동은 규칙1-2에 위반되지 않는다.

* 규칙 1-2의 위반에 대한 벌은
매치 플레이 – 그 홀의 패,
스트로크 플레이 – 2벌타.
* 규칙1-2의 중대한 위반인 경우 위원회는 경기 실격의 벌을 줄 수 있다.

주1
본 규칙을 위반하고 취한 행동이 플레이어 자신이나 다른 플레이어에게 현저한 이익을 얻게 하거나, 그의 파트너 이외의 다른 플레이어를 현저히 불리하게 만들었다고 위원회가 생각한 경우 그 플레이어는 규칙1-2의 중대한 위반을 했다고 간주된다.

주2
스트로크 플레이에서, 중대한 위반으로 경기 실격의 벌이 생기는 경우에 관련된 경우를 제외하고, 자신의 볼 움직임과 관련하여 규칙1-2를 위반한 플레이어는 그 볼이 정지했던 곳에서 플레이하지 않으면 안 된다. 또는 볼의 방향이 변경된 경우에는 그 볼이 정지해 있는 곳에서 플레이하지 않으면 안 된다. 만일 플레이어 볼의 움직임이 동반 경기자나 다른 국외자의 고의에 의한 영향을 받았다면 규칙1-4가 적용된다(규칙19-1 주 참조).

1-3. 합의의 반칙

플레이어는 **규칙**의 적용을 배제하거나 받은 벌을 면제하기로 합의해서는 안 된다.

규칙1-3의 위반에 대한 벌은
매치 플레이 – 양편 모두 경기 실격,
스트로크 플레이 – 관련 경기자 경기 실격.
(스트로크 플레이에서 잘못된 순서에 의하여 플레이하기로 합의한 경우 – 규칙10-2c 참조)

1-4. 규칙에 없는 사항

분쟁의 쟁점이 **규칙**에 규정되어 있지 않은 경우에는 형평의 이념에 따라 재정하여야 한다.

매치 플레이: 비긴 홀로 처리하는 데 합의

플레이 중인 홀을 비긴 것으로 처리할 것에 합의한 것은 규칙을 배제하기로 합의한 것이 아니다.

사례

2010년 유에스 오픈(US Open)의 페블 비치(Pebble Beach) 코스 첫 번째 라운드에서 69타로 공동 선두를 유지하고 두 번째 라운드에 들어간 폴 케이시(Paul Casey)가 14번 홀에서 서투른 피치 샷을 날리고 난 후에 한 행동으로 규칙1-2를 위반하였는가에 대하여 의문이 생겼다.

파5홀에서 그의 세 번째 샷은 피치 샷이었는데 그 샷으로 볼을 퍼팅 그린 위에 올려서 마무리했으나 홀에서 상당한 거리가 있는 위치였다. 그는 그의 볼이 그린 밖으로 굴러가기 시작하였으며 경사를 타고 뒤로 굴러 내려오는 것을 알아차리지 못한 채 실망한 나머지 지면을 내려다보면서 그의 클럽으로 아직 땅에 붙어 있는 약간의 올라온 잔디를 가볍게 톡톡 두드렸다. 그런데 볼은 그를 향하여 계속 뒤로 굴러 내려와서 그가 가볍게 톡톡 두드린 잔디 가까이에 와서 정지하였다.

그때 유에스 오픈 규칙위원회는 케이시가 스코어 카드를 제출하기 전에 그 상황을 그와 함께 비디오로 검토하면서 토의하였다. 결국 위원회는 케이시가 그의 볼이 그곳으로 되돌아오고 있었다는 것을 알아차리지 못하였기 때문에 잔디를 두드렸고 볼의 움직임에 영향을 미칠 의도가 없었으므로 벌이 없는 것으로 재정하였다.

현재의 규칙1-2는 한층 더 케이시의 경우를 지원하고 있다. 케이시의 행동은 볼의 움직임에 영향을 미칠 의도가 없었고 그 볼이 굴러올 수 있었던 지역의 자연적 상태를 개선할 목적의 행동도 하지 않았다. 재정1-2/8에서도 플레이어의 볼이 그곳으로 되돌아오고 있었다는 것을 알아차리지 못한 경우에는 규칙1-2에 위반되지 않는다는 것을 명확히 하고 있다.

케이시는 그 뒤에 그린의 다른 쪽으로 칩샷을 날린 후 퍼터를 선택하고 세 번 퍼트하여 14번 홀에서 실망스러운 8타를 쳤기 때문에 미국 땅에서 그의 우승 희망은 사라져 버렸다.

Q&A

형평의 이념이란 용어는 무엇을 의미하는가?
형평의 이념이란 같은 상황은 그와 같게 취급한다는 것을 의미한다. 어떤 상황은 규칙에 규정되어 있지 않기 때문에 그 재정은 규칙에 따라 공정하다고 생각되는 판단에 따라서 내려야 한다. 형평의 이념은 규칙의 적절한 적용에 대한 대용물이 아니다.

RULE 2

매치 플레이

정의

용어의 정의는 제2장에 알파벳순으로 나열하였으며 규칙에서 그 용어가 나올 때 굵은 서체를 사용하였다. 13~23쪽 참조.

2-1. 총칙

위원회가 따로 정한 경우를 제외하고 매치는 한 **편**이 다른 **편**에 대항하여 **정규 라운드**를 플레이하는 것으로 이루어진다.

매치 플레이에서는 각 홀마다 승패를 결정한다.

규칙에 따로 정한 경우를 제외하고 더 적은 타수로 볼을 **홀**에 넣은 **편**이 그 홀의 승자가 된다. 핸디캡 적용 매치에서는 더 적은 네트 스코어를 낸 **편**이 그 홀의 승자가 된다.

매치의 상태를 표현할 때에는 몇 개 '홀 업(holes up)' 또는 '올 스퀘어(all square)' 그리고 '몇 홀 남았다(to play)'라는 용어를 사용한다.

이긴 홀 수가 플레이할 나머지 홀 수와 같을 때에 그 **편**은 '도미(dormie)'라고 한다.

2-2. 비긴 홀

양 **편**이 같은 타수로 **홀** 아웃하면 그 홀은 비긴 것이다.

플레이어가 **홀** 아웃하였고 그의 상대방이 그 홀을 비기기 위한 1**스트로크**를 남겨 놓고 있을 때에는 **홀** 아

매치의 승자: 1홀씩 하는 플레이오프

위원회는 동점일 때 승패를 결정하는 방법에 관한 권한을 갖는다. 매치가 올 스퀘어로 끝난 경우 한 편이 이길 때까지 1홀씩 하는 플레이오프를 권장한다. 플레이오프는 매치를 시작한 홀에서 출발하여야 하며 핸디캡 스트로크는 정규 라운드에서와 똑같이 인정되어야 한다.

웃한 플레이어가 만일 그 후에 벌을 받더라도 그 홀은 비긴 것이다.

2-3. 매치의 승자

매치에서 한 **편**이 경기를 끝내지 않은 홀 수보다 더 많은 수의 홀을 이긴 **편**이 승자가 된다.

위원회는, 동점이 된 경우 승패가 결정될 때까지 **정규 라운드**를 몇 홀이라도 연장할 수 있다.

2-4. 매치나 홀의 양보 또는 다음 스트로크의 면제

플레이어는 1회의 매치를 시작하기 전 또는 끝나기 전에 어느 때든지 그 매치의 승리를 양보할 수 있다.

플레이어는 1홀을 시작하기 전 또는 끝나기 전에 그 홀의 승리를 양보할 수 있다.

플레이어는 **상대방**의 볼이 정지해 있으면 어느 때든지 **상대방**의 다음 **스트로크**를 면제해 줄 수 있다. 그때 **상대방**은 그의 다음 **스트로크**로 **홀** 아웃한 것으로 인정되며 어느 **편**이든 그 볼을 제거할 수 있다.

양보는 사절하거나 철회할 수 없다.

(홀 위에 걸쳐 있는 볼 – 규칙16-2 참조)

2-5. 처리 절차에 관한 의문: 분쟁과 클레임

매치 플레이에서 플레이어들 사이에 의문이나 분쟁이 생겼을 경우 플레이어는 클레임을 제기할 수 있다. **위원회**로부터 정식으로 권한을 위임받은 사람이 합당한 시간 내에 그 장소에 나타나지 않은 경우에도 플레이어들은 지체 없이 매치를 계속하지 않으면 안 된다. **위원회**는 클레임이 신속히 제기되었고 클레임을 제기하는 플레이어가 (i) 클레임을 제기하거나 재정을 원한다는 것과 (ii) 그 클레임을 제기하거나 재정을 원하게 된 근거가 되는 사실 등을 합당한 시간 내에 그의 **상대방**에게 통보한 경우에 한하여 그 클레임을 수리할 수 있다.

클레임을 발생시키는 상황이 발견되자마자 곧 플레이어가 다음과 같은 때에 클레임을 제기한 경우에는 클레임이 신속히 제기되었다고 간주한다. 즉 (i) 그 매치의 플레이어 중 한 사람이라도 다음 **티잉 그라운드**에서 플레이하기 전에 또는 (ii) 매치의 마지막 홀인 경우에는 그 매치의 플레이어 전원이 **퍼팅 그린**을 떠나기 전에 또는 (iii) 매치의 결과가 공식 발표되기 전에 그 매치의 전 플레이어가 최종 홀의 **퍼팅 그린**을 떠난 후 클레임을 발생시키는 상황이 발견된 때.

매치에서 앞 홀에 관련된 클레임은, 그 클레임을 제기한 플레이어가 사전에 모르고 있었던 사실과 그 플레이어가 **상대방**으로부터 오보(규칙6-2a 또는 9)를 제공받은 것에 근거를 두고 있는 경우, **위원회**에 한해서 수리될 수 있다. 그러한 클레임은 신속히 제기되지 않으면 안 된다.

매치의 결과가 일단 공식 발표된 후에는 (i) 결과가 공식 발표될 당시에 클레임을 제기한 플레이어가 사전에 모르고 있었던 사실에 근거를 두고 있고 (ii) 클레임을 제기한 플레이어가 **상대방**으로부터 오보를 제공 받았으며 (iii) **상대방**은 그가 오보를 제공하였다는 것을 알고 있었다고 **위원회**가 확신하지 않는 한, **위원회**는 클레임을 수리해서는 안 된다. 그러한 클레임 수리에 관한 시한은 없다.

주1
양쪽 편 사이에 규칙을 면제하기로 한 합의(규칙 1-3)가 없으면, 플레이어는 상대방의 규칙 위반을 무시해 줄 수 있다.

주2
매치 플레이에서 플레이어가 그의 권리나 정확한 처리 절차에 의문이 있는 경우 그는 2개의 볼로 한 홀의 플레이를 끝마쳐서는 안 된다.

시한이 지난 클레임의 규칙상 취급

클레임은 신속히 제기되어야 하며 그렇지 않은 경우 위원회는 그 클레임을 수리할 수 없다. 예를 들어 상대편이 4번 홀의 벙커 안에서 그의 클럽을 지면에 접촉했을 때 그는 그 홀에서 패했어야 했다는 것을 플레이어가 알아차린 경우이다. 클레임은 신속히 제기되어야 하기 때문에 플레이어는 5번 홀 티잉 그라운드에서 플레이하기 전에 클레임을 제기할 필요가 있다.

2-6. 일반의 벌
매치 플레이에서는 **규칙**에 따로 정한 경우를 제외하고, **규칙** 위반의 벌은 그 홀의 패로 한다.

사례

1969년 라이더 컵(Ryder Cup) 경기의 마지막 매치가 진행되는 동안 잭 니클라우스(Jack Nicklaus)가 토니 잭클린(Tony Jacklin)의 퍼트를 면제해 준 결과는 라이더 컵 경기에서 최초로 무승부가 된 사건이 되었으며 골프의 가장 훌륭한 스포츠맨십이 발휘된 모범 행위로 인정받고 있다.

잉글랜드 사우스포트에 있는 로열 버크데일(Royal Birkdale) 골프 클럽에서 마지막 날의 경기에 들어갈 때 미국 팀과 영국 & 아일랜드 팀은 각각 8점으로 동점이었다. 그날 아침 싱글 매치는 영국 & 아일랜드 팀이 2점을 리드하였으나 오후에 미국 팀이 응수하였고, 아직 코스에서 진행 중인 니클라우스와 잭클린의 최종 매치만 남겨 놓고 각 팀은 15점으로 동점이었다. 그 해에는 32개 매치 중에서 18개 매치는 최종 홀까지 갔을 정도로 막상막하였으며 3일 간의 경기가 최후로 결정되는 것은 이 경기에서였다.

후반 9홀에서 잭클린이 뒤졌을 때, 니클라우스가 우세한 것처럼 보였으나 오픈 챔피언으로 주도권을 잡고 있는 잭클린은 추격을 늦추지 않았다. 17번 홀에서 잭클린이 이글을 잡고 니클라우스와 동점이 되었지만 파5의 18번 홀에서 잭클린은 버디 퍼트를 놓쳤다. 그때 니클라우스는 그의 4피트 파 퍼트를 성공시켰고 잭클린은 이제 니클라우스와 동점을 위한 짧은 퍼트를 남겨놓게 되었다. 만일 잭클린이 그 퍼트를 성공시키면 동점이 되겠지만 실패하면 그 자리에서 미국 팀이 우승하는 결과를 낳게 될 상황이었다.

그런데 잭클린이 퍼트하기 전에 니클라우스는 그 영국인의 퍼트를 면제해 주었으며 그렇게 하여 동점이 되는 상황을 굳혔다. 전하는 바에 의하면 니클라우스는 "토니, 나는 당신이 이 퍼트를 놓칠 것이라고 생각하지 않습니다. 그러나 이와 같은 상황에서 그런 기회를 드리지 않기로 하였습니다"라고 말하였다고 한다.

잭클린은 최근에 기자들에게 다음과 같이 말했다. "그 퍼트 길이는 30년이 지나고 달라졌습니다. 4피트 정도로 됩니다. 그러나 내가 기억하기로는 그 길이는 20인치였습니다. 물론 나는 그 퍼트를 놓칠 수도 있었습니다. 골프에서 승리를 보증하는 것은 아무것도 없으며 특히 엄격한 시련을 요구하는 라이더 컵 경기는 더 말할 필요가 없습니다. 그 당시에 나는 해낼 수 있다고 생각했습니다. 그러나 외국 선수들이 계속 우승을 차지한 뒤 2개월 전에 내가 18년 만에 디 오픈(The Open)에서 우승한 첫 번째 영국인이었기 때문에 그 해에 영국에서 라이더 컵 경기에서 영국을 응원하는 열기가 대단하다는 것을 보고 잭은 대세를 이해하게 되었습니다. 따라서 잭은 1969년 경기의 최종 홀에서의 퍼트가 그 매치에서 누가 승리하고 패하는가보다 큰 의미가 있다는 것을 알게 되었습니다. 참으로 위대한 순간이었습니다."

1969년 로열 버크데일에서 열린 라이더 컵 경기의 18번 홀에서 토니 재클린과 잭 니클라우스가 악수하고 있다. 영국 & 아일랜드 팀과 미국 팀 사이의 매치 결과는 최종 매치의 마지막 퍼트에 집중되었다. 그 순간의 중요성을 감지한 니클라우스는 재클린의 퍼트를 면제해 주었으며 그 결과로 라이더 컵 역사에서 처음으로 동점이 되었다.

Q&A

매치 플레이에서 처리 방법에 자신이 없는 경우 제2의 볼을 플레이할 수 있는가?

제2의 볼을 플레이할 수 없다. 위원회 레프리를 이용할 수 없는 경우 자신이 믿는 방법으로 처리함으로써 지체 없이 플레이를 계속하지 않으면 안 된다는 것은 규칙에 나와 있다. 당신의 상대편이 이에 동의하지 않은 경우 그 상대편은 뒤에 위원회에 클레임을 제기할 수 있다.

상대편은 클레임을 신속히 제기하지 않으면 안 되는데 당신에게 재정을 원한다는 것을 통보하지 않으면 안 되며 클레임을 제기하거나 재정을 원하게 된 근거가 되는 사실을 말하지 않으면 안 된다. 클레임은 어느 플레이어도 다음 티잉 그라운드에서 플레이하기 전에 혹은 매치의 마지막 홀인 경우에는 플레이어 전원이 퍼팅 그린을 떠나기 전에 제기되지 않으면 안 된다.

매치의 마지막 홀에서 플레이어 전원이 퍼팅 그린을 떠났는데 클레임을 제기할 상황이 발견된 경우 그 클레임은 매치의 결과가 공식 발표되기 전에 제기된 경우에 한해서 위원회에 의하여 수리될 수 있다.

RULE 3

스트로크 플레이

3-1. 총칙: 우승자

스트로크 플레이 경기는 **경기자**들이 1 또는 2 이상 **정규 라운드**의 각 홀에서 경기하고 각 라운드에 대하여 각 홀에서 낸 그로스 스코어가 기재된 스코어 카드를 제출하는 것으로 이루어진다. 각 **경기자**는 경기에서 각기 다른 **경기자**에 대항하여 플레이한다.

1 또는 2 이상의 **정규 라운드**를 가장 적은 타수로 플레이한 **경기자**를 우승자로 한다.

핸디캡 적용 경기에서는 1 또는 2 이상의 **정규 라운드**에서 가장 적은 네트 스코어를 낸 **경기자**를 우승자로 한다.

3-2. 홀 아웃 하지 않은 경우

경기자가 어느 홀에서든지 홀 아웃하지 않고 다음 **티잉 그라운드**에서 **스트로크**하기 전에 또는 라운드의 마지막 홀에서는 **퍼팅 그린**을 떠나기 전에 그 잘못을 시정하지 않은 경우 그 **경기자**는 경기 실격이 된다.

3-3. 처리 절차에 관한 의문

3-3a. 처리 절차

스트로크 플레이에서 한 홀의 플레이 중에 **경기자**가 자신의 권리 또는 올바른 처리 절차에 관하여 의문이 있는 경우 그는 벌 없이 2개의 볼로 그 홀을 끝마칠 수 있다.

의문이 되는 상황이 생긴 경우 그 다음 행동을 하기 전에 **경기자**는 2개의 볼을 플레이할 의사와 **규칙**에서 허용한다면, 스코어로 채택하고자 하는 볼을 그의 **마커** 또는 **동반 경기자**에게 통보하지 않으면 안 된다.

경기자는 그의 스코어 카드를 제출하기 전에 **위원회**에 볼을 2개 친 사실을 보고하지 않으면 안 된다. 그렇

정의

용어의 정의는 제2장에 알파벳순으로 나열하였으며 규칙에서 그 용어가 나올 때 굵은 서체를 사용하였다. 13~23쪽 참조.

스트로크 플레이에서 처리 절차에 관한 의문

자신의 권리 혹은 올바른 처리 절차에 관하여 의문이 있는 플레이어는 2개의 볼로 그 홀을 끝마칠 수 있다. 그는 스코어로 채택하고자 하는 볼을 미리 말하지 않으면 안 되며 스코어 카드를 제출하기 전에 위원회에 그 사실을 보고하지 않으면 안 된다.

게 하지 않은 경우 그는 경기 실격이 된다.

> **주**
> 의문이 되는 상황을 처리하기 전에 경기자가 그 다음의 행동을 하면 규칙3-3은 적용되지 않는다. 이 경우 원구의 스코어가 그 홀의 스코어로 되고 또는 치고 있는 두 볼 모두 원구가 아니면 먼저 인 플레이가 된 볼이 비록 규칙이 허용하는 처리방법이 아니라 할지라도 그 볼의 스코어가 그 홀의 스코어로 한다. 그러나 이 경우 경기자는 제2의 볼을 친 것에 대한 벌은 없으며 그 볼을 칠 때 받은 벌타는 스코어로 계산하지 않는다.

3-3b. 그 홀의 스코어 결정

(i) **경기자**가 사전에 스코어로 택하기로 한 볼로 **규칙**에 따라 경기를 한 경우에는 그 볼로 플레이한 스코어가 그 홀의 **경기자**의 스코어이다. 그렇지 않은 경우 다른 볼을 위하여 채택한 처리절차가 **규칙**에서 허용될 경우 그 다른 볼로 친 스코어가 그 홀의 스코어로 된다.

(ii) **경기자**가 2개의 볼로 그 홀을 끝낸다는 결심이나, 어느 쪽 볼의 스코어를 택하겠다는 것을 사전에 통보하지 않았을 때는 원구를 **규칙**에 따라서 플레이했다면 그 원구로 플레이한 스코어가 그 홀의 스코어이다. 만약 치고 있는 두 볼 모두 원구가 아니면 먼저 인 플레이가 된 볼로, **규칙**에 따라서 플레이 했다면 그 볼의 스코어가 그 홀의 스코어로 된다. 그렇지 않으면 다른 볼을 위하여 채택한 처리절차가 **규칙**에서 허용될 경우 그 다른 볼의 스코어가 그 홀의 스코어로 된다.

> **주1**
> 경기자가 규칙3-3에 의하여 제2의 볼로 플레이한 경우 그 볼이 채택되지 않는다고 판정되면 그 볼과 관련된 타수와 벌타는 무시된다.
>
> **주2**
> 규칙3-3에 의하여 플레이한 제2의 볼은 규칙27-2에 의한 잠정구가 아니다.

3-4. 규칙에 따르기를 거부
경기자가 다른 **경기자**의 권리에 영향을 미치는 **규칙**에 따르는 것을 거부한 경우 그 **경기자**는 경기 실격이 된다.

3-5. 일반의 벌
스트로크 플레이에서는 따로 정한 경우를 제외하고 **규칙** 위반의 벌은 2타로 한다.

RULE 4

클럽

R&A는 어느 때든지 클럽과 볼(부속 규칙 II 및 III 참조)에 관련된 **규칙**의 변경과 그 **규칙**들에 관련된 해석을 내리고 변경하는 권한을 갖는다. 클럽의 적합성에 관하여 의문이 있는 플레이어는 R&A에 문의하여야 한다.

제조업자는 제조하고자 하는 클럽이 **규칙**에 적합한지 아닌지의 여부에 관한 재정을 구하기 위하여 그 클럽의 견본을 R&A에 제출하여야 한다. 그 제출된 견본은 참고용으로 R&A의 소유물이 된다. 제조업자가 클럽을 제조 및 판매하기 전에 그 견본을 제출하지 않거나, 견본을 제출하였으나 재정을 기다리지 않은 경우 그 제조업자는 클럽이 **규칙**에 부적합하다는 재정을 받을 위험을 지게 된다.

4-1. 클럽의 형태와 구조

4-1a. 총칙

플레이어의 클럽은 본 규칙4-1과 부속 규칙 II에 명시된 규정, 규격 및 해석에 적합하지 않으면 안 된다.

주

위원회는 경기 조건(규칙33-1)에서 플레이어가 휴대한 드라이버는 R&A가 발행한 현행 적격 드라이버 헤드 목록에 등재된 것과 동일한 모델과 **로프트**를 확인받은 클럽 헤드를 부착한 클럽이 아니면 안 된다는 것을 요구할 수 있다.

정의

용어의 정의는 제2장에 알파벳순으로 나열하였으며 규칙에서 그 용어가 나올 때 굵은 서체를 사용하였다. 13~23쪽 참조.

부적합한 클럽을 휴대하였으나 사용하지 않은 경우

부적합한 클럽을 휴대하였으나 그 클럽으로 스트로크하지 않은 경우에 대한 벌은 규칙 4-1 및 4-2에 상세히 나와 있다. 플레이어는 그 부적합한 클럽으로 스트로크한 경우에 한해서 경기 실격된다. 이 '치퍼'는 2개 이상의 타면을 가지고 있기 때문에 부적합한 것이다.

클럽 | RULE 4   33

4-1b. 마모와 개조

신품일 때 **규칙**에 맞는 클럽은 정상적인 사용을 통하여 마모된 후에도 **규칙**에 적합한 것으로 본다. 어떤 부분이라도 고의로 개조된 클럽은 신품으로 보며 그 개조된 상태로도 **규칙**에 맞지 않으면 안 된다.

4-2. 성능의 변경과 이물질

4-2a. 성능의 변경

정규 라운드 중 클럽의 성능을 조절하거나 다른 방법에 의하여 고의로 변경해서는 안 된다.

4-2b. 이물질

볼의 움직임에 영향을 줄 목적으로 클럽 타면에 이물질을 부착해서는 안 된다.

---

* 규칙4-1 또는 4-2에 위반된 1개 또는 2개 이상의 클럽을 휴대하였으나 스트로크하지 않은 경우에 대한 벌은:

매치 플레이 – 규칙 위반이 발견된 홀을 끝마친 시점에 규칙 위반이 있었던 각 홀에 대하여 1개 홀씩 빼서 매치의 상태를 조정한다. 다만 빼는 홀 수는 1라운드에 최고 2개 홀까지로 한다.

스트로크 플레이 – 규칙 위반이 있었던 각 홀에 대하여 2벌타를 과한다. 다만 벌타 수는 1라운드에 최고 4타까지로 한다(위반이 있었던 처음 2개 홀에 각각 2타).

매치 플레이 또는 스트로크 플레이 – 규칙 위반이 홀과 홀 사이에서 발견된 경우 그 위반은 다음 홀의 플레이 중에 발견된 것으로 간주되며 따라서 그 벌은 다음 홀에 적용되지 않으면 안 된다.

보기와 파 경기 – 규칙32-1a 주1 참조.

스테이블포드 경기 – 규칙32-1b 주1 참조.

* 플레이어는 규칙4-1 또는 4-2를 위반하고 휴대한 클럽에 대하여 규칙 위반이 있었던 것을 발견한 즉시 매치 플레이에서는 그의 상대방에게, 스트로크 플레이에서는 그의 마커나 동반 경기자에게 사용하지 않겠다는 선언을 하여야 한다. 플레이어가 그렇게 하지 않은 경우 그는 경기 실격이 된다.

규칙4-1 또는 4-2에 위반된 클럽으로 스트로크한 것에 대한 **벌**은 경기 실격.

4-3. 손상된 클럽: 수리와 대체

4-3a. 정상적인 플레이 과정에서 입은 손상

정규 라운드 중 플레이어의 클럽이 정상적인 플레이 과정에서 손상을 입은 경우 플레이어는 다음과 같이 할 수 있다.

(i) 그 **정규 라운드**의 나머지 홀에서 손상된 상태 그대로 그 클럽을 사용한다. 또는

(ii) 플레이를 부당하게 지연시키지 않고 그 클럽을 수리하거나 수리받는다. 또는

(iii) 그 클럽이 플레이에 부적합하게 된 경우에 한하여 추가 선택 사항으로써 그 손상된 클럽을 다른 클럽으로 교체할 수 있다. 클럽을 교체할 때에는 플레이를 부당하게 지연시키지 않아야 하며(규칙6-7) **정규 라운드** 중에 그 **코스**에서 플레이하고 있는 다른 플레이어가 플레이를 위하여 선정한 클럽 또는 플레이어가 휴대했거나 플레이어를 위하여 운반한 클럽 구성 부품을 조립한 클럽을 차용해서는 안 된다.

매치 플레이에서 14개 클럽 규칙을 위반한 경우

> 내 골프 백에 15개 클럽이 있는 것을 알게 되었는데 2번 아이언을 사용하지 않겠다고 선언합니다. 그러면 스코어는 어떻게 됩니까?

> 우리는 4번 홀 티에 있고 이미 나는 2개 홀 업인데 매치에서는 2개 홀을 빼는 벌이 적용되므로 이제 나는 4개 홀 업이 되었습니다.

규칙4-3a의 위반에 대한 벌은:
규칙4-4a 또는 4-4b 그리고 4-4c의 벌칙 참조.

주
클럽이 실질적인 손상을 입었을 경우 예를 들어 샤프트가 움푹 들어갔거나, 상당히 휘었거나, 부러졌거나, 클럽 헤드가 헐거워지거나, 떨어져나갔거나, 현저히 변형된 경우 또는 그립이 헐거워진 경우 그 클럽은 플레이에 부적합한 것이다. 단지 클럽의 라이나 로프트가 변경되었거나 클럽 헤드가 긁혔다는 이유만으로는 플레이에 부적합한 클럽이라고 할 수 없다.

4-3b. 정상적인 플레이 과정이 아닌 상태에서 입은 손상
정규 라운드 중에 플레이어의 클럽이 정상적인 플레이 과정이 아닌 상태에서 입은 손상으로 **규칙**에 맞지 않게 되거나 클럽의 성능이 변경된 경우 그 이후의 라운드 중에는 그 클럽을 사용하거나 대체해서는 안 된다.

규칙4-3b의 위반에 대한 벌은 경기 실격.

4-3c. 라운드 전에 입은 손상
플레이어는 라운드 전에 손상된 클럽이 그 상태 그대로 **규칙**에 적합하다면 그 클럽을 사용할 수 있다.
　라운드 전에 입은 클럽의 손상은 그 성능을 변경시키지 않고 플레이를 부당하게 지연시키지 않는 한 그 라운드 중에 수리할 수 있다.

규칙4-3c의 위반에 대한 벌은 :
규칙4-1 또는 4-2를 위한 벌칙 참조.
(부당한 지연 – 규칙6-7 참조)

4-4. 클럽은 14개가 한도

4-4a. 클럽의 선정과 추가

플레이어는 14개보다 더 많은 클럽을 가지고 **정규 라운드**를 출발해서는 안 된다. 플레이어의 클럽은 그 라운드를 위하여 선정한 클럽에 한정된다. 다만 플레이어가 14개 미만의 클럽을 가지고 시작한 경우 합계 14개를 넘지 않는 한 몇 개라도 추가할 수 있다.

클럽을 추가할 때에는 플레이를 부당하게 지연시키지 않아야 하며(규칙6-7) 플레이어는 **정규 라운드** 중에 그 **코스**에서 플레이하고 있는 다른 플레이어가 플레이를 위하여 선정한 클럽 또는 플레이어가 휴대했거나 플레이어를 위하여 운반한 클럽 구성 부품을 조립한 클럽을 차용해서는 안 된다.

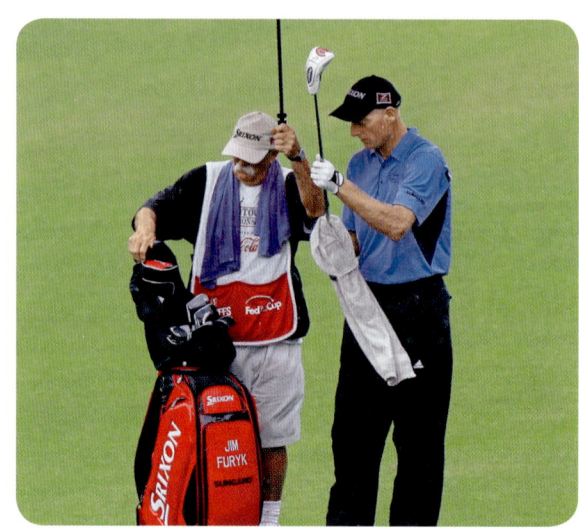

클럽은 14개가 한도

짐 퓨릭(Jim Furyk)은 15개 클럽을 휴대한 것에 대하여 규칙4-4a에 의한 4벌타를 받았다(비싼 대가의 벌에 관한 상세한 내용에 대해서는 37쪽의 사례를 참조한다).

4-4b. 파트너들 사이 클럽의 공용

파트너들은 그 **파트너**들이 휴대한 클럽 수가 합계 14개를 초과하지 않으면 클럽을 공용할 수 있다.

규칙4-4a 또는 4-4b의 위반의 벌은 휴대한 클럽의 초과 수에 관계없이

매치 플레이 – 규칙 위반이 발견된 홀을 끝마친 시점에 규칙 위반이 있었던 각 홀에 대하여 1개 홀씩 빼서 매치의 상태를 조정한다. 다만 빼는 홀 수는 1라운드에 최고 2개 홀까지로 한다.

스트로크 플레이 – 규칙 위반이 있었던 각 홀에 대하여 2벌타를 과한다. 다만 벌타 수는 1라운드에 최고 4타까지로 한다.

매치 플레이 혹은 스트로크 플레이 – 규칙 위반이 홀과 홀 사이에서 발견된 경우에는 방금 끝난 홀의 플레이 중에 발견된 것으로 간주되며 규칙 4-4a 및 4-4b에 대한 위반의 벌은 다음 홀에 적용하지 않는다.

보기와 파 경기 – 규칙32-1a 주1 참조.

스테이블포드 경기 – 규칙32-1b 주1 참조.

4-4c. 초과 클럽을 사용하지 않겠다는 선언

플레이어는 규칙4-3a(iii) 또는 4-4를 위반하고 휴대했거나 사용한 클럽에 대하여 **규칙** 위반이 있었던 것을 발견한 즉시 매치 플레이에서는 그의 **상대방**에게, 스트로크 플레이에서는 그의 **마커**나 **동반 경기자**에게 사용하지 않겠다는 선언을 반드시 하여야 하며 이후 **정규 라운드**의 나머지 홀에서 사용해서는 안 된다.

규칙4-4c의 위반에 대한 벌은 경기 실격.

사례

도럴(Doral) 코스에서 열린 2008년 WGC-CA 챔피언십에서 이안 폴터(Ian Poulter)는 14번 홀의 파를 위한 8피트 거리의 퍼트를 놓쳤다. 그리고 15번 홀 티를 향하여 걸어가는 동안 폴터는 그의 퍼터로 인도와 카트로 사이의 연석을 때리게 되었는데 그 퍼터의 뒷면에 있는 무게 조절봉이 느슨하게 되어 부적합하게 되었다.

그의 퍼터는 정상적인 플레이 과정(예를 들어 스트로크하거나 우연히 퍼터를 떨어뜨린 경우)에서 손상을 입지 않았기 때문에 플레이어가 그의 라운드 중에 그 퍼터를 다시 사용하는 것은 허용되지 않는다(규칙4-3b). 따라서 그는 그 라운드의 나머지 부분은 그의 웨지로 퍼트를 했다.

그는 라운드 뒤에 "나는 아마 약간의 좌절감 때문에는 카트로 위에 퍼터를 떨어뜨렸던 것 같습니다. 콘크리트와 금속은 잘 맞지 않은 것 같습니다"라고 말하였다.

짐 퓨릭은 리버티 내셔널 골프 클럽(Liberty National Golf Club)에서 열린 바클레이 챔피언십(Barclays Championship) 3라운드의 파3인 2번 홀에서 그의 백 속에 두었던 하나의 추가 클럽 때문에 4벌타를 받았다. 퓨릭은 파3의 2번 홀에서 두 번째 샷을 준비하고 있을 때 그 추가된 클럽을 발견하였다. 그때 그는 백 안에 라이 각이 60도인 웨지가 2개 들어 있으며 결국 15개 클럽을 휴대한 것을 알게 되었다. 그 '추가된' 웨지는 연습 후에 부주의로 백 속에 남겨 두었던 것이며 그가 라운드를 출발할 때에 그 백 위에 방수 덮개가 덮여 있었기 때문에 주의를 기울이지 않았던 것이다.

규칙4-4a에서 플레이어는 14개보다 많은 클럽을 가지고 라운드를 출발해서는 안 된다고 규정하고 있다. 스트로크 플레이에서 14개를 초과한 클럽을 휴대한 것에 대한 벌은 백 속에 휴대한 추가 클럽 수에 관

이안 우스남(Ian Woosnam)이 게임 도중에 심판원(유럽 투어의 수석 심판원)인 존 패러모(John Paramor)로부터 15개 클럽을 휴대한 것에 대한 벌은 2벌타라고 전하는 말을 듣고 있다. 플레이어는 규칙4-4a에 의하여 최대 14개 클럽만 휴대하는 것이 허용된다.

계없이 규칙 위반이 있었던 각 홀에 대하여 2벌타이다. 퓨릭은 이미 파 3의 2번 홀에서 티샷하였기 때문에 그는 1번 홀과 2번 홀에서 각각 2벌타를 받았다. 벌은 4벌타가 한도이기 때문에 만일 3번 홀까지 그 사실을 알아차리지 못했어도 같은 벌을 받았을 것이다.

규칙 위반을 발견하자마자 퓨릭은 그 추가된 클럽을 사용하지 않겠다는 선언을 해야 했으며 그 라운드의 나머지 부분에서 그 클럽을 사용할 수 없었다(규칙4-4c). 착오는 값비싼 대가를 치르게 했고 결국 퓨릭은 그 대회에서 우승자 히스 슬로컴(Heath Slocum)에게 6타 뒤진 상태로 경기를 마감하였다.

아일랜드의 마이클 호이(Michael Hoey)는 2009년 아일랜드 오픈(Irish Open)에서 그의 백에 15개 클럽을 휴대하였기 때문에 경기 실격되었다. 그는 2라운드에서 몇 개 홀을 플레이한 뒤 그의 백을 들여다보았을 때 규정된 클럽 수를 초과했다는 것을 알게 되었으며 그 사이에 어떤 클럽도 추가하거나 대체한 것이 없었기 때문에 1라운드의 스코어 카드에 서명했을 때에도 15개 클럽을 휴대해 온 것이었다.

결과적으로 그는 1라운드에서 규칙4-4a에 의한 벌을 포함시키지 않았기 때문에 규칙6-6d에 의하여 틀린 스코어에 서명한 것에 대한 경기 실격의 벌을 받았다.

규칙4-4a와 관련된 가장 기억에 남는 경우는 2001 오픈 챔피언십 경기가 로얄 리덤 세인트 앤스(Royal Lytham & St. Annes) 코스에서 열렸을 때 이안 우스남의 실수였다. 그는 공동 선두로 최종 라운드를 출발하여 첫 홀에서 버디(2타)를 잡고 환상적인 스타트를 보였다. 2번 홀 티잉 그라운드에서 그의 캐디인 마일스 바이런(Miles Byrne)이 우스남에게 "몹시 화가 나겠지만 우리 백에 채가 15개 있어"라고 말했다. 연습장에서 우스남은 2개의 드라이버를 테스트했고 연습장에서 1번 티로 달려오느라 14개 이상 휴대했는지 세어보지 않았다. 규칙4-4에 의거 1번 홀에 2벌타를 받게 되었고 우스남은 버디(2타)를 잡았지만 보기(4타)를 기록하고 말았다.

Q&A

플레이어는 오른손잡이 클럽과 왼손잡이 클럽을 모두 사용하여 플레이할 수 있는가?

골프 규칙에서는 플레이어가 왼손잡이든지 오른손잡이든지 간에 클럽 선택에 관하여 플레이어를 제한하지 않는다. 플레이어는 14개 클럽까지 선택할 수 있으며(규칙4-4에 의하여 허용된 최대 한도) 그것들은 오른손잡이와 왼손잡이 클럽으로 구성될 수 있다. 예를 들어 어떤 플레이어는 오른손잡이로 플레이하는 것을 좋아하는데 퍼트는 왼손잡이로 하기 때문에 왼손잡이 퍼터를 휴대한다. 따라서 선택한 총 합계 클럽 수가 14개를 초과하지 않고 모든 클럽이 규칙에 적합하다면 규칙에서는 이를 허용하고 있다.

정규 라운드에서 '치퍼'를 사용할 수 있는가?

'치퍼'는 퍼팅 그린 밖에서 사용할 목적으로 디자인된 아이언 클럽이다. 다음과 같은 조건을 지킨다는 것을 조건으로 정규 라운드에서 '치퍼'의 사용이 허용된다.

- 샤프트는 치퍼 헤드의 힐에 부착되어 있어야 한다.
- 치퍼는 그립이 1개뿐이어야 하며 횡단면이 원형이어야 한다.
- 치퍼는 타면이 1면뿐이어야 한다.
- 치퍼의 타면은 임팩트 부분의 단단함, 표면의 거칠기, 재료 및 마킹에 관한 규격에 적합하여야 한다(부속 규칙 II 및 재정4-1/3 참조).

RULE 5

볼

정의
용어의 정의는 제2장에 알파벳순으로 나열하였으며 규칙에서 그 용어가 나올 때 굵은 서체를 사용하였다. 13~23쪽 참조.

볼의 적합성에 관하여 의문이 있는 플레이어는 R&A에 그 의견을 문의하여야 한다. 제조업자는 제조하고자 하는 볼이 **규칙**에 적합한지 아닌지의 여부에 관한 재정을 구하기 위하여 그 볼의 견본을 R&A에 제출하여야 한다. 그 제출된 견본은 대조용으로 R&A의 소유물이 된다. 제조업자가 볼을 제조하고(하거나) 판매하기 전에 그 견본을 제출하지 않거나 견본을 제출하였으나 재정을 기다리지 않은 경우 그 제조업자는 볼이 **규칙**에 부적합하다는 재정을 받을 위험을 지게 된다.

5-1. 총칙
플레이어가 사용하는 볼은 부속 규칙 III에 명시된 요건에 적합한 것이 아니면 안 된다.

주
위원회는 경기 조건(규칙33-1)에서 플레이어가 사용하는 볼은 R&A에서 발행한 현행 적격 골프 볼 목록에 등재된 볼이어야 한다고 요구할 수 있다.

5-2. 이물질
플레이어가 플레이하는 볼은 그 성능을 변경할 목적으로 이물질을 볼에 부착해서는 안 된다.

규칙5-1 또는 5-2의 위반에 대한 벌은 경기 실격.

5-3. 플레이에 부적합한 볼
볼이 한눈에 보일 정도로 쪼개졌거나, 금이 갔거나, 변형되어 있는 경우 그 볼은 플레이에 부적합한 볼이다.

볼

'크로스 아웃(x-out) 볼'은 제조업자가 미관상의 이유로 불완전하다고 생각하는 골프 볼에 사용하는 일반적인 명칭이다. 그 볼이 규칙에 부적합하다는 것을 나타내는 유력한 증거가 없으면 볼의 사용이 허용된다.

단지 흙이나 다른 물건이 볼에 붙어 있거나, 표면에 긁히거나 스친 자국이 있거나, 표면의 페인트가 벗겨졌거나, 색깔이 변한 것만으로는 플레이에 부적합한 볼이라고 할 수 없다.

플레이어가 현재 플레이하고 있는 홀의 플레이 중에 자신의 볼이 플레이에 부적합하다고 생각할 경우 그는 부적합한가 아닌가의 여부를 확인하기 위하여 벌 없이 자신의 볼을 집어 올릴 수 있다.

볼을 집어 올리기 전에 플레이어는 매치 플레이에서는 **상대방**에게, 스트로크 플레이에서는 그의 **마커**나 **동반 경기자**에게 그의 의사를 반드시 통보하여야 하며 볼 위치를 마크하여야 한다. 그 뒤에 플레이어는 그의 **상대방**, **마커** 또는 **동반 경기자**에게 그 볼을 검사하고 볼을 집어 올리는 것과 리플레이스하는 데 볼 기회를 준다면 그는 볼을 집어 올리고 검사할 수 있다. 규칙5-3에 의하여 볼을 집어 올렸을 경우 그 볼을 닦아서는 안 된다.

플레이어가 이러한 처리 절차의 하나라도 따르지 않은 경우 또는 현재 플레이하고 있는 홀의 플레이 중에 플레이에 부적합하게 되었다고 생각되는 이유가 없는데 볼을 집어 올린 경우 그는 <u>1벌타를 받는다</u>.

그 볼이 현재 플레이하고 있는 홀의 플레이 중에 플레이에 부적합하게 된 것으로 확인된 경우 플레이어는 다른 볼로 **교체하여** 그 볼을 원구가 있었던 지점에 플레이스할 수 있다. 그러나 부적합하게 된 것으로 판단되지 않은 경우에는 원구를 리플레이스하지 않으면 안 된다. 플레이어가 허용되지 않는데 볼을 **교체하고** 그 잘못 **교체한 볼**을 **스트로크**한 경우 그는 <u>규칙5-3의 위반으로 일반의 벌을 받아야 하나 본 규칙5-3 또는 15-2에 의한 추가의 벌은 없다</u>.

스트로크의 결과로 볼이 여러 조각으로 쪼개진 경우 그 **스트로크**를 취소하고 플레이어는 원구를 플레이했던 지점에 될수록 가까운 곳에서 벌 없이 **볼**을 플레이하지 않으면 안 된다(규칙20-5 참조).

---

* 규칙5-3의 위반에 대한 벌은

매치 플레이 – 그 홀의 패,

스트로크 플레이 – 2벌타.

* 플레이어가 규칙5-3의 위반으로 일반의 벌을 받은 경우 본 규칙5-3에 의한 추가의 벌(1벌타)은 없다.

주1
상대방, 마커 또는 동반 경기자가 볼이 플레이에 부적합하다는 플레이어의 주장에 대하여 이의를 제기하고자 할 경우에는 플레이어가 다른 볼을 플레이하기 전에 제기하지 않으면 안 된다.

주2
플레이스하거나 리플레이스할 볼의 최초 라이가 변경된 경우에 관해서는 규칙20-3b를 참조한다.

(퍼팅 그린에서 또는 다른 규칙에 의하여 집어 올린 볼을 닦은 경우 – 규칙21 참조)

플레이에 부적합한 볼

자기 볼이 플레이에 부적합하게 되었다고 생각하는 이유가 있는 플레이어는 상대방, 마커 혹은 동반 경기자가 그 볼을 검사하고, 볼을 집어 올리는 것과 리플레이스하는 것을 지켜볼 기회를 줘야 한다.

사례

최상급 수준의 프로 경기에서 위원회는 '한 가지 볼을 사용하는 조건'(부속 규칙 I, Part C, 1c)으로 알려진 경기 조건을 도입한다. 이 조건은 플레이어가 정규 라운드 중 골프 볼의 상표와 모델을 교체하는 것을 방지하고 여러 홀에서 다른 성과를 내는 성능의 볼을 사용하여 이익을 얻는 것을 방지하기 위한 의도가 있다. 예를 들면 단단한 볼은 긴 거리의 홀에 사용하고 연한 볼은 짧은 거리의 홀에 사용하는 것 등이다. 이에 추가하여 플레이어가 적격 골프 볼 목록에 등재된 볼을 사용하도록(부속 규칙 I, Part C, 1b) 요구하는 조건이 도입된다. 이 목록에는 테스트를 받고 골프 규칙에 적합하다고 판정된 모든 볼이 기재되어 있다.

2008년 PGA 투어 예선 토너먼트 두 번째 단계에서 제이피 헤이즈(JP Hayes)가 1라운드의 12번 홀에서 플레이하는 동안 자신이 출발할 때 사용했던 볼과 다른 형태의 볼(상표는 같으나 형태가 다른 볼)로 플레이하고 있었다는 것을 알게 되었다. 그때 그는 재정을 신청하였는데 한 가지 볼을 사용하는 조건을 위반하였다고 판정되어 그 홀에서 2벌타를 받았다.

그날 저녁이 되었을 때 헤이즈는 어떻게 그 볼이 그의 백에 들어왔는가 즉 이 사건이 일어난 원인을 곰곰이 생각하고 있었는데 그때 그 볼이 시제품이었는지 모른다는 생각이 떠올랐다. 그는 위원회 위원에게 전화를 걸었으며 그 다음 날 그 볼을 다시 검토하자 그 볼은 적격 골프 목록에 기재되어 있지 않은 볼이라는 판정이 내려졌다. 이 판정은 헤이즈가 그 경기에서 실격되었다는 것을 의미했으며 그는 2009년 투어에 참가할 자격을 상실하였다.

헤이즈는 그의 장비에 관하여 지나치게 아는 체하였으며 "나는 매일 저녁 내 골프 백을 다시 본다. 그 속에 무엇이 들어 있는지 알고 싶어서다. 이는 건강에도 도움이 된다"라고 말하였다. 그럼에도 불구하고 헤이즈는 이때 볼 하나를 놓쳤다. 시제품 볼은, 제조업자의 상표 이름을 유지하고 있지만, 볼의 접합된 부분 위에는 모델을 확인할 수 있는 상표 표시가 없기 때문에 쉽게 때가 묻었다.

벌이 부과되고 난 후 또 다른 경기 실격의 정보를 자진하여 요구한 것에 관하여 묻자 헤이즈는 "나는 여기 있는 모든 사람(PGA 투어)도 똑같이 그렇게 했을 것이라고 말할 수 있습니다"라고 말하였다.

볼이 플레이에 부적합하게 된 경우 심판원은 상대방, 마커 혹은 동반 경기자의 역할을 다할 수 있다. 어니 엘스는 그의 동반 경기자인 소렌 켈드슨(Soren Kjeldsen)과 심판원에게 한 홀의 플레이 도중 손상을 입었다고 생각되는 볼을 검사할 기회를 주고 있다.

Q&A

골프 라운드를 플레이할 때 '크로스 아웃 볼', '중고품 볼', '연습용 볼'을 사용할 수 있는가?

'크로스 아웃 볼'은 제조업자가 결함(대개 미관상의 이유, 예를 들어 페인트나 프린트가 잘못 되었다는 이유)이 있다고 생각하는 불량 골프 볼에 사용하는 일반적인 명칭이며 따라서 볼 위의 상표를 지워 버린 것이다. '중고품 볼'은 한 번 사용했던 볼을 깨끗이 닦아서 '중고품'이라고 도장을 찍어 놓은 것이다.

'크로스 아웃 볼'이나 '중고품 볼'이 규칙에 부적합하다는 것을 나타내는 유력한 증거가 없으면 그러한 볼도 사용할 수 있다. 그러나 위원회가 플레이어는 적격 골프 볼 목록에 등재된 볼(규칙5-1 주 참조)로 플레이하지 않으면 안 된다는 조건을 채택한 경기에서는 문제의 볼(X표가 없는 혹은 '중고품' 도장이 없는)이 그 목록에 등재되어 있을지라도 그러한 볼을 사용해서는 안 된다.

대부분의 경우 '연습용 볼'은 '연습용'(클럽이나 회사의 상징 마크를 나타내는 볼과 같은 방법으로)이라고 도장을 찍어서 적격 골프 볼로 간단히 목록에 나열된다. 그러한 볼은 적격 골프 볼 목록에 등재된 볼로 플레이하지 않으면 안 된다는 조건을 채택한 곳에서도 사용할 수 있다.

라운드 중에 플레이어가 가지고 온 볼을 모두 사용해 버린 경우 그 플레이어는 상대편이나 동반 경기자로부터 볼을 차용해도 되는가?

골프 규칙에서는 코스에서 플레이어가 다른 플레이어로부터 골프 볼을 차용하는 것을 막지 않는다. 규칙에서는 클럽에 한해서 차용을 제한하고 있으며 골프 볼은 아니다.

적격 골프 볼 목록에 등재되어 있지 않은 볼에 대한 규칙상 취급

현행 적격 골프 볼 목록에 등재되어 있지 않은 상표와 모델의 볼은 다음 세 가지 범주 안에 들어간다.

1. 테스트를 받은 적이 없는 상표와 모델
2. 이전의 목록에 등재되었으나 현행 목록에 포함되도록 다시 제출하지 않은 상표와 모델
3. 테스트 받은 적이 있고 규칙 및 부속 규칙 III에 명시된 규격에 적합하지 않다고 판명된 상표와 모델

위의 1과 2의 범주에 들어가는 볼은 그 볼이 적합하지 않다는 것을 나타내는 유력한 증거가 없는 한 적합한 것으로 추정된다. 그리고 3의 범주에 들어가는 모든 모델의 볼은 부적합한 볼로 간주된다.

RULE 6

플레이어

6-1. 규칙

플레이어와 그의 **캐디**는 **규칙**을 알아 두어야 할 책임이 있다. **정규 라운드** 중 플레이어의 **캐디**가 어떤 **규칙**을 위반해도 그 플레이어가 해당되는 벌을 받는다.

6-2. 핸디캡

6-2a. 매치 플레이

핸디캡 적용 경기에서 매치를 시작하기 전에 플레이어들은 서로 각자의 핸디캡을 확정하여야 한다. 플레이어가 자신이 인정받은 것보다 더 높은 핸디캡을 선언한 후 매치를 시작하고 그 때문에 주고받는 스트로크 수에 영향을 미친 경우 그는 <u>경기 실격이 된다.</u> 그 이외의 경우 플레이어는 선언한 그 핸디캡으로 플레이하지 않으면 안 된다.

6-2b. 스트로크 플레이

핸디캡 적용 경기의 모든 라운드에서 **경기자**는 **위원회**에 스코어 카드를 제출하기 전에 자신의 핸디캡이 스코어 카드에 기록되어 있는가를 확인하지 않으면 안 된다. 제출된 자신의 스코어 카드(규칙6-6b)에 핸디캡이 기록되어 있지 않거나 기록된 핸디캡이 경기자가 인정받은 것보다 더 높기 때문에 받은 **스트로크** 수에 영향을 미친 경우 **경기자**는 그 핸디캡 경기에서 <u>경기 실격이 된다.</u> 그 이외의 경우에는 제출된 스코어가 그대로 채택된다.

주

핸디캡 <u>스트로크</u>를 주거나 받는 홀을 알아 두는 것은 플레이어의 책임이다.

6-3. 출발 시간과 조 편성

6-3a. 출발 시간

플레이어는 **위원회**가 정한 시간에 출발하지 않으면 안 된다.

정의

용어의 정의는 제2장에 알파벳순으로 나열하였으며 규칙에서 그 용어가 나올 때 굵은 서체를 사용하였다. 13~23쪽 참조.

규칙6-3a의 위반에 대한 벌:

플레이어가 자신의 출발 시간 후 5분 이내에 플레이할 수 있는 상태로 출발 지점에 도착하면 매치 플레이에서는 1번 홀의 패, 스트로크 플레이에서는 1번 홀에서 2벌타로 한다. 그렇지 않은 경우 본 규칙 위반에 대한 벌은 경기 실격이다.

보기 및 파 경기 – 규칙32–1a 주2 참조.

스테이블포드 경기 – 규칙32–1b 주2 참조.

예외

플레이어가 예외적인 상황으로 정각에 출발하는 것에 방해를 받았다고 **위원회**가 결정한 경우에는 벌이 없다.

6–3b. 조 편성

스트로크 플레이에서 **경기자**는 **위원회**가 변경을 승인 또는 추인하지 않는 한 위원회가 정한 조 편성대로 라운드를 하지 않으면 안 된다.

규칙6-3b의 위반에 대한 벌은

경기 실격.

(베스트볼과 포볼 플레이에 관해서는 규칙30–3a 및 31–2 참조)

6–4. 캐디

플레이어는 **캐디**의 원조를 받을 수 있으나 어느 시점에서도 1명의 **캐디**만으로 제한된다.

규칙 6-4의 위반에 대한 벌은

매치 플레이 – 규칙 위반이 발견된 홀을 끝마친 시점에 규칙 위반이 있었던 각 홀에 대하여 1개 홀씩 빼서 매치의 상태를 조정한다. 다만 빼는 홀 수는 1라운드에 최고 2개 홀까지로 한다.

스트로크 플레이 – 규칙 위반이 있었던 각 홀에 대하여 2벌타를 과한다. 다만 벌타 수는 1라운드에 최고 4타까지로 한다(위반이 있었던 처음 2개 홀에 각각 2타).

매치 플레이 또는 스트로크 플레이 – 규칙 위반이 홀과 홀사이에서 발견된 경우 그 위반은 다음 홀의 플레이 중에 발견된 것으로 간주되며 따라서 그 벌은 다음 홀에 적용되지 않으면 안 된다.

보기 및 파 경기 – 규칙32–1a 주1 참조.

스테이블포드 경기 – 규칙32–1b 주1 참조.

*본 규칙6-4를 위반하고 2명 이상의 캐디를 동반한 플레이어는 규칙 위반이 있었던 것을 발견한 즉시 정규 라운드의 나머지 부분에서 어느 시점에서도 확실히 2명 이상의 캐디를 동반하지 않도록 하지 않으면 안 된다. 그렇지 않은 경우 플레이어는 경기 실격이 된다.

주

위원회는 경기 조건(규칙33–1)에서 캐디의 사용을 금지하거나 플레이어 자신이 하는 캐디 선정을 제한할 수 있다.

6–5. 볼

정당한 볼을 플레이할 책임은 플레이어 자신에게 있다. 플레이어 각자는 자신의 볼을 식별할 수 있는 표지를 해 두어야 한다.

6-6. 스트로크 플레이의 스코어

6-6a. 스코어 기록
마커는 각 홀의 플레이가 끝난 뒤 **경기자**와 함께 스코어를 점검하고 기록하여야 한다. 라운드가 끝나면 **마커**는 스코어 카드에 서명하지 않으면 안 되며 그것을 **경기자**에게 넘겨주어야 한다. 2명 이상의 **마커**가 스코어를 기록한 경우에는 각자가 책임을 진 부분에 대하여 서명하지 않으면 안 된다.

6-6b. 스코어 카드의 서명과 제출
라운드가 끝난 후 **경기자**는 각 홀에 대한 자신의 스코어를 점검하여야 하며 어떤 의문점이 있으면 위원회에 질문하여 해결하여야 한다. **경기자**는 마커나 마커들이 스코어 카드에 서명한 것을 확인하고 자신도 그 스코어 카드에 서명한 다음 되도록 빨리 **위원회**에 제출하지 않으면 안 된다.

규칙6-6b의 위반에 대한 벌은 경기 실격.

6-6c. 스코어 카드의 변경
경기자가 스코어 카드를 위원회에 제출한 후에는 그 기재 내용을 변경할 수 없다.

6-6d. 홀에 대한 스코어의 오기
경기자는 자신의 스코어 카드에 각 홀별로 기록된 스코어의 정확성에 대하여 책임을 진다. **경기자**가 한 홀의 스코어를 실제로 친 스코어보다 더 적게 기록하여 제출한 경우 그 **경기자**는 경기 실격이 된다. 그러나 **경기자**가 실제로 친 스코어보다 더 많게 기록하여 제출한 경우에는 그 제출된 스코어가 그대로 채택된다.

일본의 이시카와 료(Ishikawa Ryo)는 식별 마크로 볼에 자신의 얼굴을 만화로 그렸다.

2010년 글랜이글스(Gleneagles)에서 열린 주니어 라이더 컵(Junior Ryder Cup) 경기의 첫날 캐시 이사가와(Cassy Isagawa)가 자기 볼에 마크하고 있다.

주1
위원회는 스코어 합산과 스코어 카드에 기록된 핸디캡의 적용에 대하여 책임을 진다 – 규칙33-5 참조.

주2
포볼 스트로크 플레이에 관해서는 규칙31-3 및 31-7a를 참조한다.

6-7. 부당한 지연: 느린 플레이

플레이어는 부당한 지연 없이 플레이하여야 하며 **위원회**가 플레이 속도 지침을 정한 때에는 그 지침에 따라 플레이하여야 한다. 한 홀의 플레이를 끝마친 후 다음 **티잉 그라운드**에서 플레이하기까지의 사이에도 플레이어는 플레이를 부당하게 지연시켜서는 안 된다.

규칙6-7의 위반에 대한 벌은

매치 플레이 – 그 홀의 패,

스트로크 플레이 – 2벌타.

보기와 파 경기 – 규칙32-1a 주2 참조.

스테이블포드 경기 – 규칙32-1b 주2 참조.

그 후 다시 위반한 경우 – 경기 실격.

주1
플레이어가 홀과 홀 사이에서 플레이를 부당하게 지연시킨 경우 그는 다음 홀의 플레이를 지연시킨 것이 되며 보기, 파 및 스테이블포드 경기(규칙32)를 제외하고, 벌은 다음 홀에 적용한다.

주2
느린 플레이를 방지할 목적으로 위원회는 경기 조건(규칙33-1)에 1정규 라운드, 1홀 또는 1스트로크를 끝마치는 데 허용되는 최대 시간 주기를 포함한 플레이 속도 지침을 정할 수 있다.

부당한 지연: 클럽 하우스에 들어가는 경우

플레이어는 자신의 플레이나 상대편 혹은 다른 경기자의 플레이를 부당하게 지연시키지 않으면, 벌 없이 클럽 하우스나 그늘집에 들어갈 수 있다 (규칙6-7).

스트로크 플레이에서 스코어 기록

COMPETITION SPRING STROKE PLAY **DATE** 14 . 6 . 11

PLAYER D. BROWN **HANDICAP** 10 **Game No** 21

Hole	Yards	Par	Stroke Index	Score	W=+ L=- H=0 POINTS	Mar Score	Hole	Yards	Par	Stroke Index	Score	W=+ L=- H=0 POINTS	Mar Score
1	312	4	17	5		6	10	369	4	12	6̷5 (c)		
2	446	4	1	4		4	11	433	4	2	3		
3	310	4	13	4		3	12	361	4	14	4		
4	370	4	9	5	(b)	5	13	415	4	6	5		
5	478	5	3	6			14	155	3	16	6		
8̷7 (a)	429	4	11	4			15	338	4	8	5		
7̷6	385	4	5	3			16	316	4	10	4		
8	178	3	7	4			17	191	3	4	5		
9	354	4	15	6			18	508	5	18	7		
OUT	3262			41			IN	3086	35		44		
							OUT	3262	36		41		
							TOTAL	6348	71		85		
							HANDICAP				10		
							NETT				75 (d)		

Markers Signature D.B. (e & f)
Players Signature Bill White

경기자의 책임
1. 위원회에 스코어 카드를 제출하기 전에 스코어 카드상의 한 곳에 정확한 핸디캡을 기록한다.
2. 각 홀에 대하여 기록된 그로스 스코어가 정확한가를 점검한다.
3. 위원회에 스코어 카드를 제출하기 전에 마커가 스코어 카드에 서명한 것을 확인하고 경기자 자신도 스코어 카드에 서명한다.

위원회의 책임
1. 각 경기자에게 경기 일자와 경기자의 이름이 기록된 스코어 카드를 발급한다.
2. 각 홀에 대한 스코어를 합산하고 스코어 카드에 기록된 핸디캡을 적용한다.

주의 사항
(a) 홀 스코어가 다른 칸에 기록된 경우 홀 번호를 변경할 수 있다.
(b) 마커는 자신의 스코어를 기록하는 것이 권장되기는 하지만 꼭 그럴 필요는 없다.
(c) 수정했을 경우 성명의 머리글자로 서명해야 한다는 규칙은 없다.
(d) 경기자는 각 홀에 대한 기록된 스코어의 정확성에 대하여 책임을 진다. 경기자가 틀린 총 스코어 혹은 네트 스코어를 기록한 경우 위원회가 그 잘못을 시정하지 않으면 안 되며 경기자에게는 벌이 없다. 이 경우에 위원회는 각 홀에 대한 스코어를 합산하고 핸디캡을 적용한다.
(e) 마커가 경기자의 스코어 카드상의 경기자 서명란에 서명하고 경기자가 마커의 서명란에 서명한 경우에도 벌은 없다.
(f) 경기자가 스코어 카드상에 성명의 머리글자로 서명해도 부서(副署)의 목적으로 충분하다.

플레이어 | RULE 6

플레이의 중단

스트로크 플레이에서 플레이어들은 단순히 악천후를 이유로 플레이를 중단해서는 안 된다. 그러나 매치 플레이에서 플레이어들은 어떤 이유든 (예를 들어 날이 어두워졌다) 그 결과로 경기가 지연되지 않는 한 플레이를 중단하는 것에 합의할 수 있다.

스트로크 플레이

매치 플레이

매치 플레이에서 위원회는 이러한 상황에서 본 규칙6-7의 위반에 대한 벌을 다음과 같이 수정할 수 있다.

첫 번째 위반 – 그 홀의 패,

두 번째 위반 – 그 홀의 패,

그 후 다시 위반한 경우 – 경기 실격.

스트로크 플레이에 한하여 위원회는 경기 조건에서 본 규칙6-7의 위반에 대한 벌을 다음과 같이 수정할 수 있다.

첫 번째 위반 – 1벌타,

두 번째 위반 – 2벌타,

그 후 다시 위반한 경우 – 경기 실격.

6-8. 플레이 중단: 플레이 재개

6-8a. 허용되는 경우

플레이어는 다음의 경우를 제외하고 플레이를 중단해서는 안 된다.

(i) **위원회**가 플레이를 일시 중지시킨 경우

(ii) 플레이어가 낙뢰의 위험이 있다고 생각한 경우

(iii) 플레이어가 의문점 또는 쟁점에 대하여 **위원회**의 재정을 구하고 있는 경우(규칙2-5 및 34-3 참조)

(iv) 기타 급병과 같은 정당한 이유가 있는 경우

악천후 그 자체는 플레이 중단의 정당한 이유가 되지 않는다.

위원회로부터 특별한 허락 없이 플레이를 중단한 경우 플레이어는 되도록 빨리 위원회에 그 사실을 보고하지 않으면 안 된다. **위원회**가 플레이어의 보고를 받고 그 이유가 정당하다고 인정한 경우에는 플레이어에게 벌이 없다. 그 이외의 경우 플레이어는 <u>경기 실격이 된다.</u>

매치 플레이에서의 예외: 플레이어들의 합의로 매치 플레이를 중단하여도 그것으로 인하여 경기가 지연되지 않는 한 플레이어들은 경기 실격이 되지 않는다.

> **주**
> 코스를 떠나는 것 그 자체는 플레이를 중단하는 것이 아니다.

6-8b. 위원회 결정에 의하여 일시 중지된 경우의 처리 절차
위원회가 플레이를 일시 중지시켰을 때 매치 또는 같은 조의 플레이어들이 홀과 홀 사이에 있는 경우 플레이어들은 **위원회**가 플레이 재개를 지시할 때까지 플레이를 재개해서는 안 된다. 플레이어들이 한 홀의 플레이를 시작한 경우에는 즉시 그 홀의 플레이를 중단하거나, 지체 없이 플레이를 계속할 수 있으면 그대로 그 홀의 플레이를 계속할 수 있다. 다만 그 홀의 플레이를 계속하기로 했더라도 그 홀을 끝내기 전에 중단하는 것이 허용된다. 어떤 경우에도 그 홀이 끝난 후에는 플레이를 중단하여야 한다.

플레이어들은 **위원회**가 플레이 재개를 지시한 때에 플레이를 재개하지 않으면 안 된다.

규칙6-8b의 위반에 대한 벌은 경기 실격.

> **주**
> 위원회는 위험한 상황이 발생할 가능성이 큰 경우 위원회의 플레이 중지 지시에 따라서 즉시 플레이를 중단하지 않으면 안 된다는 것을 경기 조건(규칙33-1)에 규정할 수 있다. 플레이어가 플레이를 즉시 중단하지 않은 경우 규칙33-7에 규정된 바와 같은 벌을 면제해 줄 만한 정당한 사유가 있는 상황이 아니면 그 플레이어는 경기 실격이 된다.

6-8c. 플레이 중단 시 볼 집어 올리기
플레이어가 규칙6-8a에 의하여 한 홀의 플레이를 중단한 경우 플레이어는 **위원회**의 지시에 의하여 플레이를 일시 중지한 때 또는 볼을 집어 올릴 정당한 이유가 있을 때에 한하여 벌 없이 자신의 볼을 집어 올릴 수 있다. 볼을 집어 올리기 전에 플레이어는 그 볼 위치를 마크하지 않으면 안 된다. **위원회**의 특별한 허락 없이 플레이를 중단하고 그의 볼을 집어 올린 경우 플레이어는 **위원회**에 보고(규칙6-8a)할 때 볼을 집어 올린 사실을 보고 하지 않으면 안된다.

플레이어가 볼을 집어 올릴 수 있는 정당한 이유가 없는데 볼을 집어 올리거나, 볼을 집어 올리기 전에 볼 위치를 마크하지 않거나, 볼을 집어 올린 사실을 보고하지 않은 경우 <u>플레이어는 1벌타를 받는다.</u>

6-8d. 플레이 재개 시 처리 절차
비록 플레이가 훗날에 재개되어도 중단되었던 그곳에서 재개하지 않으면 안 된다. 플레이어는 플레이 재개 전이나 플레이가 재개될 때 다음과 같이 처리하여야 한다.
(i) 플레이어가 볼을 집어 올린 경우, 그가 규칙6-8c에 의하여 볼을 집어 올리는 것이 인정된 때에는, 원구를 집어 올렸던 지점에 원구 또는 **교체한 볼**을 플레이스하지 않으면 안 된다. 그 이외의 경우에는 원구를 리플레이스하지 않으면 안 된다.
(ii) 플레이어가 볼을 집어 올리지 않은 경우, 그가 규칙6-8c에 의하여 볼을 집어 올리는 것이 인정된 때에는 볼을 집어 올려 닦을 수 있으며 원구를 집어 올렸던 지점에 그 볼을 리플레이스하거나 볼을 교체할 수 있다. 플레이어는 볼을 집어 올리기 전에 그 볼 위치를 마크하지 않으면 안 된다.
(iii) 플레이가 중단된 사이에 플레이어의 볼 또는 볼 마커가 **움직인** 경우(바람이나 물에 의하여 움직인 경우를 포함) **볼** 또는 볼 마커를 원구 또는 볼 마커가 움직이기 시작한 지점에 플레이스하지 않으면 안 된다.

주

볼을 플레이스할 지점을 결정할 수 없는 경우에는 그 위치를 반드시 추정하여야 하며 그 추정한 지점에 볼을 플레이스하지 않으면 안 된다. 그때 규칙20-3c의 규정은 적용되지 않는다.

* 규칙6-8d의 위반에 대한 벌은
매치 플레이 – 그 홀의 패,
스트로크 플레이 – 2벌타.
* 플레이어가 규칙6-8d의 위반으로 일반의 벌을 받은 경우 규칙6-8c에 의한 추가의 벌(1벌타)은 없다.

사례

2011년 리비에라 컨트리 클럽(Riviera Country Club)에서 열린 노던 트러스트 오픈(Northern Trust Open)에서 1라운드를 출발할 때 더스틴 존슨(Dustin Johnson)은 티 오프를 늦게 한 것에 대하여 2벌타를 받았다. PGA 투어 위원이 달려와 오전 7시 32분 출발 시간을 막 놓치려 한다고 존슨에게 말했을 때 존슨은 연습장에서 준비 운동 중이었다. 그 당시 플레이어가 출발 시간 후 5분 이내에 플레이할 수 있는 상태로 플레이할 지점에 도착하는 것을 허용한 경기 조건이 있었기 때문에 존슨은 연습장에서 1번 홀 티에 빠르게 달려왔다. 그리고 출발 시간 몇 초 지나 티샷을 할 수 있었으나 티샷 시간인 오전 7시 32분에 나타나지 않은 것에 대한 2벌타를 받았다.

존슨은 그 토너먼트의 출발에서 5분이라는 고마운 시간이 허용되는 경기 조건이 있어서 운이 좋은 편이었다. 그러한 경기 조건이 없었다면 그는 자동적으로 경기 실격되었을 것이다. 그러나 현재의 규칙6-3에서는 플레이어가 자신의 출발 시간 후 5분 이내에 출발 지점에 도착한 경우 정각에 출발하지 않은 것에 대한 벌은 매치 플레이에서 1번 홀의 패, 스트로크 플레이에서는 1번 홀에서 2벌타를 받게 되며 그렇지 않은 경우에는 경기 실격된다고 규정하고 있다. 이것은 출발 시간에 대한 연장을 허용하는 경기 조건의 필요성을 제거한 것이다.

"나는 시간을 보고 있지 않았고 나의 캐디 바비에게서 좀 떨어져 있었다"라고 존슨은 말하였다. 그러나 당시 그의 캐디는 출발 시간을 오전 8시 12분으로 혼동하고 있었는데 그 시간은 전날 프로-암(pro-am) 대회의 출발 시간이었다. "그러고 나서 나는 1번 홀과 2번 홀에서 시간에 관해서 많은 점검을 받았고 역시 3번, 4번 그리고 5번 홀에서도 시간을 통보 받았다"라고 말하였다.

2010년 체코 오픈(Czech Open)에서 브래들리 드레지(Bradley Dredge)는 티에 1분 미만의 시간을 늦게 도착한 것에 대하여 2벌타를 받았다. 그 뒤에 같은 날 필립 프라이스(Philip Price)는 1번 홀 티에 그의 출발 시간 후 거의 2분이 지나 도착하였다. 그러나 앞의 조가 재정을 받기 위하여 페어웨이에서 기다리고 있었기 때문에 프라이스는 플레이를 할 수가 없었다. 재정6-3a/4에서는 어떤 조가 위원회가 처음 정한 시각에 출발할 수 없는 상황에서 플레이어가 속한 조가 실제로 출발하기 전에 플레이어가 늦게 도착한 경우 그 플레이어는 규칙6-3a에 위반되지 않는다는 것을 명확히 하고 있다. 따라서 프라이스는 벌을 받지 않았다.

많은 사람이 티에서 출발 시간에 늦게 도착하여 벌을 받은 드레지처럼 프라이스도 벌을 받아야 했다고 생각하였다. 티에서 출발하는 시간에 늦게 도착했으나 다른 요인 때문에 플레이할 수 없는 플레이어를 벌하는 것은 옳다고 할 수 없다. 프라이스는 운이 좋았으며 앞선 조의 지연으로 2벌타를 면하게 되었다.

규칙6-4에 의하여 플레이어는 어느 시점에서도 한 명의 캐디만으로 제한을 받지만 정규 라운드 중에 캐디를 교체하는 것은 제한을 받지 않는다. 2010년 페블 비치에서 열린 유에스 오픈 마지막 날은 우연히 아버지의 날이었다. 닉 와트니(Nick Watney)가 17번 홀을 끝냈을 때 그의 캐디는 와트니의 아버지에게 그의 임무를 넘겨주었다. 이것을 본 그의 동반 경기자인 스티브 휘트크로프트(Steve Wheatcroft)는 자신의 아버지도 똑같이 라운드를 따라다니게 하도록 그의 캐디에게 요청하였다. 두 사람의 플레이어는 아버지의 날을 축하하기 위해서는 유에스 오픈의 최종 홀에서 그들 각자의 아버지가 백을 운반하는 일보다 더 좋은 방법은 없다고 생각하였다!

세인트 앤드루스에서 열린 2010년 디 오픈 챔피언십의 2라운드를 플레이하는 동안 강력한 해안 돌풍의 빈도와 강도가 점점 심해졌기 때문에 오후 2시 40분에 플레이가 일시 중지되었다. 당시에 돌풍은 그 속도가 시간당 40마일을 넘었기 때문에 그린 위의 볼을 움직이게 하는 원인이 되었다. 따라서 플레이어들은 즉시 플레이를 중단하거나 그들이 플레이

더스틴 존슨은 리비에라 컨트리 클럽의 1번 홀에서 어프로치 샷을 날리고 있다. 존슨은 출발 시간에 늦은 것에 대하여 1번 홀에서 2벌타를 그의 스코어에 추가해야 했다.

세인트 앤드루스 올드 코스(Old Course, St Andrews)에서 열린 139회 오픈 챔피언십의 2라운드 도중 강한 바람 때문에 플레이가 일시 중지된 후 북아일랜드의 로리 맥길로이(Rory McIlroy)가 4번 홀 페어웨이 위에 앉아 있다.

하고 있던 홀을 끝마칠 수 있는 선택권을 갖게 되었다(규칙6-8b).

타이거 우즈는 1번 홀 그린을 가로질러 긴 어프로치 퍼트를 한 뒤에 그 1번 홀을 끝마치는 것보다 바로 중단하기로 결정하였다. 그와 플레이 동료들 즉, 저스틴 로즈(Justin Rose)와 카밀로 비예가스(Camilo Villegas)는 다음 지침이 나올 때까지 뒤돌아서 클럽 하우스의 피난처를 향하여 걸어갔다. 그러나 다수의 플레이어는 그들이 있었던 홀의 플레이를 끝마쳤으며 일부는 플레이가 빨리 재개되기를 희망하면서 코스 위에 남아 있었다. 플레이는 오후 3시 35분에 재개되었으며 바람은 시간당 5마일로 떨어졌고 빈번한 돌풍의 위력도 줄어들었다.

R&A 규칙 및 장비 표준 이사인 데이비드 릭맨(David Rickman)은 "그때에 다수의 그린 위에서 골프 볼이 움직이기 시작하여 골프 코스 먼 끝까지 갔으며 우리는 플레이를 일시 중지하는 것 외에는 다른 선택을 할 수 없었습니다. 그 뒤에 바람이 플레이를 재개하는 데 편안한 수준까지 떨어졌으며 오후의 나머지 플레이를 위하여 바람의 속도와 플레이에 미치는 영향에 대한 감시를 계속하였습니다"라고 말하였다.

Q&A

플레이어는 스코어 카드상에 있는 칸에 반드시 그의 핸디캡을 기입하지 않으면 안 되는가?
규칙6-2b에 의하여 경기자는 위원회에 제출하기 전에 그의 스코어 카드에 자신의 핸디캡이 기록되어 있는 것을 확인하지 않으면 안 된다고 되어 있지만 그 핸디캡을 어디에 기록하지 않으면 안 되는가에 관해서는 규정되어 있지 않다. 카드상 어느 곳에 기록되어 있는 한 경기자는 그의 의무를 이행한 것이다. 따라서 경기자는 스코어 카드상에 있는 '공식' 칸에 핸디캡을 기록하지 않은 것에 대하여 경기 실격될 수는 없다.

플레이어는 컴퓨터에 그의 스코어를 입력할 때 누락이나 착오가 있는 경우 경기 실격이 될 수 있는가?
골프 규칙에서는 경기자가 컴퓨터에 스코어를 입력하는 것을 요구하고 있지 않다. 그러므로 경기자는 컴퓨터에 입력한 스코어가 부정확하거나 실제로 스코어를 입력하지 않은 경우에도 골프 규칙에 의하여 벌을 받거나 경기 실격이 되어서는 안 된다. 그러나 위원회는 컴퓨터에 스코어를 입력하지 않은 것에 대하여 클럽 규정에 의한 징계상의 벌(예를 들어 다음 클럽 경기에 대한 자격 상실)을 과할 수 있다

플레이어는 스코어 카드 수정에 성명의 머리글자로 서명하지 않은 것에 대하여 경기 실격이 될 수 있는가?
위원회는 스코어 카드 수정에 성명의 머리글자로 서명하도록 요구할 수 없다. 따라서 플레이어가 그렇게 하지 않았다고 해서 경기 실격될 수는 없다.

자신이 마커로서 기록한 스코어 카드에 자신의 스코어를 기록해야 하는가?
그렇지 않다. 골프 규칙은 마커로서 기록한 스코어 카드에 그의 스코어를 기록하는 것을 마커에게 요구하지 않는다. 마커가 마커로서 기록한 스코어 카드에 그의 스코어를 기록한 경우 그것은 단순히 그의 스코어를 점검할 때 사용할 수 있는 참고용이다. 규칙6-6d에서 규정하고 있는 점에서 볼 때 마커의 스코어를 기록하는 것은 항상 있는 것은 아니지만 플레이어 자신의 스코어 카드와 일치하지 않을 수 있다는 점에 주의를 환기시킬 수 있다.

RULE 7

연습

정의
용어의 정의는 제2장에 알파벳순으로 나열하였으며 규칙에서 그 용어가 나올 때 굵은 서체를 사용하였다. 13~23쪽 참조.

7-1. 라운드 전 또는 라운드와 라운드 사이의 연습

7-1a. 매치 플레이
플레이어는 매치 플레이 경기가 있는 어느 날이라도 라운드 전에 그 경기가 있을 **코스**에서 연습할 수 있다.

7-1b. 스트로크 플레이
경기자는 스트로크 플레이 경기가 있는 어느 날이라도 라운드 전 또는 플레이오프 전에 경기가 있을 **코스**에서 연습하거나, **퍼팅 그린** 면에서 볼을 굴리거나, **퍼팅 그린** 면을 문지르거나 긁어서 그 **코스**의 **퍼팅 그린** 면을 테스트해서는 안 된다.

2라운드 이상 스트로크 플레이 경기가 연일 있을 때 **경기자**는 라운드와 라운드 사이에 아직 남은 경기가 있을 **코스**에서 연습을 해서는 안 되며 **퍼팅 그린** 면에서 볼을 굴리거나, **퍼팅 그린** 면을 문지르거나, 긁어서 그 **코스**의 **퍼팅 그린** 면을 테스트해서는 안 된다.

예외

라운드 또는 플레이오프 출발 전에 첫 번째 **티잉 그라운드** 위에서나 그 근처 또는 어느 연습 지역에서도 연습 퍼팅 또는 연습 치핑은 허용된다.

규칙7-1b의 위반에 대한 벌은 경기 실격.

주

위원회는 경기 조건(규칙33-1)에서 매치 플레이 경기가 있는 날 경기가 있을 코스에서의 연습을 금지하거나, 스트로크 플레이 경기가 있는 날 또는 스트로크 플레이 경기의 라운드와 라운드 사이에 경기가 있을 코스나 그 코스의 일부(규칙33-2c)에서의 연습을 허용할 수 있다.

7-2. 라운드 중의 연습

플레이어는 한 홀의 플레이 중에 연습 **스트로크**를 해서는 안 된다. 홀과 홀 사이에서도 연습 **스트로크**를 해서는 안 된다. 다만 **해저드**에서 연습 **스트로크**를 하지 않고 플레이를 부당하게 지연시키지 않는다면(규칙6-7) 다음과 같은 장소에서나 그 근처에서 연습 퍼팅 또는 연습 치핑은 허용된다.

a. 방금 플레이한 홀의 **퍼팅 그린**

b. 모든 연습 **퍼팅 그린**

c. 그 라운드에서 플레이할 다음 홀의 **티잉 그라운드**

    승패의 결과가 결정된 뒤 그 홀에서 플레이를 계속하면서 한 **스트로크**는 연습 **스트로크**가 아니다.

예외

위원회가 플레이를 중지시킨 경우 플레이어는 플레이 재개 전에 다음과 같은 연습을 할 수 있다.

(a) 본 규칙7-2에 규정된 연습

(b) 경기하고 있는 **코스**가 아닌 다른 곳에서의 연습

(c) **위원회**가 별도로 허용한 장소에서의 연습

라운드 중의 연습

플레이를 지연시키지 않는다면 플레이할 다음 홀의 티잉 그라운드 위에서나 그 근처에서 연습 퍼팅과 연습 치핑은 허용된다.

규칙7-2의 위반에 대한 벌은

매치 플레이 – 그 홀의 패.

스트로크 플레이 – 2벌타.

홀과 홀 사이에서 규칙을 위반한 경우 그 벌은 다음 홀에 적용한다.

주1
연습 스윙은 연습 스트로크가 아니므로 플레이어는 규칙을 위반하지 않는 한 어느 곳에서도 연습 스윙을 할 수 있다.

주2
위원회는 경기 조건(규칙33-1)에서 다음의 것을 금지할 수 있다.
(a) 방금 끝난 홀의 퍼팅 그린에서나 그 근처에서 연습하는 것.
(b) 방금 끝난 홀의 퍼팅 그린에서 볼을 굴리는 것.

사례

코레이 페이빈(Corey Pavin)과 콜린 몽고메리(Colin Montgomerie)는 셀틱 마노(Celtic Manor)에서 열린 2010년 라이더 컵 매치에서 라운드 중 연습을 금지하는 규정을 채택하였다. 가을날의 줄어드는 햇빛 때문에 두 사람의 캡틴은 플레이에서 지연되는 일이 없도록 하기 위하여 방금 플레이한 홀의 퍼팅 그린 위에서나 그 근처에서의 연습을 금지하는 (규칙7-2 주2 참조) 경기 조건을 도입하는 데 합의하였다.

몽고메리는 플레이는 예정표에 따라 진행되어야 한다는 원칙에 확고한 사람이었다. "나는 라이더 컵 상황의 압박감에도 왜 포볼 매치가 4시간 30분 내에 라운드를 마쳐서는 안 되는가 그 이유를 모르겠다"라고 경기에 앞서 말하였으며 "우리는 그저께부터 시작한 게임을 끝내기 위하여 토요일 아침과 일요일 아침에 돌아오고 싶지 않다"라고 하였다.

그러나 몽고메리는 예정표에 따라 진행해야 하는 그의 소원을 이루지 못했다. 한 홀의 승패가 결정된 뒤에 연습으로 시간을 낭비할 여유가 없다는 것을 확실히 하려는 노력에도 불구하고 플레이를 지연시킨 것은 기상 상태였으며 그 매치는 하루 늦게 마무리되었다.

Q&A

플레이어는 경기할 코스 위에서 연습해도 되는가?

플레이어는 매치에 들어가기 전에 경기 조건에서 위원회가 금지하지 않는 한 경기할 코스에서 연습해도 된다.

스트로크 플레이에서는 경기 조건에서 위원회가 그렇게 하도록 허용하지 않는 한 경기 전에 경기할 코스에서 연습하거나 퍼팅 그린 면을 테스트하는 것은 허용되지 않는다 – 규칙7-1 주 참조.

매치 플레이 혹은 스트로크 플레이에서 라운드 중 플레이어는 한 홀의 플레이 중에 혹은 홀과 홀 사이에서 연습 스트로크를 하는 것은 허용되지 않는다. 다만 홀과 홀 사이에서 다음과 같은 장소 위에서나 그 근처에서 연습 퍼팅 혹은 연습 치핑은 허용된다.

- 방금 플레이한 홀의 퍼팅 그린
- 모든 연습 퍼팅 그린
- 플레이할 다음 홀의 티잉 그라운드

플레이어는 위원회가 라운드 중 연습에 관해서 어떤 제한 사항을 규정했는지 알아보기 위하여 경기 조건을 점검해 보아야 한다.

RULE 8

어드바이스: 플레이 선의 지시

8-1. 어드바이스
정규 라운드 중에 플레이어는
a. 자신의 **파트너**를 제외하고 **코스**에서 경기를 하고 있는 다른 사람에게 **어드바이스**를 해서는 안 되며, 또는
b. 자신의 **파트너**, 자신의 **캐디** 또는 **파트너**의 **캐디**를 제외한 다른 사람으로부터 **어드바이스**를 청해서는 안 된다.

8-2. 플레이 선의 지시

8-2a. 퍼팅 그린 이외
퍼팅 그린 이외의 곳에서 플레이어는 누구로부터도 **플레이 선**의 지시를 받을 수 있으나 **스트로크**하는 동안에는 **플레이 선** 또는 **홀**을 넘어서 그 선의 연장선 위에나 그 선 가까이에 아무도 세워 두어서는 안 된다. **플레이 선**을 지시하기 위하여 플레이어가 놓아두었거나 플레이어의 승인 하에 놓여진 마크는 **스트로크**하기 전에 제거하지 않으면 안 된다.

예외
사람이 붙어 시중들거나 들어 올린 깃대 – 규칙17-1 참조.

8-2b. 퍼팅 그린
플레이어의 볼이 **퍼팅 그린**에 있는 경우 플레이어, 그의 **파트너** 또는 그들의 **캐디**는 **스트로크** 중에 퍼팅 선을 가리킬 수 없으나 **스트로크** 전에는 가리킬 수 있다. 퍼팅 선을 가리키는 동안 **퍼팅 그린**에 접촉해서는 안 된다. 퍼팅 선을 가리키는 마크는 어느 곳에도 놓아두어서는 안 된다.

정의
용어의 정의는 제2장에 알파벳순으로 나열하였으며 규칙에서 그 용어가 나올 때 굵은 서체를 사용하였다. 13~23쪽 참조.

어드바이스: 거리에 관한 정보

거리에 관한 정보는 공공연한 정보이며 어드바이스가 아니기 때문에 플레이어들이 서로 정보를 교환할 수 있다.

플레이 선의 지시

플레이어는 플레이 선을 지시하기 위하여 마크를 놓아서는 안 된다. 솟아오른 언덕에 그린을 향하여 수건을 놓아두는 것은 규칙8-2a에 위반된다.

규칙8의 위반에 대한 벌은
매치 플레이 – 그 홀의 패,
스트로크 플레이 – 2벌타.

주
위원회는 팀 경기 조건(규칙33-1)에서 각 팀이 그 팀 선수들에게 어드바이스(퍼팅 선의 지시를 포함)를 줄 수 있는 한 사람을 임명하는 것을 허용할 수 있다. 위원회는 그러한 사람의 임명과 그 임명된 사람에게 허용되는 행위에 관련된 조건을 규정할 수 있다. 임명된 사람은 어드바이스를 하기 전에 위원회에 그 신분을 밝혀야 한다.

사례

유러피언 투어(European Tour)에서 수석 심판원인 존 패러모는 셀틱 마노에서 열리는 2010년 라이더 컵 매치의 시작 전에 유럽 팀과 미국 팀에게 각각 브리핑을 하는 임무를 임명받았다. 그런데 중요한 것은 그 경기의 플레이 조건 및 로컬 룰로 되어 있는 캡틴 협정의 세부 내용을 양쪽 팀이 정통하고 있다는 것이었다.

패러모가 설명해야 하는 가장 중요한 요점 중의 하나는 캡틴 협정에 각 팀이 그들의 팀 요원에게 어드바이스를 줄 수 있는 한 사람을 임명 하도록 허용하는 경기 조건이 포함되어 있다는 사실이었다. 규칙8 주의 규정은 어드바이스를 주기 위하여 임명된 사람은 위원회에 의하여 그 신분이 확인되지 않으면 안 된다는 조건을 명시하고 있다. 라이더 컵 경기의 경우 규칙8 주의 규정에 따라서 어드바이스를 주기 위하여 임명된 사람은 각 팀의 캡틴인 유럽의 콜린 몽고메리와 미국의 코리 페이빈이었다.

그런데 미국 팀에 대한 브리핑에서 페이빈의 부캡틴 중 한 사람이

어떤 것이 어드바이스에 해당되는가를 물었다. 패러모는 부바 왓슨(Bubba Watson)이 어떤 스트로크에 8번 아이언을 선택한 예를 들어 설명하였다. 그 뒤에 타이거 우즈가 똑같은 샷을 해야 할 상황에 직면했을 때 8번 혹은 7번 아이언 사이를 망설이고 있었다. 그때 그 부캡틴은 팀 캡틴에게 왓슨이 8번 아이언을 사용했었다는 것을 알려 주었다. 그러나 이 정보를 우즈에게 전달할 수 있는 사람은 팀 캡틴만 될 수 있는 사항이었다. 그때 우즈는 "의심할 바 없이 나도 8번 아이언을 선택하려고 했는데"라고 웃으면서 말하였다.

Q&A

플레이어는 목표에 대한 그의 일직선 정렬을 위하여 지면에 클럽을 놓아둘 수 있는가?
스트로크하기 전에 그 클럽을 제거한다면 놓아둘 수 있다. 그렇지 않으면 규칙8-2a에 위반된다.

RULE 9

타수의 보고

9-1. 총칙
플레이어의 타수는 **벌타**를 포함한 것이다.

9-2. 매치 플레이

9-2a. 타수의 보고
상대방은 한 홀의 플레이 중에는 그때까지 플레이어가 친 타수를, 그리고 한 홀의 플레이가 끝난 뒤에는 방금 끝난 그 홀에서 친 타수를 플레이어로부터 확인할 권리가 있다.

9-2b. 오보
플레이어는 그의 **상대방**에게 오보를 제공해서는 안 된다. 플레이어가 오보를 제공한 경우 그는 그 홀의 패가 된다. 다음과 같은 경우 플레이어는 오보를 제공한 것으로 간주된다.
(i) (a)플레이어가 벌이 규정된 **규칙**에 의하여 처리하고 있는 것이 분명하고 그 장면을 **상대방**이 보고 있었던 경우 또는 (b)그의 **상대방**이 다음 **스트로크**를 하기 전에 그 잘못을 시정한 경우를 제외하고 그가 벌을 받은 사실을 될수록 빨리 **상대방**에게 통보하지 않은 경우, 또는
(ii) 플레이어가 한 홀의 플레이 중에 그가 친 타수에 관하여 틀린 정보를 제공하고 그의 **상대방**이 다음 **스트로크**를 하기 전에 그 잘못을 시정하지 않은 경우, 또는
(iii) 플레이어가 한 홀의 플레이를 끝마쳤을 때, 그가 낸 타수에 관하여 틀린 정보를 제공하여 그것 때문에 그 홀의 승패의 결과에 대하여 **상대방**에게 잘못 알게 한 경우. 그러나 그 매치의 플레이어 중 한 사람이라도 다음 **티잉 그라운드**에서 플레이하기 전에 또는 매치의 마지막 홀인 경우에는 모든 플레이어가 **퍼팅 그린**을 떠나기 전에 그 잘못을 시정한 경우는 제외된다.

플레이어가 비록 그가 벌을 받은 것을 몰랐기 때문에 벌을 포함시키지 않았다 하더라도 그는 오보를 제공한 것이 된다. 따라서 **규칙**을 알아 두는 일은 플레이어의 책임이다.

9-3. 스트로크 플레이
벌을 받은 **경기자**는 될수록 빨리 그의 **마커**에게 그 사실을 알려야 한다.

정의
용어의 정의는 제2장에 알파벳순으로 나열하였으며 규칙에서 그 용어가 나올 때 굵은 서체를 사용하였다. 13~23쪽 참조.

타수의 통보
플레이어는 그가 벌을 받았다는 사실을 될수록 빨리 그의 상대편에게 통보하여야 한다.

RULE 10

플레이 순서

정의
용어의 정의는 제2장에 알파벳순으로 나열하였으며 규칙에서 그 용어가 나올 때 굵은 서체를 사용하였다. 13~23쪽 참조.

10-1. 매치 플레이

10-1a. 홀을 출발할 때
첫 **티잉 그라운드**에서 **아너**를 하는 **편**은 조 편성표의 순서에 따라 결정된다. 조 편성표가 없을 때에는 **아너**는 제비뽑기로 정하도록 한다.

한 홀에서 이긴 **편**이 다음 **티잉 그라운드**에서 **아너**를 하고, 한 홀에서 비긴 때는 그 앞 **티잉 그라운드**에서 **아너**였던 **편**이 그대로 **아너**를 계속 한다.

10-1b. 홀의 플레이 도중
양쪽 플레이어가 그 홀을 출발한 후에는 **홀**에서 더 멀리 있는 볼을 먼저 플레이한다. 2개 이상의 볼이 **홀**에서 같은 거리에 있거나 **홀**로부터 거리를 결정할 수 없는 경우에는 먼저 플레이할 볼을 제비뽑기로 정하도록 한다.

예외
규칙30-3b(**베스트볼** 및 **포볼** 매치 플레이)

주

원구를 있는 그대로 플레이하는 것이 허용되지 않고, 플레이어가 원구를 방금 쳤던 지점에 될수록 가까운 곳에서 볼을 플레이해야 한다는 것을 알게 된 경우(규칙20-5 참조) 플레이 순서는 앞서 스트로크했던 지점에 의하여 결정된다. 앞서 스트로크했던 곳이 아닌 다른 지점에서 볼을 플레이할 수 있는 경우 플레이 순서는 원구가 멎어 있는 위치에 따라 결정된다.

10-1c. 잘못된 순서로 플레이한 경우

플레이어가 그의 **상대방**이 **스트로크**했어야 할 때에 플레이한 경우 벌은 없으나 **상대방**은 즉시 그 플레이어에게 그 **스트로크**를 취소하고 방금 친 지점에 될수록 가까운 곳에서 올바른 순서대로 원구를 플레이하도록 요구할 수 있다(규칙20-5 참조).

10-2. 스트로크 플레이

10-2a. 홀을 출발할 때

첫 **티잉 그라운드**에서 **아너**를 하는 **경기자**는 조 편성표의 순서에 따라 결정한다. 조 편성표가 없을 때에는 **아너**는 제비뽑기로 정하도록 한다.

한 홀에서 가장 적은 스코어를 낸 **경기자**가 다음 **티잉 그라운드**에서 **아너**가 된다. 2번째로 적은 스코어를 낸 **경기자**가 그 다음에 플레이하며 이하 같은 순서대로 플레이한다. 2명 이상의 **경기자**가 한 홀에서 같은 스코어를 낸 경우 그들은 다음 **티잉 그라운드**에서 그 앞 **티잉 그라운드**에서와 같은 순서대로 플레이한다.

예외

규칙32-1(핸디캡 적용 보기, 파, 스테이블포드 경기)

플레이 순서

홀에서 가장 멀리 있는 플레이어는 다른 플레이어가 퍼팅 그린 위에 있지 않을지라도 가장 먼저 플레이할 수 있는 자격이 있다.

10-2b. 홀의 플레이 도중

경기자들이 그 홀을 시작한 후에는 홀에서 가장 멀리 있는 볼을 먼저 플레이한다. 2개 이상의 볼이 홀에서 같은 거리에 있거나 **홀**로부터 거리를 결정할 수 없는 경우 먼저 플레이할 볼을 제비뽑기로 정하도록 한다.

예외

규칙22(플레이에 원조 또는 방해가 되는 볼) 및 31-4(**포볼** 스트로크 플레이).

주

원구를 있는 그대로 플레이하는 것이 허용되지 않고 경기자가 원구로 방금 플레이했던 지점에 될수록 가까운 곳에서 볼을 플레이해야 한다는 것을 알게 된 경우(규칙20-5 참조) 플레이 순서는 앞서 스트로크한 지점에 의하여 결정된다. 앞서 스트로크했던 곳이 아닌 다른 지점에서 볼을 플레이할 수 있는 경우 플레이 순서는 원구가 멎어 있는 위치에 따라 결정된다.

10-2c. 잘못된 순서로 플레이한 경우

경기자가 잘못된 순서로 플레이한 경우 벌은 없으며 볼은 있는 그대로 플레이한다. 그러나 **경기자**들 중 한 사람을 유리하게 하기 위하여 **경기자**들이 순서를 바꾸어 치도록 합의하였다고 **위원회**가 결정한 경우에는 **경기자** 전원은 경기 실격이 된다.
(퍼팅 그린에서 친 다른 볼이 움직이고 있을 때 **스트로크**한 경우 – 규칙16-1f 참조)
(**포섬** 스트로크 플레이에서 잘못된 순서로 플레이한 경우 – 규칙29-3 참조)

10-3. 티잉 그라운드에서의 잠정구 또는 다른 볼

플레이어가 **티잉 그라운드**에서 **잠정구** 또는 다른 볼을 플레이할 경우에는 그의 **상대방** 또는 **동반 경기자**가 첫 번째 **스트로크**를 한 다음에 플레이하지 않으면 안 된다. 1명 이상의 플레이어가 **티잉 그라운드**에서 **잠정구**를 플레이하기로 하였거나 또는 다른 볼을 플레이해야 할 경우 최초의 플레이 순서대로 치지 않으면 안 된다. 플레이어가 잘못된 순서로 **잠정구** 또는 다른 볼을 플레이한 경우 규칙10-1c 또는 10-2c가 적용된다.

사례

2003년 갠튼(Ganton)에서 열린 워커 컵(Walker Cup) 대회 두 번째 날에 게리 볼텐홈(Gary Wolstenholme)과 올리버 윌슨(Oliver Wilson)으로 구성된 영국 & 아일랜드 팀은 트립 쿠엔(Trip Kuehne)과 빌 하스(Bill Haas)로 구성된 미국 팀에 대항하여 오전에 포섬 경기를 하고 있었다.

2번 홀 티에서 쿠엔이 먼저 플레이하였는데 볼은 멀리 갔으나 샷이 흔들려서 가시금작나무 숲 속으로 들어갔으며 뒤따라서 볼텐홈이 드라이브 샷한 볼은 거리가 짧게 나서 페어웨이 벙커 안으로 들어갔다. 그 뒤에 플레이어들이 그들의 볼이 있는 곳에 도착했을 때 미국 팀의 볼 찾기가 진행되고 있었다. 그리고 5분간의 볼 찾는 시간이 지나기 전에 윌슨이 영국 & 아일랜드 팀을 위하여 벙커에서 볼을 탈출시켰으며 이어서 볼텐홈이 플레이하여 그 볼을 그린 위로 올렸다.

바로 그때에 미국 측에서 볼텐홈이 미국 팀의 분실구가 생겼을 가능성이 있는 지점보다 홀에 더 가까운 지점에서 플레이했을지도 모르기 때문에 영국 & 아일랜드 팀이 잘못된 순서로 플레이하였는가의 여부에 대하여 의문을 제기하였다. 미국 팀의 볼을 찾을 수 없을 때와 같은 경우에는 정확한 플레이 순서를 정하기 위하여 그 위치를 추정하여야 한다고 규정되어 있기 때문에 그 매치의 심판원은 이와 같은 추정에 근거하여 영국 & 아일랜드 팀의 볼이 홀에서 더 멀리 있었으며 따라서 잘못된 순서로 플레이하지 않았다고 재정하였다.

그 당시 이와 같은 상황에서 규칙의 적용은 보다 상세한 설명으로부터 도움을 받았을 것이라는 점은 인정된다. 그런데 오늘날의 규칙

10-1b 주에서는 최초의 볼을 있는 그대로의 상태로 플레이하는 것이 허용되지 않고(예를 들어 5분 이내에 발견되지 않은 경우) 플레이어가 최후로 플레이했던 지점에 될수록 가까운 곳에서 플레이해야 한다는 것을 알게 된 경우 플레이 순서는 볼을 최후로 플레이했던 지점에 의하여 결정된다고 규정되어 있다. 그러므로 워커 컵 경기에서 미국 팀의 볼이 분실되었을 당시 미국 팀은 티잉 그라운드에서 다시 플레이해야 했기 때문에 그들의 플레이할 순서가 되었을 것이다.

2003년 워커 컵 경기의 미국 측 캡틴인 밥 루이스(Bob Lewis)가 매치에 동행한 심판원에게 영국 & 아일랜드 팀이 규칙10-1b를 위반하여 잘못된 순서로 플레이하였는가의 여부를 묻고 있다.

Q&A

핸디캡 적용 스트로크 플레이에서 아너는 어떻게 결정되는가?
첫 번째 홀에서 아너는 제비뽑기 순서에 의하여 결정된다. 그 다음에 아너는 각 홀에서 낸 총 스코어에 따라서 결정된다. 핸디캡 적용 스테이블포드 경기에 관해서는 159쪽의 규칙32-1b(스테이블포드 경기)를 참조한다.

RULE 11

티잉 그라운드

11-1. 티에 볼을 올려놓기

플레이어가 **티잉 그라운드**에서 볼을 인 플레이로 할 경우 그 볼은 **티잉 그라운드** 구역 안에서 플레이하여야 하며 지면 위에서 그대로 또는 지면에 꽂은 **티**나 지면 위에 놓은 규칙에 적합한 **티**(부속 규칙 IV)에서 플레이하지 않으면 안 된다.

본 규칙11을 적용하기 위하여 지면에는 울퉁불퉁한 표면(플레이어가 돋우었거나 돋우지 않았거나를 불문하고)과 모래나 다른 자연물(플레이어가 갖다 놓았거나 놓지 않았거나를 불문하고)이 포함된다.

플레이어가 규칙에 부적합한 **티** 위에서 **볼**을 **스트로크**하거나 본 규칙11에서 허용되지 않은 방법으로 티업한 **볼**을 **스트로크**한 경우 그 플레이어는 경기 실격이 된다.

플레이어는 **티잉 그라운드** 안에 있는 볼을 플레이하기 위하여 **티잉 그라운드** 밖에 설 수 있다.

11-2. 티 마커

현재 플레이하고 있는 홀의 **티잉 그라운드**에서 어떤 볼이라도 플레이어가 그 볼을 처음 **스트로크**하기 전까지 티 마커는 고정물로 간주한다. 그 상황에서 플레이어가 자신의 **스탠스**, 의도하는 스윙 구역 또는 **플레이 선**에 방해가 되지 않도록 하기 위하여 티 마커를 움직이거나 타인으로 하여금 움직이도록 허용하면 그 플레이어는 규칙13-2의 위반에 대한 벌을 받는다.

11-3. 티에서 떨어지는 볼

인 플레이로 되지 않은 볼이 티에서 떨어지거나 플레이어가 **어드레스**하다가 떨어뜨린 경우 그 볼은 벌 없이 다시 티업할 수 있다. 그러나 떨어지는 볼을 **스트로크**한 경우에는 그 상황에서 그 볼이 움직이고 있었거나 움직이고 있지 않았거나 간에 1타로 계산하나 벌은 없다.

정의

용어의 정의는 제2장에 알파벳순으로 나열하였으며 규칙에서 그 용어가 나올 때 굵은 서체를 사용하였다. 13~23쪽 참조.

스트로크 플레이에서 다른 티잉 그라운드에서의 플레이

경기자는 다른 티잉 그라운드에서 플레이한 것에 대하여 2벌타를 받고 올바른 티잉 그라운드에서 플레이하여 그 잘못을 시정하지 않으면 안 된다. 다른 티잉 그라운드에서 했던 스트로크와 잘못을 시정하기 전에 계속했던 스트로크는 경기자의 스코어로 가산하지 않는다.

티업

(1) 볼은 지면 위에서 그대로 플레이하거나
(2) 지면 위에 놓은 규칙에 적합한 티에서, 혹은
(3) 표면이 울퉁불퉁한 지면 위에서 플레이할 수 있다.

11-4. 티잉 그라운드 밖에서의 플레이

11-4a. 매치 플레이

플레이어가 한 홀을 시작할 때 **티잉 그라운드** 밖에서 볼을 플레이한 경우 벌은 없으나 **상대방**은 즉시 그 플레이어에게 그 **스트로크**를 취소하고 티잉 그라운드 안에서 **볼**을 다시 플레이하도록 요구할 수 있다.

11-4b. 스트로크 플레이

경기자가 한 홀을 출발할 때 **티잉 그라운드** 밖에서 볼을 플레이한 경우 그는 2벌타를 받고 **티잉 그라운드** 안에서 **볼**을 다시 플레이하지 않으면 안 된다.

경기자가 그의 잘못을 먼저 시정하지 않고 다음 **티잉 그라운드**에서 **스트로크**하거나 마지막 홀에서는 그의 잘못을 시정할 의사표시를 하지 않고 **퍼팅 그린**을 떠난 때에는 그는 경기 실격이 된다.

경기자가 **티잉 그라운드** 밖에서 한 타수와 그 후 그 잘못을 시정할 때까지 친 타수는 모두 그의 스코어에 가산하지 않는다.

11-5. 다른 티잉 그라운드에서 쳤을 때

규칙11-4를 적용한다.

사례

2011년 셀틱 마노 휴양지에서 열린 웨일스 오픈(Wales Open)에서 필립 프라이스는 규칙11-4를 위반한 결과로 벌을 받았는데, 프라이스가 다음 홀에서 티 오프하기 전에 심판원의 주의를 받게 된 상황 덕택에 가까스로 경기 실격은 면하게 되었다.

셀틱 마노 휴양지에 있는 2010 코스의 15번 홀은 3730야드 거리의 도그레그 홀이었고 프라이스는 그 홀 코너를 가로질러 가기로 하고 그린 앞에서 약 2600야드 거리에 있는 나무를 넘겨 치는 샷을 목표로 볼을 티업하기로 결심하였다. 그렇게 하기 위해서 그는 티 마커 한쪽 모서리에서 티업하고 플레이해야 했는데 그때 부주의로 자신도 모르는 사이에 티 마커의 거의 9인치 앞에서 티샷을 해 버렸다.

그 잘못은 수석 심판원이 증명하게 되었는데 그 심판원은 TV에 녹화된 장면을 정밀히 검토할 수 있었으며 실제로 프라이스가 티잉 그라운드 밖에서 볼을 티업했다는 것을 확인하였다. 그런데 그 사이에 프라이스는 15번 홀을 끝마쳤으며 규칙 위반을 통보 받았을 때 그는 16번 홀을 플레이하기 위한 티업을 준비하고 있었다. 다행히도 그는 그 16번 홀에서 아직 플레이하지 않았기 때문에 규칙11-4에서 요구하고 있는 바와 같이 잘못을 시정할 수 있었으며 경기 실격의 벌도 받지 않았다. 프라이스는 심판원의 지시로 15번 홀의 티에 되돌아가서 그 홀을

다시 플레이해야 했으며 그 두 번째 볼로 3타를 쳤다. 그는 규칙11-4의 위반으로 2벌타를 받았기 때문에 결국 5타의 15번 홀 스코어에 서명하였다.

필립 프라이스가 2011년 셀틱 마노 휴양지의 2010 코스에서 열린 웨일스 오픈에서 플레이하고 있다. 프라이스는 15번 홀 티잉 그라운드 밖에서 플레이했을 때 2벌타를 받았다.

Q&A

다른 티잉 그라운드에서 플레이한 경우에 당신은 어떻게 하여야 하는가?

스트로크 플레이에서 당신은 2벌타를 받고 그 잘못을 시정하지 않으면 안 되며 올바른 티잉 그라운드에서 볼을 플레이하지 않으면 안 된다. 다른 티잉 그라운드에서 스트로크한 것과 다른 홀에서 계속했던 스트로크는 당신의 스코어로 카운트하지 않는다.

매치 플레이에서는 벌이 없으며, 당신의 상대편이 즉시 그 스트로크를 취소하고 올바른 티잉 그라운드 안에서 플레이하도록 요구하지 않는 한, 다른 티잉 그라운드에서 플레이한 볼로 플레이를 계속하여야 한다.

RULE 12

볼 찾기와 확인

12-1. 볼 찾기: 볼이 보이는 한도

플레이어는 **스트로크**할 때 반드시 그의 볼이 보여야 한다고 주장할 권리를 가진 것은 아니다.

코스 어디에서나 자신의 볼을 찾기 위하여 플레이어는 긴 풀, 골풀, 관목, 가시금작나무, 히스 또는 그와 유사한 것들을 접촉하거나 구부릴 수 있으나 그 한도는 볼을 찾거나 확인하는 데 필요한 정도까지만 할 수 있다. 다만 그와 같은 행위가 볼의 라이, 의도하는 **스탠스**나 스윙 구역 또는 **플레이 선**을 개선해서는 안 된다. 만일 그때 볼이 **움직인** 경우에는 본 규칙12-1의 a-d항에 규정된 바와 같은 경우 이외에는 규칙18-2a가 적용된다.

규칙에 의하여 달리 허용된 볼 찾기와 확인 방법에 추가하여 플레이어는 역시 규칙12-1에 의하여 다음과 같이 볼을 찾거나 확인할 수 있다.

a. 모래에 덮인 볼을 찾거나 확인하는 경우

플레이어의 볼이 있는 **코스**의 어디에서나 그 볼을 발견할 수 없거나 확인할 수 없을 정도로 모래로 덮여 있다고 생각될 때에는 플레이어는 벌 없이 그 볼을 찾거나 확인하기 위하여 모래를 접촉하거나 옮길 수 있다. 만일 볼이 발견되고 그 볼이 플레이어의 볼로 확인되면 플레이어는 모래를 제자리에 덮어서 최초의 라이와 되도록 같은 상태로 다시 만들지 않으면 안 된다. 볼을 찾거나 확인하는 동안 모래를 접촉하고 옮길 때 볼을 **움직인** 경우에도 벌은 없으나 그 볼을 리플레이스하지 않으면 안 되며 그 라이도 다시 만들지 않으면 안 된다.

정의

용어의 정의는 제2장에 알파벳순으로 나열하였으며 규칙에서 그 용어가 나올 때 굵은 서체를 사용하였다. 13~23쪽 참조.

벙커 안에서의 볼 찾기

(1) 플레이어의 볼이 모래 속에 묻혀 있다고 생각될 경우 플레이어는 클럽, 손 혹은 다른 것으로 모래를 접촉하거나 옮길 수 있다.
(2) 볼을 찾는 동안 볼을 움직인 경우에도 벌은 없으나 그 볼은 리플레이스하지 않으면 안 된다.
(3) 플레이어는 모래를 제자리에 덮어서 라이를 다시 만들지 않으면 안 된다. 그때 볼의 일부를 조금만 볼 수 있도록 해 두는 것이 허용된다.

본 규칙12-1에 의하여 라이를 다시 만들 때 플레이어가 볼의 일부를 조금만 볼 수 있도록 해 두는 것은 허용된다.

b. 해저드 안에서 루스 임페디먼트로 덮여 있는 볼을 찾거나 확인하는 경우

해저드 안에서 플레이어의 볼이 발견할 수 없거나 확인할 수 없을 정도로 **루스 임페디먼트**로 덮여 있다고 생각될 때에는 플레이어는 벌 없이 그 볼을 찾거나 확인하기 위하여 **루스 임페디먼트**를 접촉하거나 옮길 수 있다. 만일 볼이 발견되고 그 볼이 플레이어의 볼로 확인되면 플레이어는 **루스 임페디먼트**를 제자리에 덮어 주지 않으면 안 된다. 볼을 찾거나 확인하는 동안 **루스 임페디먼트**를 접촉하거나 움직일 때 볼을 **움직인** 경우에는 규칙18-2a가 적용된다. **루스 임페디먼트**를 제자리에 덮을 때 볼을 **움직인** 경우에는 벌은 없으나 그 볼을 리플레이스하지 않으면 안 된다.

볼이 **루스 임페디먼트**로 완전히 덮여 있었던 경우 플레이어는 그 볼을 다시 덮어 주지 않으면 안 되지만 플레이어가 볼의 일부를 조금만 볼 수 있도록 해 두는 것은 허용된다.

c. 워터 해저드 안의 물속에 들어간 볼을 찾는 경우

볼이 **워터 해저드** 안의 물속에 들어갔다고 생각한 경우 플레이어는 벌 없이 클럽이나 다른 것으로 휘저어서 볼을 찾아볼 수 있다. 휘저어 찾을 때 우연히 물속에 있는 볼을 **움직인** 경우에도 플레이어가 규칙26-1에 의하여 처리하기로 선택하지 않는 한 벌은 없으나 그 볼은 리플레이스하지 않으면 안 된다. 플레이어가 물속에 들어가지 않았던 볼을 **움직이거나** 볼을 휘저어 찾는 동안이 아닌데 우연히 볼을 **움직인** 경우에는 규칙18-2a가 적용된다.

d. 장해물 또는 비정상적인 코스 상태 안에 있는 볼을 찾는 경우

장해물 안이나 위에 또는 **비정상적인 코스 상태** 안에 있는 경우 그 볼을 찾을 때 우연히 볼을 **움직인** 경우에도 플레이어가 적용할 수 있는 규칙24-1b, 24-2b 또는 25-1b에 의하여 처리하기로 선택하지 않는 한 벌은 없으나 그 볼은 리플레이스하지 않으면 안 된다. 플레이어가 그 볼을 리플레이스했을지라도 적용할 수 있으면 아직 규칙24-1b, 24-2b 또는 25-1b 중의 한 **규칙**에 의하여 처리할 수 있다.

해저드 안에서 볼의 확인

플레이어는 볼이 벙커 안이나 워터 해저드 안에 있을지라도 확인하기 위하여 그 볼을 집어 올릴 수 있다. 볼을 집어 올리기 전에 그 볼의 위치를 마크하지 않으면 안 되며 플레이어는 볼을 집어 올리기 전에 그의 상대편, 동반 경기자 혹은 마커에게 자신이 하고자 하는 의도를 말하지 않으면 안 된다. 그 볼은 확인하는 데 필요한 정도 이상으로 닦아서는 안 된다.

규칙12-1의 위반에 대한 벌은
매치 플레이 – 그 홀의 패,
스트로크 플레이 – 2벌타.
(볼의 라이, 의도하는 스탠스나 스윙 구역 또는 플레이 선의 개선 – 규칙13-2 참조)

12-2. 볼의 확인

정당한 볼을 플레이할 책임은 플레이어 자신에게 있다. 각자 플레이어는 자신의 볼에 식별할 수 있는 표시를 해 두도록 한다.

플레이어는 정지된 볼이 자신의 볼이라고 생각되나 확인할 수 없는 경우 그는 확인을 위하여 벌 없이 그 볼을 집어 올릴 수 있다. 확인을 위하여 볼을 집어 올릴 수 있는 권리는 규칙12-1에 의하여 허용된 행위 외에 추가된 것이다.

플레이어는 볼을 집어 올리기 전에 매치 플레이에서는 그의 **상대방**에게, 스트로크 플레이에서는 그의 **마커** 또는 **동반 경기자**에게 자신의 의사를 알리지 않으면 안 되며 그 볼의 위치를 마크하지 않으면 안 된다. 그 뒤 플레이어는 그의 **상대방, 마커** 또는 **동반 경기자**에게 볼을 집어 올리는 것과 리플레이스하는 데 지켜 볼 기회를 준다면 그는 볼을 집어 올리고 확인할 수 있다. 규칙12-2에 의하여 볼을 집어 올렸을 경우 그 볼을 확인하는 데 필요한 정도 이상으로 닦아서는 안 된다.

그 볼이 플레이어의 볼이며 그가 이러한 처리 절차의 전부 또는 일부를 따르지 않은 경우 또는 플레이어가 그렇게 할 정당한 이유가 없이 자신의 볼을 확인하기 위하여 집어 올린 경우 플레이어는 1벌타를 받는다. 집어 올린 볼이 플레이어 자신의 볼인 경우 플레이어는 그 볼을 리플레이스하지 않으면 안 된다. 리플레이스하지 않은 경우 플레이어는 규칙12-2의 위반으로 일반의 벌을 받지만 본 규칙12-2에 의한 추가의 벌(1벌타)은 없다.

> **주**
> 리플레이스할 볼의 최초 라이가 변경된 경우에는 규칙20-3b를 참조한다.

*****규칙12-2의 위반에 대한 벌은**
매치 플레이 – 그 홀의 패,
스트로크 플레이 – 2벌타.
*플레이어가 규칙12-2의 위반으로 일반의 벌을 받은 경우 본 규칙12-2에 의한 추가의 벌(1벌타)은 없다.

사례

2011년 두바이 데저트 클래식(Dubai Desert Classic)에서 스페인의 알바로 퀴로스(Alvaro Quiros)가 난관을 극복하고 유리한 상황에 진입한 일이 일어났다. 퀴로스는 에미리트 골프 클럽(Emirates Golf Club) 파4의 8번 홀에서 불안정한 드라이브 샷을 날렸는데 볼이 아주 나쁜 라이의 관목 속으로 들어갔기 때문에 언플레이어블 볼을 부르고 1벌타를 받은 후 볼을 드롭해야 할 상황이었다. 그가 볼을 드롭하자 볼이 부드러운 모래땅에 살짝 박혀 좀 까다로웠지만 야자수를 넘기는 세 번째 샷을 날렸다. 그런데 이번에는 볼이 페어웨이 경계를 이루고 있는 많은 야자수 중 한 그루 위에 떨어졌다.

퀴로스는 그가 볼에 표시했던 식별할 수 있는 표지와 비슷한 두 개의 식별 점이 있는 켈러웨이 볼을 볼 수 있었으나 아직 그 볼이 100퍼센트 그의 볼이라는 것이 밝혀진 상태는 아니었다.

규칙 위원이 바로 곁에 있었으며 쌍안경을 이용해 퀴로스는 야자수 가운데에 보이는 볼이 그의 볼이라는 것을 확신할 수 있었다.

따라서 볼이 분실되지 않았기 때문에 퀴로스는 그 볼을 언플레이블로 선언하기로 결정한 다음 규칙28c에 의하여 구제를 받았다. 그리고 같은 규칙에 의하여 볼을 교체할 수 있기 때문에 1벌타를 받고, 재정 28/11에 규정되어 있는 바와 같이 볼이 야자수 위에 있었던 곳의 똑바로 아래 지점에서 2클럽 길이 이내에 다른 볼을 드롭하여 처리하였다. 그리고 그 뒤에 그는 짧은 칩샷을 한 번 쳤고 두 번 퍼트하여 그 홀에서 7타인 트리플 보기로 마감하고 그린 밖으로 걸어 나갔다. 그러나 그는 파3의 11번 홀에서 값비싼 홀인원을 달성하여 곧바로 선수권 경쟁에 다시 뛰어들게 되었다.

2011년 두바이 데저트 클래식에서 퀴로스가 야자수 위에 있는 그의 볼을 확인하기 위하여 쌍안경을 사용하고 있다. 규칙에는 볼을 확인하기 위하여 인공의 기기를 사용하는 것에 대한 금지 규정은 없다.

2011년 혼다 클래식(Honda Classic) 경기의 3라운드에서 제리 켈리(Jerry Kelly)는 나무 위에 높이 걸려 있는 볼이 그의 볼이라는 것은 확신하였으나 육안으로는 볼에 표시해 놓았던 녹색 식별 선을 볼 수 없었다. 따라서 그는 쌍안경으로 그것을 확인하려고 노력하였으나 도움이 되지 않았다. 재정27/15에서는 볼을 확인할 수 없는 경우 그 볼은 분실된 것이며 플레이어는 스트로크와 거리의 벌을 받고 처리해야 한다는 것을 설명하고 있다. 그러나 켈리는 그 볼을 확인하기 위하여 기술적인 도움을 받았는데 그것은 규칙에 의하여 금지된 것이 아니었다.

관객 중 한 사람이 켈리에게 공인된 카메라맨 중 한 명이 찍은 사진을 볼 것을 제안하였는데 그 볼을 찍은 사진은 카메라 스크린에서 확대되었을 때 잘 보였고 켈리는 그가 표시했던 마크를 볼 수 있다고 확신하였다. 그래도 첫 번째 규칙 위원은 다른 의견을 듣기 위하여 수석 심판원을 불러 들였다. 그때 켈리는 그의 볼에 어떻게 마크되어 있는가를 위원들에게 보여 주기 위하여 그의 백에서 볼 한 개를 꺼냈다. 수석 심판원 슬러거 화이트(Slugger White)는 카메라 스크린을 보기 위하여 먼저 그의 안경을 벗은 다음 확대경을 집기 위하여 손을 뻗었다. 그때 5분간의 찾는 시간이 끝났을지라도 그 볼이 켈리의 볼이라고 확인된 경우 그 볼은 5분 이내에 발견된 것이며 이와 같은 경우, 재정27/5·5에서는 5분간의 찾는 시간이 경과했어도 확인 작업은 허용한다고 되어 있다. 많은 토의 끝에 위원들은 그 볼에서 켈리가 표시했던 녹색 선을 볼 수 있었다는 것에 동의하였다. 따라서 켈리는 최후로 플레이했던 지점으로 되돌아가지 않고 1벌타를 받은 다음 그 볼을 언플레이어블로 간주하여 처리할 수 있었다. 그 뒤의 플레이에서 성적의 기복은 심하였으며 그 때문에 "이놈의 저주받을 보기!"라고 소리칠 때도 있었다.

Q&A

볼을 완전히 한 바퀴 둘러싼 선으로 식별 마크를 하는 것이 허용될 수 있는가?

허용된다. 각 플레이어에게 볼에 개인적인 식별 마크를 하도록 권장하고 있다. 이러한 식별 마크는 플레이어가 목표와 일직선 맞춤에 도움이 되도록 볼을 한 바퀴 둘러싼 선으로 표시하는 것을 포함하여, 어떤 형태의 마크도 택할 수 있다.

플레이어는 볼에 선을 그어도 되며 그 선이 플레이 선을 가리킬 수 있도록 놓아도 된다.

RULE 13

볼은 있는 그대로의 상태로 플레이

13-1. 총칙

규칙에 따라 정한 때를 제외하고 볼은 있는 그대로 플레이하지 않으면 안 된다.

(정지된 볼이 움직인 경우 – 규칙18 참조)

13-2. 볼의 라이, 의도하는 스탠스나 스윙 구역 또는 플레이 선의 개선

플레이어는 자신의

- 볼 위치 또는 라이
- 의도하는 **스탠스**나 스윙 구역
- **플레이 선** 또는 **홀**을 넘어 적절한 연장 선 부분, 또는
- 볼을 드롭하거나 플레이스할 지역을

다음과 같은 행위로 개선하거나 개선하도록 허용해서는 안 된다.

- 클럽으로 지면을 누르는 행위
- 생장물 또는 고정물(움직일 수 없는 **장해물** 및 **아웃 오브 바운드**의 경계를 표시하는 물건 포함)을 움직이거나, 구부리거나, 부러뜨리는 행위
- 지면을 돋우거나 지면의 울퉁불퉁한 곳을 고르는 행위
- 모래, 흩어진 흙, 제자리에 갖다 놓은 디보트 또는 제자리를 메운 잔디 조각을 제거하거나 누르는 행위
- 이슬, 서리 또는 물을 제거하는 행위

그러나 다음과 같은 경우의 행위에는 플레이어에게 벌이 없다.

- 볼에 **어드레스**할 때 클럽을 가볍게 지면에 놓는 행위
- **스탠스**를 올바르게 취하는 경우
- 볼을 **스트로크**하려고 할 때나 **스트로크**하기 위하여 클럽을 후방으로 움직여서 그대로 **스트로크**한 경우
- **티잉 그라운드** 구역 안에서 지면을 돋우거나 지면의 울퉁불퉁한 곳을 고르는 경우 또는 **티잉 그라운드**에서 이슬, 서리 또는 물을 제거하는 행위
- **퍼팅 그린** 위에서 모래와 흩어진 흙을 제거하거나 손상된 곳을 수리하는 경우(규칙16-1)

정의

용어의 정의는 제2장에 알파벳순으로 나열하였으며 규칙에서 그 용어가 나올 때 굵은 서체를 사용하였다. 13~23쪽 참조.

플레이 선의 개선	표면의 울퉁불퉁한 곳을 없애는 경우

플레이어는 플레이 선상에서 퍼팅 그린 밖에 있는 모래를 제거해서는 안 된다. 모래는 퍼팅 그린 위에 있을 때에만 루스 임페디먼트이다.	플레이어는 그의 플레이 선상에 있는 울퉁불퉁한 곳을 없애기 위하여 디보트를 제자리에 가져다 메워서는 안 된다.

예외

볼이 **해저드** 안에 있는 경우 – 규칙13–4 참조.

13–3. 스탠스의 장소를 만드는 것

플레이어는 **스탠스**를 취할 때 양발로 지면을 단단히 밟을 수는 있으나 **스탠스**의 장소를 만들어서는 안 된다.

13–4. 해저드 안에 있는 볼: 금지되는 행위

규칙에서 정한 경우를 제외하고 플레이어는 **해저드**(**벙커** 또는 **워터 해저드**를 불문하고) 안에 있는 볼이나 **해저드**에서 집어 올렸다가 후에 다시 그 **해저드** 안에 드롭하거나 플레이스하게 되는 볼을 **스트로크**하기 전에 다음과 같은 행위를 해서는 안 된다.

a. 그 **해저드** 또는 다른 비슷한 **해저드**의 상태를 테스트하는 것.
b. 그 **해저드** 안의 지면이나 **워터 해저드** 안의 물에 손이나 클럽으로 접촉하는 것.
c. 그 **해저드** 안에 있거나 **해저드**에 접촉하고 있는 **루스 임페디먼트**를 접촉하거나 움직이는 것.

예외

1. **해저드**의 상태를 테스트하거나 볼의 라이를 개선하지 않으면 플레이어에게 다음과 같은 행위가 있어도 벌은 없다. (a) 넘어졌거나 또는 넘어지지 않기 위하여 또는 어떤 **규칙**에 의하여 **장해물**을 제거하거나, 거리를 측정하거나, 볼 위치를 마크하거나, 볼을 회수하거나, 집어 올리거나, 플레이스하거나, 리플레이스하다가 **해저드** 안의 지면이나 **루스 임페디먼트** 또는 **워터 해저드** 안의 물에 접촉하는 행위 (b) **해저드** 안에 클럽을 놓는 행위

2. 모래나 흙을 고르는 것이 오직 **코스**를 보호하기 위한 목적이라면, 플레이어의 다음 **스트로크**와 관련해서 규칙13–2에 위반되지 않으면 플레이어는 어느 때든지 **해저드** 안의 모래나 흙을 평탄하게 고를 수 있다.

해저드 안에 클럽을 놓은 경우

플레이어는 해저드의 상태를 테스트하거나 볼의 라이를 개선하지 않는다면 그 해저드 안에 클럽을 놓을 수 있다.

떨어지지 않기 위하여 해저드에 접촉한 경우

플레이어는 해저드의 상태를 테스트하거나 볼의 라이를 개선하지 않는다면 그 해저드 안에 들어가거나 해저드를 떠날 때 클럽을 사용할 수 있다.

해저드에서 플레이한 볼이 **스트로크**한 후 **해저드** 밖에 있는 경우 플레이어는 제한 없이 **해저드** 안의 모래나 흙을 평탄하게 고를 수 있다.

3. 플레이어가 **해저드**에서 **스트로크**하였는데 볼이 다른 **해저드** 안에 들어가서 멎은 경우 그 앞서 **스트로크**를 했던 **해저드**에서 그 후에 행한 행동에 대해 규칙13–4a가 적용되지 않는다.

주

볼에 어드레스할 때 또는 스트로크하기 위하여 클럽을 후방으로 움직일 때를 포함하여 언제든지 플레이어는 클럽이나 다른 것으로 장해물, 위원회가 코스와 분리될 수 없는 부분으로 선언한 건조물 또는 풀, 관목, 수목, 기타 생장물에 접촉할 수 있다.

볼이 벙커 안에 있는 경우: 스트로크하기 전에 모래를 고르기

플레이어는 스트로크하기 전을 포함하여 어느 때든지 다음 스트로크를 위한 볼의 라이, 의도하는 스탠스나 의도하는 스윙 구역 혹은 플레이 선을 개선하기 위하여 아무것도 하지 않고 오직 코스를 보호하기 위한 목적이라면 해저드 안의 모래를 고를 수 있다.

규칙13의 위반에 대한 벌은
매치 플레이 – 그 홀의 패,
스트로크 플레이 – 2벌타.
(볼 찾기 – 규칙12-1 참조)
(워터 해저드 안에 있는 볼의 구제 – 규칙26 참조)

볼이 벙커 안에 있는 경우

벙커 안에 있는 볼을 스트로크하기 전에 플레이어는 다음과 같이 해서는 안 된다.

클럽으로 지면을 접촉

어드레스할 때나 백 스윙할 때 클럽으로 루스 임페디먼트를 접촉

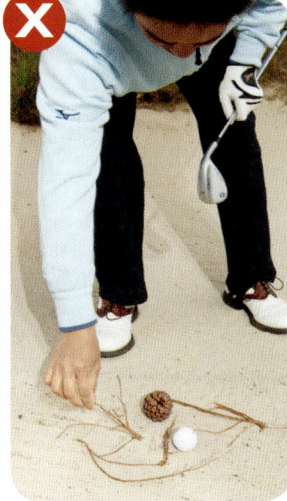

루스 임페디먼트를 제거

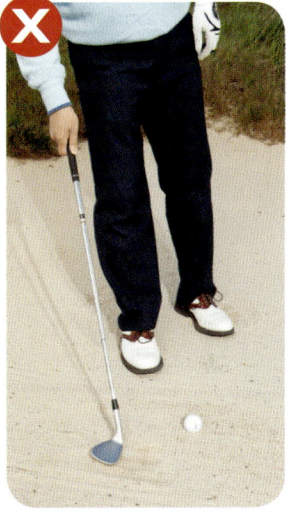

다음 스트로크를 위한 라이, 의도하는 스탠스나 스윙 구역 혹은 플레이 선의 개선

워터 해저드 안에 있는 다리 위에서 클럽을 지면에 접촉

플레이어는 해저드 안에서 어느 때든지 다리와 같은 장해물에 접촉할 수 있다(규칙13-4 주 참조).

사례

창립 대회인 2010년 기아 클래식(Kia Classisc) 최종 라운드에서 미셸 위(Michelle Wie)는 캘리포니아 라 코스타(La Costa) 코스의 11번 홀 그린 가까이에 있는 워터 해저드 안의 물에서 볼을 친 후 그녀의 클럽을 해저드 지면에 접촉한 것에 대하여 2벌타를 받았으며, 그 결과 그 홀에서 더블 보기로 7타의 스코어를 냈다. 해저드에서 플레이하려는 그녀의 첫 번째 시도는 성공하지 못하였는데, 실패한 첫 번째 샷 생각에 빠져 있느라 클럽이 지면에 닿아 움직이는 것을 방치했었다. 규칙13-4b에서는 플레이어가 워터 해저드 안의 지면이나 물에 손이나 클럽으로 접촉하는 것을 금지하고 있다. 그리고 규칙13-4 예외1에서는 해저드 안에서 넘어진 결과로 혹은 넘어지지 않기 위하여 클럽을 지면에 접촉한 경우는 제외한다고 되어 있다. 당시에 몸의 균형 상태가 불안정한 상태에 있었다는 그녀의 주장에도 불구하고 심판원들은 클럽이 지면을 접촉한 것은 넘어진 결과로 혹은 넘어지지 않기 위하여 했던 행동이 아니라는 데 의견의 일치를 보았다. 사실상 클럽이 지면을 접촉한 것은 해저드에서 볼을 탈출시키려는 시도가 실패한 것에 대한 자연스러운 반응이었다. 따라서 미셸 위는 2벌타를 받았다.

페블 비치에서 열린 110차 유에스 오픈 최종 라운드의 10번 홀에서 어니 엘스는 잘못된 티샷을 날린 후 벼랑 같은 경사를 오르고 있다.

브라이언 데이비스(Brian Davis)는 짐 퓨릭을 상대로 플레이하는 플레이오프 도중 루스 임페디먼트를 접촉했을 때 규칙13-4를 위반한 것에 대하여 스스로 벌을 청하였다.

페블 비치에서 열린 2010년 유에스 오픈 최종 라운드의 10번 홀에서 어니 엘스는 그의 볼을 찾기 위하여 해변까지 가파른 둑을 내려가기 전에 위원회 위원에게 명확한 답변을 요구하였다. 너무 가파른 경사 때문에 그는 몸을 돌려 위원회 위원에게 "만일 내가 해저드 안에서 이와 같은 장소를 내려간다면 나는 지면을 접촉할 수 있습니까?"라고 물었다. 그 위원회 위원은 규칙13-4 예외1에 규정된 대로 플레이어가 넘어지지 않기 위한 목적의 경우에는 해저드 안에서 지면에 접촉하는 것은 허용된다고 확인해 주었다. 어니 엘스는 그 말을 들은 후 그의 볼을 찾기 위하여 그 가파른 둑을 계속 내려가면서 스스로 마음과 몸을 안정시켰다.

2010년 힐튼 헤드(Hillton Head) 코스에서 열린 베리즌 헤리티지(Verizon Heritage) 경기의 연장전에서 짐 퓨릭에 대항하여 플레이하고 있던 브라이언 데이비스는 해변 쪽으로 그의 두 번째 샷을 날린 후 곤란한 처지에 놓이게 되었다. 그의 볼이 워터 해저드 안에 있는 약간의 갈대 속에 들어가 버린 것이었다. 그때 퓨릭은 3타로 그린 위에 안전하게 볼을 올린 파 퍼트를 눈앞에 두고 있었으므로, 데이비스는 1벌타를 받고 그 해저드 밖에 볼을 드롭하고 플레이하는 것보다는 차라리 볼이 있던 그대로의 상태로 플레이할 것을 결심하였다.

데이비스는 간신히 칩샷을 날려 볼을 그린 위에 올렸으나 그가 스트로크를 위하여 백스윙을 했을 때 클럽으로 해저드 안에 있던 루스 임페디먼트를 접촉하였으므로 사실상 그 연장전은 끝난 것이나 다름없었다. 규칙13-4c에서 플레이어는 스트로크하기 전에 해저드 안에 있는 루스 임페디먼트를 접촉하거나 움직일 수 없다는 것을 규정하고 있다. 그리고 골프 규칙, 용어의 정의 54 '스트로크'에 나와 있는 바와 같이 스트로크는 볼을 쳐서 움직일 의사를 가지고 클럽을 전방으로 움직일 때에만 스트로크가 시작된다. 따라서 백스윙은 스트로크의 일부가 아니기 때문에 데이비스는 규칙을 위반한 것이었다. 당시에 그는 스스로 위반한 것에 대한 벌을 청하였는데 그것은 2벌타였으며 미국 땅에서 그의 첫 번째 우승에 대한 희망이 끝나는 순간이었다.

그 사건 후에 데이비스는 벌을 자청한 것에 관한 그의 성실함과 스포츠맨십에 대하여 많은 격찬을 받았다. 데이비스는 그때 규칙 위반을 위원회 위원들에게 스스로 통보하여 벌을 청하지 않았더라면 "자존심을 유지할 수 없었을 것"이라고 말하였다.

2010년 플로리다의 팜 비치 가든(Palm Beach Garden) 코스에서 열린 혼다 클래식에서 그램 맥도웰(Graeme McDowell)이 스스로 벌을 청했을 때도 위와 비슷한 상황에 직면했었다. 18번 홀에서 그가 드라이브 샷을 날린 볼이 얕은 워터 해저드 안으로 들어갔다. 그때 그 볼은 플레이할 수 있는 상태였기 때문에 물속에 있는 볼을 한 번의 샷으로 폭발하듯 쳐서 그 볼을 페어웨이에 올렸다. 그런데 조금 전 그가 볼을 향해 걸어가고 있을 때 그의 조에 동행하고 있던 TV 해설자가 맥도웰이 규칙을 위반했을지도 모른다는 경고를 했다.

이에 유에스 투어 위원들은 맥도웰이 워터 해저드에서 스트로크하는 녹화 장면을 보았으며 맥도웰이 그 라운드를 끝마치고 스코어 카드를 제출하기 전에 토의에 들어갔다. 그 비디오 증거물은 실제로 맥도웰이 백스윙할 때 클럽으로 물을 접촉하였으며 규칙13-4b를 위반하였다는 맥도웰의 걱정을 확인시켜 주었다.

"백스윙했을 때 클럽이 뒤로 돌아가면서 방향이 약간 돌아간 것을 감지하고 바로 무슨 일이 일어났다는 어떤 느낌을 받았다"라고 맥도웰이 말하였다. 그는 더블 보기로 그 홀에서 합계 7타의 스코어에 서명하였으며 그 경기에서 5위로 선두에 3타 뒤진 상태가 되었다.

Q&A

내 볼이 벙커 안에 있는 경우 플레이하기 전에 나는 고무래로 그 벙커를 고를 수 있는가?
그 스트로크와 관련해서 규칙13-2를 위반하는 아무런 조치를 취하지 않고 오직 코스를 보호하기 위한 목적이라면 벙커를 고를 수 있다. 예를 들어 당신의 볼이 큰 벙커 오른쪽에 있다고 하자. 고무래는 벙커 왼쪽에 있는데 당신은 그 고무래를 회수한 뒤 볼이 있는 곳까지 옮겨 가기 전에 벙커를 깨끗이 정돈된 상태로 유지하기 위하여 고무래로 당신의 발자국을 고른다면 그것은 볼의 라이, 당신의 의도하는 스탠스나 스윙 구역 혹은 스트로크를 위한 당신의 플레이 선을 개선하지 않으며 오직 코스를 보호하기 위한 목적이기 때문에 규칙에 위반된 것은 없다(규칙13-4 예외2 참조).

해저드에서 스트로크하는 동안 클럽이나 고무래를 그 해저드 안에 놓아둘 수 있는가?
놓아둘 수 있다. 클럽(골프 백까지)이나 고무래를 해저드 안에 놓아두는 것은 그 해저드의 상태를 테스트하는 것으로 간주하지 않는다. 그러나 플레이어는 해저드의 상태를 테스트하거나 볼의 라이를 개선하는 것이 되는 어떤 조치도 취하지 않도록 주의하지 않으면 안 된다 – 규칙13-4 예외1 참조.

RULE 14
볼을 치는 방법

정의
용어의 정의는 제2장에 알파벳순으로 나열하였으며 규칙에서 그 용어가 나올 때 굵은 서체를 사용하였다. 13~23쪽 참조.

14-1. 볼은 바르게 칠 것
플레이어는 볼을 클럽 헤드로 올바르게 쳐야 하며 밀어내거나, 긁어당기거나, 떠올려서는 안 된다.

14-2. 원조
a. 물리적인 원조와 자연 현상의 비바람으로부터 보호
플레이어는 물리적인 원조나 자연 현상의 비바람으로부터 보호를 받는 상태에서 **스트로크**해서는 안 된다.

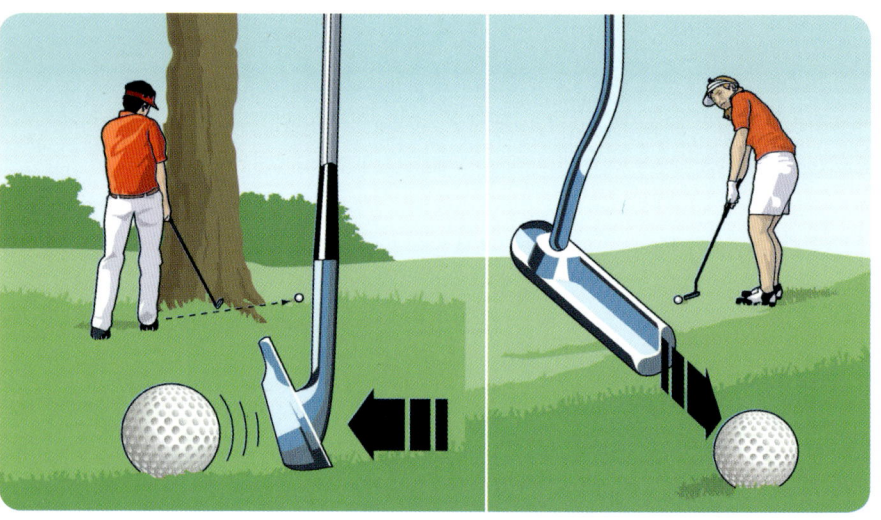

볼은 클럽 헤드로 바르게 칠 것.

플레이어는 클럽 헤드의 뒷면으로 혹은 토우로 볼을 쳐도 된다.

2006년 라이더 컵 경기에서 '갓난 수염(Fluff)'이라는 별명을 가진 짐 퓨릭의 캐디가 퓨릭이 퍼트를 준비하고 있는 동안 그의 머리 위에 우산을 받치고 있다. 만일 퓨릭이 스트로크할 때 캐디가 그 상태 그대로 있도록 허용했다면 퓨릭은 규칙14-2에 의하여 그 홀에서 패라는 벌을 받았을 것이다.

b. 볼 뒤에 캐디나 파트너를 세워두는 행위

플레이어는 **플레이 선** 또는 **퍼트 선**의 볼 후방 연장선 위에나 그 가까이에 자신의 **캐디**, 그의 **파트너** 또는 **파트너**의 **캐디**가 서 있는 상태에서 **스트로크**해서는 안 된다.

예외

플레이어의 **캐디**, 그의 **파트너** 또는 **파트너**의 캐디가 우연히 **플레이 선** 또는 **퍼트 선**의 볼 후방 연장선 위에나 그 가까이에 서 있는 경우에는 벌이 없다.

> 규칙14-1 또는 14-2의 위반에 대한 벌은
> 매치 플레이 – 그 홀의 패,
> 스트로크 플레이 – 2벌타.

14-3. 인공의 기기, 비정상적인 장비 및 장비의 비정상적인 사용

R&A는 어느 때든지 인공의 기기, 비정상적인 장비 및 장비의 비정상적인 사용에 관련된 규칙의 변경과 이들 규칙에 관련된 해석을 내리고 변경하는 권한을 갖는다.

어떤 물건을 사용하는 것이 규칙14-3에 위반되는가 안 되는가의 여부에 관하여 의문이 있는 플레이어는 R&A에 문의하여야 한다.

제조업자는 제조하고자 하는 물품을 플레이어가 **정규 라운드** 중에 사용할 경우 규칙14-3에 위반되는가의 여부에 관한 재정을 구하기 위하여 그 물품의 견본을 R&A에 제출하여야 한다. 그 제출된 견본은 참고용으로 R&A의 소유물이 된다. 제조업자가 그 물품을 생산하거나 판매하기 전에 그 견본을 제출하지 않거나, 견본을 제출하였으나 판정을 기다리지 않은 경우 그 제조업자는 그 물품의 사용이 **규칙**에 위반된다는 재정의 위험을 지게 된다.

규칙에 정한 경우를 제외하고, 플레이어는 **정규 라운드** 중 다음과 같은 인공의 기기나 비정상적인 장비(상

14

캐디가 플레이 선의 볼 후방 연장선 위에 위치한 경우

스트로크하기 전에 캐디는 목표와의 일직선 맞춤에 플레이어를 도울 수 있으나 플레이어는 퍼트 선의 볼 후방 연장선 위에나 그 가까이에 그의 캐디를 위치시킨 상태에서 스트로크해서는 안 된다.

세한 규격 및 해석은 부속 규칙 Ⅳ 참조)를 어떤 것이든 사용하거나 어떤 장비도 비정상적인 방법으로 사용해서는 안 된다.

a. **스트로크**하거나 플레이할 때 플레이어에게 원조가 될 수 있는 물건
b. 플레이어의 플레이에 영향을 미칠 수 있는 거리를 측정하거나 상황을 판단하는 목적의 물건
c. 클럽을 쥐는 데 플레이어에게 원조가 될 수 있는 물건

다만 다음과 같은 경우는 제외된다.

   (i) 단순한 장갑이라면 그 장갑을 끼는 경우
   (ii) 송진, 파우더, 건조제 또는 가습제를 사용하는 경우
   (iii) 타월이나 손수건을 그립에 감는 경우

예외

1. 다음과 같은 경우는 본 규칙14-3에 위반되지 않는다.
   (a) 그 장비나 기기가 의료상의 이상 상태를 완화시키기 위하여 고안되거나 의료상의 이상 상태를 완화시키는 효과를 가진 경우
   (b) 플레이어가 그 장비나 기기를 사용하기 위한 정당한 의료상의 이유가 있을 때
   (c) 그 장비나 기기의 사용이 다른 플레이어들보다 플레이어에게 어떤 부당한 이익을 주지 않는다고 **위원회**가 납득한 경우
2. 플레이어가 전통적으로 인정된 방법으로 장비를 사용하는 경우 그는 본 규칙14-3에 위반되지 않는다.

규칙14-3의 위반에 대한 벌은 경기 실격.

주
위원회는 단지 거리만 측정하는 기기를 플레이어가 사용하도록 허용하는 로컬 룰을 제정할 수 있다.

14-4. 2번 이상 치기

한 번의 **스트로크** 중에 플레이어의 클럽이 2번 이상 볼을 친 경우 플레이어는 그 **스트로크**를 1타로 하고 <u>1**벌타**</u>를 추가하여 합계 2타로 하지 않으면 안 된다.

14-5. 움직이고 있는 볼을 플레이한 경우

플레이어는 자신의 볼이 움직이고 있는 동안에 **스트로크**해서는 안 된다.

예외
- **티**에서 떨어지고 있는 볼 – 규칙11-3
- 2번 이상 치는 볼 – 규칙14-4
- 물속에서 움직이고 있는 볼 – 규칙14-6

플레이어가 **스트로크**를 시작한 후 또는 **스트로크**하기 위하여 그의 클럽을 후방으로 움직인 후에 볼이 움직이기 시작한 경우 플레이어는 그 움직이고 있는 볼을 플레이한 것에 대하여 본 규칙14-5에 의한 벌은 없으나 다음 규칙에 의한 벌은 면할 수 없다.

- 플레이어가 정지하고 있는 볼을 움직인 경우 – 규칙18-2a
- **어드레스**한 후에 정지하고 있던 볼이 **움직인** 경우 – 규칙18-2b

(플레이어, **파트너** 또는 **캐디**가 고의로 볼의 방향을 변경시키거나 정지시킨 경우 – 규칙1-2 참조)

14-6. 물속에서 움직이고 있는 볼

볼이 **워터 해저드** 안의 물속에서 움직이고 있을 때 플레이어는 벌 없이 **스트로크**할 수 있으나 바람이나 물의 흐름에 의한 볼 위치의 개선을 기다리기 위하여 **스트로크**를 지체해서는 안 된다. 플레이어가 규칙26에 의하여 처리하기로 결정한 경우 **워터 해저드** 안의 물속에서 움직이고 있는 볼은 집어 올릴 수 있다.

규칙14-5 또는 14-6의 위반에 대한 벌은
매치 플레이 – 그 홀의 패,
스트로크 플레이 – 2벌타.

사례

2010년 세이프웨이 클래식(Safeway Classic) 경기에서 줄리 잉크스터(Julie Inkster)는 코스에서 준비 운동 목적으로 무겁게 한 '도넛' 모양의 무거운 물체를 단 클럽으로 스윙한 것 때문에 경기 실격되었다. 규칙 14-3에서는 플레이어의 플레이에 원조가 되는 인공의 기기를 사용하는 것을 금지하고 있다. 따라서 무겁게 한 헤드 커버를 사용한 클럽이나 '도넛' 모양의 무거운 물체를 단 클럽은 인공의 기기이며 라운드 중 그러한 인공의 기기를 사용한 것에 대한 벌은 경기 실격이다.

잉크스터는 파5의 10번 홀에서 그의 티샷을 기다리고 있던 사이에 그 '도넛' 모양의 무거운 물체를 단 클럽을 사용하였는데 그 홀은 순서가 상당히 밀려 있었다. "나는 티에서 30분이나 기다렸으며 긴장을 풀 필요가 있었다"라고 말하였다. 그리고 또 다음과 같이 말하였다. "아주 실망스럽지만 사실은 사실인만큼 그대로 받아들인다."

2009년 프라이스닷컴 오픈(Frys.com Open) 경기의 최종 홀에서 파커 매크래클린(Parker McLachlin)이 트위터에 짧은 발언을 게재하여 유에스 투어 방침을 위반하였다. 매크래클린과 그의 동반 경기자들인 브레드 팩슨(Brad Faxon), 글렌 데이(Glen Day)는 5번 홀에서 대기 중이었으며 시간을 보내기 위하여 스마트폰에서 축구 경기 스코어를 점검하고 있었는데 한 관객이 매크래클린에게 그가 어떻게 플레이했는가에 관해서 짧은 발언을 게재하도록 제안하였다. 매크래클린은 좋은 생각이라고 생각했으며 짧은 발언을 게재하였다. "방금 전 4번 홀에서는 버디. 5번 홀에서 대기 중. 토너먼트 라운드에서 첫 번째 발언. 이 네트워크에 너무 익숙해지지 않도록 할 것!"이라고 하였다.

골프에 관련되지 않은 문제(예를 들어 전화를 거는 경우)에 사용된다면 휴대폰이나 스마트폰을 사용하는 것 그 자체는 규칙14-3에 위반되

14

지 않는다. 그러나 유에스 투어에는 토너먼트 라운드 중에 코스에서 휴대폰을 사용하는 것은 그들의 행동 규범에 위배된다는 방침이 있다. 골프 규칙에 의하여 벌을 줄 수는 없지만 플레이어는 그 투어 방침을 위반한 것에 대하여 벌금과 같은 처벌을 받게 된다.

"오늘날 우리는 연습 라운드에서 휴대폰을 많이 사용하고 있으며 연습장에서도 마찬가지다. 사실, 나는 그렇게 하는 것이 틀린 행위라고 생각하지 않았다"라고 매크래클린은 말하였다. 또 말하기를 "스튜어트 싱크(Stewart Cink)는 트위터 애호가인데 내가 생각하기에 그는 라운드 중이 아닌 라운드 후에 트위터를 이용하고 있다. 지금부터 내 전화기도 스위치를 끈 다음 골프 백 속에 넣어두겠다"라고 하였다.

2010년 마요르카(Mallorca) 코스에서 열린 이베르드롤라 오픈(Iberdrola Open) 경기의 최종 라운드에서 스웨덴의 피터 핸슨(Peter Hanson)은 볼을 두 번 쳐서 규칙14-4를 위반한 것에 대한 벌을 받았다. 그러나 그는 곧 회복하여 플레이오프에서 알레한드로 카니자레스(Alejandro Canizares)를 패배시킨 후 그의 세 번째 유럽 투어 선수권 대회의 승리를 향하여 나아갔다.

핸슨은 그의 웨지로 퍼팅 그린을 둘러싸고 있는 무성한 풀 속에서 12번 홀을 향하여 칩샷을 날렸는데 폴로 스루를 계속할 때 볼을 두 번 쳤던 것을 알아차리지 못하였다. 그의 스트로크 장면은 고속 촬영 카메라에 잡혔으며 실제로 볼 때에는 탐지할 수 없을지라도 TV 녹화 장면을 천천히 재생시키자 그가 실제로 볼을 두 번 친 것을 분명히 확인할 수 있었다.

그때 TV 프로듀서는 이 사실에 대한 경고를 주도록 토너먼트 디렉터에게 알렸다. 그 뒤에 핸슨은 심판원으로부터 2개 홀이 삭감되는 벌이 적용된다는 것을 통보받았다. 따라서 그는 선두에 2타 뒤진 상태에서 경기가 진행되었으며 앞으로 4개 홀이 남은 상황이었다. 그런데 15번 홀과 17번 홀 그린에서 버디 퍼트를 성공시켜 카니자레스와 동점을 만들고 플레이오프에 들어가는 것을 확실히 했다. 결국 그는 첫 번째 연장 홀에서 승리를 거머쥐었다.

핸슨은 우승 트로피를 받은 후 다음과 같이 말했다. "나는 그곳에서 사건이 일어난 후 이상하다는 느낌이 들었다." 그리고 "그 환상적인 카메라가 때로는 유리할 때도 있고 때로는 좋지 않을 때도 있지만 그것이 공정한 것은 틀림없다. 또 그것은 이상하게 보이지만 말할 것도 없이 두 번 친 것이었다. 그 당시는 느끼지 못했지만 볼이 떨어져서 튀어 오를 때 다시 한 번 친 것이었다"라고 실토하였다.

Q&A

정규 라운드 중에 거리 측정 애플리케이션을 가진 거리 측정 기기나 스마트 폰을 사용할 수 있는가?

사용할 수 없다. 규칙14-3에서 '플레이어는 정규 라운드 중 플레이에 영향을 미칠 수 있는 거리 혹은… 측정하는 목적의 어떤 인공의 기기나 비정상적인 장비를 사용해서는 안 된다'라고 규정하고 있다. 그러나 위원회는 로컬 룰에 의하여 그와 같은 거리 측정 기기의 사용을 허용할 수도 있다 – 부속 규칙 I, Part B 로컬 룰의 예, 9 참조.

위원회가 로컬 룰에 의하여 거리 측정 기기의 사용이 허용된 경기에서 그 거리 측정 기능이 단지 거리만 측정하도록 다운로드된 것이라면 플레이어는 스마트폰 애플리케이션을 사용해도 된다. 그러나 나침반, 기포 수준기 혹은 온도계의 기능과 같은 스마트폰에 사용된 다른 애플리케이션은 그 애플리케이션이나 성능이 사용되지 않을지라도 거리 측정 기기로서 부적합한 상태가 된다.

지금은 대부분의 휴대폰과 다기능 기기를 쉽게 이용할 수 있기 때문에 언제든지 이러한 수단을 통하여 부적합한 정보에 접근할 수 있는 것은 고마운 일이다. 규칙의 관점에서 볼 때 인터넷이 이러한 목적을 위하여 이용되지 않는다면 휴대폰에 이러한 기능이 있다는 사실 자체는 거리 측정 애플리케이션을 부적합하게 취급하는 상태가 되지는 않는다.

RULE 15

교체한 볼: 오구

정의

용어의 정의는 제2장에 알파벳순으로 나열하였으며 규칙에서 그 용어가 나올 때 굵은 서체를 사용하였다. 13~23쪽 참조.

15-1. 총칙

볼이 **분실되거나**, **아웃 오브 바운드**가 되거나 또는 볼을 교체(규칙15-2 참조)하는 것이 허용되거나 안 되거나 간에 플레이어가 다른 볼로 교체한 경우를 제외하고 플레이어는 **티잉 그라운드**에서 플레이한 볼로 홀 아웃하지 않으면 안 된다. 플레이어가 **오구**를 플레이한 경우에 규칙15-3을 참조한다.

15-2. 교체한 볼

한 홀의 플레이를 끝마치기까지 플레이어에게 다른 볼을 플레이하거나, 드롭하거나, 플레이스하도록 허용된 규칙에 따라 처리할 경우 플레이어는 볼을 **교체**할 수 있다. 그 **교체한 볼**은 **인 플레이 볼**로 된다.

규칙에 의하여 다른 볼로 교체가 허용되지 않는데 플레이어가 볼을 **교체**한 경우 그 **교체한** 다른 볼은 **오구**가 아니고 **인 플레이 볼**로 된다. 플레이어가 규칙20-6에 규정된 바에 따라 잘못을 시정하지 않고 그 잘못 **교체한 볼**을 **스트로크**한 경우 <u>그는 해당되는 규칙에 의하여 매치 플레이에서 그 홀의 패, 스트로크 플레이에서는 2벌타를 받고</u>, **교체한 볼**로 그 홀을 끝마치지 않으면 안 된다.

예외

플레이어가 오소에서 플레이한 것에 대하여 벌을 받은 경우, 허용되지 않는데 볼을 교체한 것에 대한 추가의 벌은 없다.
(오소에서의 플레이 - 규칙20-7 참조)

15-3. 오구

15-3a. 매치 플레이

플레이어가 **오구**를 **스트로크**한 경우 <u>그 홀의 패가 된다.</u>

그 **오구**가 다른 플레이어의 볼인 경우 그 볼의 소유주는 **오구**를 처음 플레이했던 지점에 **볼**을 플레이스하지 않으면 안 된다.

플레이어와 상대방이 한 홀의 플레이 중에 서로 볼이 바뀐 경우 **오구**를 먼저 **스트로크**한 쪽이 <u>그 홀의 패가 되며,</u> 누가 먼저 쳤는지 확정할 수 없을 때에는 볼이 바뀐 상태 그대로 그 홀의 플레이를 끝마치지 않으면 안 된다.

예외

플레이어가 **워터 해저드** 안의 물속에서 움직이고 있는 **오구**를 **스트로크**하여도 벌은 없다. **워터 해저드** 안의 물속에서 움직이고 있는 **오구**를 친 타수는 플레이어의 스코어로 계산하지 않는다. 플레이어는 올바른 볼을 플레이하거나 규칙에 의한 처리를 하여 그의 잘못을 시정하지 않으면 안 된다.
(플레이스와 리플레이스 - 규칙20-3 참조).

15-3b. 스트로크 플레이

경기자가 **오구**를 1회 이상 **스트로크**한 경우 <u>그 **경기자**는 2벌타를 받는다.</u>

경기자는 올바른 볼을 플레이하거나 **규칙**에 의한 처리를 하여 그 잘못을 시정하지 않으면 안 된다. **경기자**가 다음 **티잉 그라운드**에서 **스트로크**하기 전에 그의 잘못을 시정하지 않거나, 그 라운드의 마지막 홀에서는 **퍼팅 그린**을 떠나기 전에 그의 잘못을 시정할 의사를 선언하지 않으면 **경기자**는 <u>경기 실격이 된다.</u>

오구를 플레이한 타수는 **경기자**의 스코어로 계산하지 않는다. 그 **오구**가 다른 플레이어의 볼인 경우 그 볼의 소유주는 **오구**를 처음 플레이했던 지점에 볼을 플레이스하지 않으면 안 된다.

스트로크 플레이에서 오구의 플레이

예외

경기자가 **워터 해저드** 안의 물속에서 움직이고 있는 **오구**를 **스트로크**하여도 벌은 없다. **워터 해저드** 안의 물속에서 움직이고 있는 **오구**를 친 타수는 **경기자**의 스코어로 계산하지 않는다.

(플레이스와 리플레이스 – 규칙20-3 참조)

사례

2010년 라이더 컵 경기에서 짐 퓨릭은 포섬 경기를 하는 첫 번째 날에 신인 선수인 리키 파울러(Ricky Fowler)와 파트너가 되어 유럽 선수들과 대항하였다. 셀틱 마노 코스의 4번 홀에서 플레이할 때 퓨릭이 티샷한 볼이 전날부터 악화된 기상 상태 때문에 관객들이 심하게 손상시킨 지역 안으로 들어갔다. 관객들이 입힌 손상이 그 원인이 된 비정상적인 코스 상태로부터 규칙25-1b에 의한 구제를 받을 수 있었기 때문에 파울러는 가장 가까운 구제 지점을 정하기 위하여 이리저리 돌아다니다가 공교롭게도 카트로 바로 옆에 있는 지점으로 정하게 되었다.

파울러가 볼을 드롭하자 그 볼이 홀에 더 가까이 굴러갔기 때문에 볼을 다시 드롭하고 주시하였는데 이번에는 카트로에 맞고 튀어서 역시 홀에 더 가까이 굴러갔다. 따라서 그는 규칙20-2c에 의하여 두 번째 드롭했을 때 볼이 처음 떨어진 그 카트로 위에 볼을 플레이스해야 하는 상황이었다. 당시에 파울러는 그 카트로에서 구제를 받을 수 있는 상황이었지만 그는 그 카트로에서 볼을 플레이하기로 결정하였다.

그런데 그가 플레이한 뒤에 한 경기 진행 요원이 와서 파울러의 어깨를 가볍게 두드리면서 최초의 볼을 돌려받기를 원하는가의 여부를 물었는데 그 볼은 아직 관객들 발 아래 질퍽한 진흙투성이 속에 있었다. 그때 파울러가 그 카트로 위에 드롭하기 위하여 처음에 플레이했던 볼이 아닌 다른 볼을 꺼낸 것이 분명히 밝혀졌다.

규칙25-1b 주 2에서 '본 규칙 25에 의하여 드롭하거나 플레이스할 볼을 곧 회수할 수 없는 경우에는 다른 볼로 교체할 수 있다'라고 규정되어 있다. 당시에 최초의 볼을 곧 회수할 수 있는 상황이었기 때문에 파울러가 비정상적인 코스 상태에서 구제를 받았을 때 그는 다른 볼로 교체할 수 있는 권한이 없었다. 심판원이 불려 왔으며 파울러가 볼을 잘못 교체하였다는 것을 확인하였다. 그리고 그가 플레이해 버렸기 때문에 그 잘못에 대한 시정은 불가능하였다. 따라서 파울러는 규칙15-2에 의하여 매치 플레이에서 그 홀에 대한 패의 벌을 받았다. 그 결과 미국 팀은 4개 홀 끝난 후 유럽 팀의 리 웨스트우드(Lee Westwood)와 마틴 케이머(Martin Kaymer)보다 2개 홀 다운의 상태가 되었다.

2010년 혼다 클래식에서 네이선 그린(Nathan Green)은 파3의 17번 홀에서 그의 두 번째 샷을 쳤을 때 숨어 있던 한 볼을 움직였다. 그가 티샷한 볼이 래터럴 워터 해저드 안에 있는 물과 접한 지면의 가장자리에 정지하였으나 그 볼은 플레이할 수 있는 상태였기 때문에 그린은 방수 재킷을 입고 해저드 안으로 들어갔다.

두 번에 걸쳐 해저드에서 볼을 탈출시키려는 시도가 실패한 다음 세 번째로 스트로크했을 때 자신의 볼이 나타난 것과 동시에 또 다른 볼이 나타났다. 그때 그린은 그 볼도 같이 쳐 버렸는데 그 볼은 스트로크했을 때 자신의 볼 밑에 숨어 있던 볼이었다. 이것이 그가 오구를 플레이하였는가에 관한 의문을 제기하게 만들었다.

재정15/2에서는 그 상황에서 플레이어는 숨어 있던 볼을 스트로크했던 것이 아니고 자신의 볼을 스트로크했다는 것을 명확히 하고 있다. 따라서 그가 숨어 있던 볼을 스트로크하지 않았기 때문에 규칙15-3은 적용되지 않으며 그린은 그의 볼을 있는 그대로의 상태로 플레이하여야 했다.

리키 파울러는 규칙에서 허용되지 않는데 볼을 교체하도록 만든 상황에 관해서 심판원과 토의하고 있다.

Q&A

플레이어는 홀과 홀 사이에서 그가 볼을 교체할 의사를 상대편 혹은 동반 경기자에게 통보하지 않으면 안 되는가?

그러한 통보는 예절로서 또는 혼동의 가능성을 피하는데 도움은 되지만 플레이어는 그 홀에서 어떤 종류의 볼을 사용한다는 의사를 규칙에 의하여 반드시 통보해야 하는 것은 아니다.

RULE 16

퍼팅 그린

16-1. 총칙

16-1a. 퍼트 선에 접촉

다음의 경우를 제외하고 **퍼트 선**에 접촉해서는 안 된다.

(i) 플레이어가 **루스 임페디먼트**를 제거할 때. 그때 플레이어는 아무것도 눌러서는 안 된다.

(ii) 플레이어가 **어드레스**할 때 볼 앞에 클럽을 놓을 경우. 이때 아무것도 눌러서는 안 된다.

(iii) 거리를 측정할 때 – 규칙18-6.

(iv) 볼을 집어 올리거나 리플레이스할 때 – 규칙16-1b.

(v) 볼 마커를 누를 때.

(vi) **퍼팅 그린** 위의 사용했던 홀 자국이나 볼 마크를 수리할 때 – 규칙16-1c.

(vii) 움직일 수 있는 **장해물**을 제거할 때 – 규칙24-1.

(퍼팅 그린에서 퍼팅 선을 지시 – 규칙8-2b 참조)

정의

용어의 정의는 제2장에 알파벳순으로 나열하였으며 규칙에서 그 용어가 나올 때 굵은 서체를 사용하였다. 13~23쪽 참조.

퍼트 선에 접촉: 허용되는 경우의 예

- 볼에 어드레스 할 때
- 루스 임페디먼트를 제거할 때
- 볼 마크를 수리할 때
- 오래된 홀을 메웠던 자국을 수리할 때

손상을 입은 곳을 수리하는 경우

플레이어는 그 홀의 플레이에서 결과적으로 그에게 도움이 될지도 모르는 스파이크 자국을 수리해서는 안 된다.

16-1b. 볼을 집어 올리기와 닦기

퍼팅 그린 위의 볼은 집어 올릴 수 있으며 원하면 닦을 수 있다. 볼을 집어 올리기 전에 그 볼 위치를 마크하지 않으면 안 되며 그 볼은 리플레이스하지 않으면 안 된다(규칙20-1 참조). 다른 볼이 움직이고 있을 때 그 볼의 움직임에 영향을 미칠지도 모르는 볼은 집어 올려서는 안 된다.

16-1c. 홀 자국, 볼 마크 및 다른 손상의 수리

자신의 볼이 **퍼팅 그린** 위에 있거나 없거나 상관없이 플레이어는 사용했던 홀 자국이나 볼의 충격에 의해 **퍼팅 그린**에 생긴 손상을 수리할 수 있다. 수리 중에 우연히 볼이나 볼 마커를 움직인 경우에는 그 볼이나 볼 마커를 리플레이스하지 않으면 안 된다. 볼이나 볼 마커가 움직인 원인이 사용했던 홀을 메운 자국이나 볼의 충격으로 **퍼팅 그린** 면의 손상을 수리하는 바로 그 구체적인 행위에 있는 경우에는 벌이 없다. 그렇지 않은 경우 규칙18이 적용된다.

그 이외 **퍼팅 그린** 면의 다른 어떤 손상도 그 홀의 계속되는 플레이에서 플레이어에게 원조가 될지도 모르는 경우 그 손상을 수리해서는 안 된다.

16-1d. 퍼팅 그린 면의 테스트

정규 라운드 중 플레이어는 모든 **퍼팅 그린** 면에서 볼을 굴리거나, **퍼팅 그린** 면을 문지르거나, 긁어서 그 **퍼팅 그린** 면을 테스트해서는 안 된다.

예외

위원회가 그러한 행위를 금지하지 않는 한(규칙7-2 주2 참조) 플레이어는 홀과 홀 사이에서, 모든 연습 **퍼팅 그린** 면과 방금 플레이가 끝난 홀의 **퍼팅 그린** 면을 테스트할 수 있다.

퍼트 선에서 루스 임페디먼트를 제거
아무것도 누르는 일이 없다면 어떤 방법으로든 퍼트 선에서 루스 임페디먼트를 제거할 수 있다.

퍼트 선 위에 서는 경우
부주의로 혹은 다른 플레이어의 퍼트 선 위에 서는 것을 피하기 위한 경우에는 퍼트 선 위에 서는 것에 대한 벌은 없다.

홀 위에 걸쳐 있는 볼

플레이어는 볼이 홀에 떨어져 들어갈 것인가의 여부를 보기 위하여 10초간 기다릴 수 있다. 10초 후에는 그 볼은 정지된 볼로 간주한다. 그러나 그 후에 볼이 홀에 들어간 경우에는 플레이어가 한 최후의 스트로크로 홀 아웃한 것으로 간주하지만 1벌타를 추가하지 않으면 안 된다.

16-1e. 퍼트 선을 걸터 서거나 그 위를 밟고 서는 것

플레이어는 **퍼팅 그린** 위에서 **퍼트 선** 또는 볼 후방 **퍼트 선**의 연장선을 걸터 서거나 한쪽 발이라도 그 선을 밟고 서는 **스탠스**로 **스트로크**해서는 안 된다.

예외

부주의로 또는 다른 플레이어의 **퍼트 선**이나 예상되는 **퍼트 선** 위에 서는 것을 피하기 위하여 **퍼트 선**(또는 볼 뒤 **퍼트 선**의 연장선) 위에 또는 **퍼트 선**을 걸터 서서 **스탠스**를 취한 경우에는 벌이 없다.

16-1f. 다른 볼이 움직이고 있을 때 스트로크한 경우

퍼팅 그린에서 다른 플레이어가 **스트로크**한 볼이 움직이고 있는 동안에 플레이어는 **스트로크**해서는 안 된다. 그러나 다른 볼이 움직이고 있을 때 **스트로크**했다 하더라도 그 때가 그 플레이어가 플레이할 순서라면 벌이 없다.

(다른 볼이 움직이고 있는 동안에 플레이에 원조 또는 방해가 되는 볼을 집어 올리기 – 규칙22 참조)

규칙16-1의 위반에 대한 벌은

매치 플레이 – 그 홀의 패,

스트로크 플레이 – 2벌타.

(캐디 또는 파트너의 위치 – 규칙14-2 참조)

(다른 퍼팅 그린 – 규칙25-3 참조)

16-2. 홀 위에 걸쳐 있는 볼

볼의 일부가 홀 가장자리에 걸쳐 있는 경우 플레이어에게 부당한 지연 없이 홀까지 가는 데 충분한 시간과 그에 추가하여 볼이 정지해 있는가 아닌가의 여부를 확인하기 위한 10초간이 허용된다. 그때까지도 볼이 홀에 들어가지 않으면 그 볼은 정지된 볼로 간주한다. 그러나 그 뒤에 볼이 홀에 들어간 경우에는 플레이어가 한 최후의 **스트로크**로 홀 아웃한 것으로 간주하고 플레이어는 그 홀에서 친 자신의 스코어에 1벌타를 추가하지 않으면 안 된다. 그 이외의 경우에는 본 규칙16-2에 의한 벌은 없다.

(부당한 지연 – 규칙6-7 참조)

사례

세인트 앤드루스 올드 코스에서 열린 139차 디 오픈 챔피언십 경기에서 한국의 최경주는 플레이 선을 걸터 선 스탠스를 사용하는 그의 새로운 스트로크 방식을 연습하고 있다.

2010년 세인트 앤드루스 올드 코스에서 열린 디 오픈 챔피언십에서 최경주가 퍼팅 그린에서 크로케에서 볼을 치듯 퍼트를 시작했을 때 사람들은 놀랐다. 이것은 비전통적인 방법이지만 최경주는 이러한 스코틀랜드 링크스와 같은 지형에서 홀에 직면했을 때 적합한 스트로크 방식으로 그의 플레이에 도움이 된다는 견해를 가지고 있었다.

그의 계획은 퍼팅 그린 위에서는 정상적인 퍼팅 스트로크 방법을 사용하고, 그린 밖에서의 샷은 70피트 길이까지 챔피언십 기간에 좋은 효과를 볼 것으로 기대하면서 연습했던 새로운 방식으로 스트로크하는 것이었다. 그의 친구와 조언자는 그의 새로운 스트로크 방식에 적합하도록 '후안퍼트(Juan putt)'라는 별명을 붙인 새로운 퍼터를 디자인하는 데 일조하였다.

그런데 규칙16-1e에서는 플레이어가 퍼팅 그린 위에서 퍼트 선을 걸터 서는 스탠스로 스트로크하는 것을 금지하고 있다. 그러나 이 금지 규정은 볼이 퍼팅 그린 위에 있을 때에 한해서 적용되며 코스의 다른 곳에서 플레이할 때에는 적용되지 않는다. 볼을 올바르게 친다면(규칙14-1) 플레이어는 볼 후방 플레이 선의 연장선 위에 서거나 그 선을 걸터 선 스탠스로 스트로크할 수 있다.

"홀을 향한 길을 간단히 알게 되고 플레이 선으로 집중하기가 더 용이하다"고 최경주는 주장하였다. 그러나 그는 개막 라운드의 1라운드에서 76, 2라운드에서 74의 스코어로 예선 탈락하였고 그의 2010년 오픈 경기 경쟁은 바로 끝나 버렸다.

Q&A

퍼팅 그린 위의 홀 위치에 관한 규칙은 무엇인가?

퍼팅 그린 위의 홀 위치는 골프 규칙에 수록하는 사항이 아니다. 그러나 그 위치를 잡을 때 여러 가지 구체적인 점을 고려하여야 한다.

홀과 그린 앞 가장자리 사이와 홀과 그린 옆 가장자리 사이에는 필요한 샷을 수용할 수 있는 충분한 퍼팅 면을 확보하고 있어야 한다. 예를 들어 롱 아이언 샷이나 우드 샷을 해야 할 경우에는 피치 샷을 할 경우보다 그린 위에서 홀 위치는 더 뒤에 있어야 하고 옆 가장자리에서 더 안쪽으로 있어야 한다.

홀은 그린 내에서 어느 쪽 가장자리에서도 적어도 네 걸음은 떨어져서 위치시킬 것을 권장한다. 더욱이 홀 주변의 반경 2–3피트(0.6–0.9미터) 이내의 구역은 될수록 평면이어야 한다. 그리고 심한 경사면, 언덕진 곳 혹은 최근 사용되었던 홀에서 3보 이내에는 확실히 홀이 설치되지 않도록 모든 노력을 하여야 한다. 일반적으로 홀의 위치는 전체 코스에 걸쳐서 전후좌우 및 중앙에 만들어 균형을 유지하도록 선정되어야 한다. 따라서 18홀에서 6개 홀은 어려운 곳에, 6개 홀은 적당히 어려운 곳에 그리고 6개 홀은 비교적 쉬운 곳에 위치시키도록 권장한다. 그린의 왼쪽과 오른쪽 사용에도 역시 균형을 유지하도록 노력하여야 한다. 예를 들어 첫 번째 9홀 중 4개 홀은 왼쪽에, 4개 홀은 오른쪽에 그리고 1개 홀은 중앙에 선정하는 것이다. 그리고 두 번째 9홀도 이와 유사하게 선정하여야 한다.

끝으로 골프 규칙을 준수하기 위하여 홀을 직접 파는 그린 키퍼는 홀 원통을 그 외경이 4.25인치(108mm)를 초과하지 않도록 확인하여야 하며 가능하면 어떤 원통도 퍼팅 그린 면에서 적어도 1인치(25.4mm) 아래로 묻어야 한다.

홀 위치에 관한 추가 지침은 R&A의 '경기 운영에 관한 지침(Guidance on Running a Competition)'에 나와 있다(R&A 웹사이트 www.randa.org에서 확인할 수 있다).

플레이어는 퍼팅 그린 면 위에 그의 볼을 문질러서 닦아도 되는가?

그 행동이 퍼팅 그린 면을 테스트할 목적이 아니라면 문질러서 닦아도 된다(규칙16–1d). 그러나 플레이어의 의도에 관하여 의문이 제기되지 않도록 볼을 다른 방법으로 닦을 것을 권장한다.

RULE 17

깃대

17-1. 깃대에 붙어 시중들기, 깃대를 제거하기 또는 들어올리기

코스의 어느 곳에서든지 **스트로크**하기 전에 플레이어는 **깃대**에 사람이 붙어 시중들게 하거나, **깃대**를 제거시키거나, **홀** 위치를 표시하기 위하여 들어올리게 할 수 있다.

플레이어가 **스트로크**하기 전에 사람이 붙어 시중들거나, 제거하거나, 들어올리지 않은 **깃대**의 경우, **스트로크**하고 있거나 볼이 움직이고 있는 동안에 그렇게 하면 볼의 움직임에 영향을 미칠 수도 있을 때에는 그 **깃대**에 사람이 붙어 시중들거나, 제거하거나, 들어올려서는 안 된다.

주1
스트로크하고 있는 동안에 깃대가 홀에 꽂혀 있고 누군가가 홀 가까이에 서 있는 경우 그 사람은 그 깃대에 붙어 시중들고 있는 것으로 간주된다.

주2
스트로크하기 전에 누군가가 깃대에 붙어 시중들거나, 깃대를 제거하거나, 들어올리는 것을 플레이어가 알고도 그에 대한 이의를 제기하지 않은 경우에는 플레이어가 그 행위를 승인한 것으로 간주된다.

정의
용어의 정의는 제2장에 알파벳순으로 나열하였으며 규칙에서 그 용어가 나올 때 굵은 서체를 사용하였다. 13~23쪽 참조.

깃대의 조정: 플레이어의 볼이 퍼팅 그린 밖에 있는 경우

깃대는 볼 반대쪽으로 기울이거나 홀 안에서 다른 각도로 기울여서 조정해서는 안 된다. 그러나 플레이어는 깃대를 홀 중심에 세우거나, 제거하거나, 깃대에 붙어 시중들 수 있다.

스트로크 플레이에서 사람이 붙어 시중들고 있는 깃대에 볼이 맞은 경우

플레이어가 친 볼이 사람이 붙어 시중들고 있는 깃대에 맞은 경우 그 플레이어는 2벌타를 받는다(규칙17-3a 참조).

주3

스트로크하고 있는 동안에 누군가가 깃대에 붙어 시중들거나, 깃대를 들어올린 경우 그 사람은 볼이 정지할 때까지 그 깃대에 붙어 시중들고 있는 것으로 간주된다.

(볼이 움직이고 있는 동안에 사람이 붙어 시중들거나, 제거하거나, 들어올렸을 때의 깃대를 움직인 경우 – 규칙24-1 참조)

17-2. 무단히 깃대에 붙어 시중들기

매치 플레이에서는 상대방이나 그의 **캐디**, 스트로크 플레이에서는 **동반 경기자**나 그의 **캐디**가 **스트로크**하거나 볼이 움직이고 있는 동안에 플레이어의 승인 없이 또는 플레이어가 알기 전에 **깃대**에 붙어 시중들거나, **깃대**를 제거하거나, 들어올리고 볼의 움직임에 영향을 미칠 염려가 있는 행동을 한 경우 상대방이나 **동반 경기자**는 해당되는 벌을 받는다.

---

* 규칙17-1 또는 17-2의 위반에 대한 벌은

매치 플레이 – 그 홀의 패,

스트로크 플레이 – 2벌타.

*스트로크 플레이에서, 규칙17-2의 위반이 생긴 후 경기자의 볼이 깃대, 깃대에 붙어 시중들고 있거나

17

볼이 그린 위에 놓여 있는 깃대를 맞힌 경우
깃대가 제거되어 놓여 있을 때에도 플레이어의 볼이 그 깃대를 맞혀서는 안 된다.

잡고 있는 사람 또는 그 사람이 휴대한 물건에 맞아도 경기자에게는 벌이 없으며 그 볼은 있는 그대로의 상태로 플레이하여야 한다. 다만 퍼팅 그린에서 스트로크한 경우 그 스트로크를 취소하고 볼을 리플레이스하여 다시 플레이하지 않으면 안 된다.

17-3. 볼이 깃대 또는 깃대에 붙어 시중들고 있는 사람에 맞은 경우
플레이어의 볼이 다음과 같은 것을 맞혀서는 안 된다.
a. 사람이 붙어 시중들거나, 제거하거나, 들어올린 **깃대**
b. **깃대**에 붙어 시중들거나 **깃대**를 들어올린 사람 또는 그 사람이 휴대한 물건
c. **퍼팅 그린** 위에서 **스트로크**한 경우 홀에 꽂혀 있으나 사람이 붙어 시중들고 있지 않은 **깃대**

예외
플레이어의 승인 없이 사람이 붙어 시중들거나, 제거하거나, 들어올린 **깃대** – 규칙17-2 참조.

규칙17-3의 위반에 대한 벌은
매치 플레이 – 그 홀의 패,
스트로크 플레이 – 2벌타 그리고 그 볼은 있는 그대로의 상태로 플레이하지 않으면 안 된다.

17-4. 깃대에 기대어 있는 볼

플레이어의 볼이 홀에 꽂혀 있는 **깃대**에 기대어 정지하고 있으며 그 볼이 **홀**에 들어가지 않은 경우 플레이어 또는 플레이어가 승인한 다른 사람은 그 **깃대**를 움직이거나 제거할 수 있다. 그때 볼이 **홀** 안으로 떨어져 들어간 경우에는 플레이어가 한 최후의 **스트로크**로 홀 아웃한 것으로 간주한다. 그러나 볼이 **움직였지만** 홀 안으로 떨어져 들어가지 않은 경우 그 볼은 벌 없이 홀 가장자리에 플레이스하지 않으면 안 된다.

사례

2000년 세인트 앤드루스 올드 코스에서 열린 디 오픈 경기에서 잭 니클라우스는 2번 홀을 향하여 어프로치 샷을 날렸는데 볼이 그린의 아주 왼쪽에 떨어졌다. 그의 볼은 하나의 그린을 2개의 홀로 사용하는 1그린 2역(役)의 16번 홀 부분에 가서 정지하였으며 그와 홀 사이에는 벙커가 가로놓여 있었다. 그는 정확한 웨지 샷으로 볼을 띄웠는데 그 볼이 거의 홀에 들어갈 정도로 홀 가까이에 이르렀다. 그때 그 조와 동행하고 있던 심판원은 벙커 옆에서 보이지 않은 곳에 있었으며 니클라우스가 그린을 넘어선 저쪽 페어웨이에서 샷을 날린 것으로 생각하였다.

그들이 다음 티로 걸어가고 있을 때 니클라우스는 그의 볼이 그린에 올라갔는지 올라가지 못하였는지 알 수 없었다고 고백하였다. 그러자 심판원은 니클라우스에게 만일 그가 퍼팅 그린 위에서 플레이했다면 깃대에 사람이 붙어 시중들고 있도록 했어야 했다는 것을 상기시켜 주었다.

그러나 니클라우스는 라운드가 끝난 뒤 이렇게 말하였다. "나는 벙커를 넘겨서 40야드 피치 샷을 날렸습니다. 깃대에 붙어 시중드는 것을 그렇게 중요하게 여기지 마십시오. 나는 결코 이전에 그렇게 한 적이 없고 그런 생각이 떠오른 적도 없습니다."

2004년 두바이 데저트 클래식에서 프로 골프에서는 보기 드문 사례가 필립 프라이스에게 일어났다. 프라이스가 그의 두 번째 샷으로 볼을 파5의 3번 홀 그린에 올렸고, 그의 캐디는 그 웨일스 출신의 선수가 퍼트 하기 전에 막 깃대에 붙어 시중들려고 하는 순간이었다. 바로 그때 프라이스는 그의 캐디에게 볼 뒤로 가서 퍼트 선을 살펴 보도록 요청하였다.

그리고 퍼트 선에 관하여 의논을 마친 뒤에 프라이스와 그의 캐디는 모두 깃대에 붙어 시중드는 것을 잊고 깃대가 홀에 꽂혀 있는 그린 위에서 퍼트하였다. 그렇게 퍼트한 것 자체는 규칙에 위반된 것이 아니었지만, 불행하게도 프라이스의 퍼트는 매우 정확하였으며 볼이 굴러서 홀 안에 떨어졌다. 규칙17-3c는 플레이어가 퍼팅 그린 위에서 스트로크한 경우 홀에 꽂혀 있는 깃대를 맞혀서는 안 된다고 규정하고 있다. 결과적으로 프라이스가 2벌타를 받은 것은 그의 이글 스코어(3타)가 파 스코어 (5타)로 바뀐 것을 의미하였다.

2007년 아놀드 파머 인비테이셔널(Arnold Palmer Invitational) 경기의 3라운드에서 부 위클리(Boo Weekly)는 그의 동반 경기자인 톰 존슨(Tom Johnson)이 받게 될 벌에서 그를 구해 주려다 도리어 자신이 2벌타를 받게 되었다. 파3의 2번 홀에서 존슨이 날린 티샷으로 볼이 그린의 오른쪽으로 홀에서 85피트 거리의 지점에 떨어졌다. 그런데 그린의 경사가 급하고 홀이 그린의 왼편 뒤쪽에 있었기 때문에 그는 볼을 홀에 근접시키는 가장 좋은 방법은 그린에서 칩샷을 날리는 것이라고 단정하였다. 그것은 허용되어 있었고 볼을 홀 뒤쪽 언저리에 떨어뜨려서 그 볼이 홀에 굴러 내려가도록 할 작정이었다. 존슨은 나중에 이렇게 말했다. "그때 나는 주의가 산만해져서 나의 캐디에게 깃대에 붙어 시중들라고 말하는 것을 잊고 있었다." 그런데 존슨의 정확한 샷으로 홀 뒤쪽 언저리에 떨어진 볼이 천천히 홀을 향하여 굴러 내려오고 있을 때 위클리는 그 볼이 홀에 꽂혀 있는 깃대에 맞을지도 모른다는 것을 알아채고 급히 달려가서 그 깃대를 뽑았다.

갤러리 중의 한 사람이 그가 보았던 사실을 심판원에게 말하였으며 플레이어들이 스코어 카드를 제출하기 전에 스코어 정리 구역 안에서 그 문제가 제기되었다. "그들은 내가 부에게 깃대를 뽑아도 된다고 허락했는가의 여부를 물었는데 나는 허락하지 않았다"라고 존슨이 말하였다. 이 발언은 위클리가 볼이 움직이고 있던 동안에 허락 없이 깃대를 제거했다는 것을 의미하였다. 그것은 존슨의 볼 움직임에 영향을 미칠 수 있는 행동이었기 때문에 위클리는 규칙17-2에 의하여 2벌타를 받았다.

그 결과 위클리의 스코어는 67타에서 69타가 되었는데, 전하는 바에 의하면 "고맙습니다. 나는 상당히 가치 있는 것을 배웠습니다"라고 위클리가 규칙 위원들에게 말하였다. 존슨은 다음과 같이 덧붙였다. "나는 바로 그의 몸을 팔로 감싸고 나와 함께 플레이했던 그 어떤 사람보다도 어려운 상황을 잘 극복했다고 그를 위로했습니다."

Q&A

플레이어는 비록 그의 볼이 퍼팅 그린 위에 있지 않을지라도 깃대에 사람이 붙어 시중들게 해도 되는가?

시중들게 할 수 있다. 규칙17-1에서는 코스의 어느 곳에서든지 스트로크하기 전에 플레이어는 깃대에 사람이 붙어 시중들게 하거나, 깃대를 제거시키거나, 들어올리게 할 수 있다고 규정되어 있다.

플레이어는 한 손으로 깃대를 잡고 있는 동안에 다른 한 손으로 퍼트해도 되는가?

깃대가 홀에서 제거되어 볼이 깃대를 맞지 않는다면 퍼트해도 된다. 볼이 깃대를 맞힌 경우 규칙17-3a를 위반한 것이 된다. 플레이어는 퍼트하는 동안 자신의 자세를 안정시키기 위하여 깃대에 기대서는 안 된다. 그와 같이 기대는 것은 규칙14-3에 위반되며 그 결과는 경기 실격의 벌이다.

RULE 18

정지된 볼이 움직인 경우

18-1. 국외자에 의한 경우

정지하고 있는 볼이 **국외자**에 의하여 **움직인** 경우 벌이 없으며 그 볼은 리플레이스하지 않으면 안 된다.

정의

용어의 정의는 제2장에 알파벳순으로 나열하였으며 규칙에서 그 용어가 나올 때 굵은 서체를 사용하였다. 13~23쪽 참조.

주

국외자에 의하여 볼이 움직였는가 움직이지 않았는가의 여부는 사실에 관한 문제다. 본 규칙18-1을 적용하기 위해서는 국외자가 그 볼을 움직였다는 것을 알고 있거나 사실상 확실하지 않으면 안 된다. 그렇게 알고 있지 않거나 불확실할 때 플레이어는 그 볼이 있는 그대로의 상태로 플레이하거나, 볼이 발견되지 않은 경우에는 규칙27-1에 의하여 처리하지 않으면 안 된다.

(정지하고 있는 플레이어의 볼이 다른 볼에 의하여 움직인 경우 – 규칙18-5 참조)

18-2. 플레이어, 파트너, 캐디 또는 휴대품에 의한 경우

18-2a. 총칙

규칙에서 허용된 경우를 제외하고 플레이어의 볼이 **인 플레이** 중일 때

(i) 플레이어, **파트너** 또는 그들의 한 **캐디**가 다음과 같은 행위를 한 때

- 볼을 집어 올리거나, 볼을 **움직이거나**
- 고의로 볼을 접촉하거나(볼에 **어드레스** 행동 중 클럽으로 접촉한 것은 제외)
- 볼이 **움직인** 원인이 되는 일

(ii) 플레이어 또는 **파트너**의 **휴대품**이 볼을 **움직인** 원인이 된 때

플레이어는 1벌타를 받는다.

볼이 움직인 경우 그 볼은 리플레이스하지 않으면 안 된다. 다만 플레이어가 **스트로크**를 시작한 후에 또는 **스트로크**하기 위하여 클럽을 후방으로 움직이기 시작한 후에 그 볼이 움직였는데 그대로 그 볼을 **스트로크**한 때는 제외된다.

그러나 다음과 같은 상황에서 플레이어가 우연히 그의 볼을 **움직인** 원인이 되는 일을 한 때에는 **규칙**에 의한 벌이 없다.

- 모래로 덮여 있는 볼을 찾거나 **워터 해저드** 안의 물속에 있는 볼을 휘저어 찾거나 **장해물**이나 **비정상적인**

- **코스 상태** 안에 있는 볼을 찾고 있을 때 – 규칙12–1
- 홀 자국 또는 볼 자국을 수리하고 있을 때 – 규칙16–1c
- 거리를 측정하고 있을 때 – 규칙18–6
- **규칙**에 의하여 볼을 집어 올리고 있을 때 – 규칙20–1
- **규칙**에 의하여 볼을 플레이스하거나 리플레이스하고 있을 때 – 규칙20–3a
- **퍼팅 그린** 위의 **루스 임페디먼트**를 제거하고 있을 때 – 규칙23–1
- 움직일 수 있는 **장해물**을 제거하고 있을 때 – 규칙24–1

18–2b. 어드레스한 후에 움직인 볼

플레이어의 인 플레이 볼이 어드레스한 후에 움직인 경우(**스트로크**의 결과로 **움직인** 것이 아니다)에는 플레이어가 그 볼을 **움직인** 것으로 간주되어 플레이어는 1벌타를 받는다. 플레이어가 **스트로크**를 시작한 후에 또는 **스트로크**하기 위하여 클럽을 후방으로 움직이기 시작한 후에 볼이 움직였는데 그대로 그 볼을 **스트로크**한 때를 제외하고 그 볼은 리플레이스하지 않으면 안 된다.

예외

플레이어가 볼을 **움직인** 원인이 되는 일을 하지 않았다는 것을 알고 있거나 사실상 확실한 경우에는 규칙 18–2b가 적용되지 않는다.

18–3. 매치 플레이에서 상대방, 캐디 또는 휴대품에 의한 경우

18–3a. 볼을 찾는 중일 때

플레이어의 볼을 찾는 중에 상대방, 그의 캐디 또는 그의 **휴대품**이 그 볼을 **움직이거나**, 접촉하거나, 볼을 움직이게 한 경우에도 벌은 없다. 볼이 **움직인** 경우 그 볼은 리플레이스하지 않으면 안 된다.

18–3b. 볼을 찾는 중이 아닐 때

플레이어의 볼을 찾는 중이 아닐 때 **상대방**, 그의 **캐디** 또는 그의 **휴대품**이 그 볼을 **움직이거나**, 고의로 볼에 접촉하거나, 볼을 **움직이게** 한 경우 **규칙**에서 따로 규정하지 않는 한 상대방은 1벌타를 받는다. 볼이 **움직인** 경우 그 볼을 리플레이스하지 않으면 안 된다.
(오구를 플레이한 경우 – 규칙15–3 참조)
(측정 중에 움직인 볼 – 규칙18–6 참조)

18–4. 스트로크 플레이에서 동반 경기자, 캐디 또는 휴대품에 의한 경우

동반 경기자, 그의 **캐디** 또는 그의 **휴대품**이 플레이어의 볼을 **움직이거나**, 접촉하거나, 그 볼을 **움직이게** 한 경우에도 벌이 없다. 볼이 **움직인** 경우 그 볼을 리플레이스하지 않으면 안 된다.
(오구를 플레이한 경우 – 규칙15–3 참조).

18–5. 다른 볼에 의한 경우

멎어 있는 **인 플레이 볼**이 **스트로크** 후에 움직이고 있는 다른 볼에 의하여 **움직인** 경우 그 **움직인** 볼을 리플레이스하지 않으면 안 된다.

18–6. 측정 중에 움직인 볼

규칙에 따라 처리하거나 규칙의 적용을 결정하기 위하여 거리를 측정할 때 볼이나 볼 마커가 **움직인** 경우 그 볼이나 볼 마커는 리플레이스하지 않으면 안 된다. 그 볼이나 볼 마커가 움직인 원인이 측정하는 바로 그 구체적인 행위에 있는 경우에는 벌이 없다. 그렇지 않은 경우 규칙18–2a, 18–3b 또는 18–4의 규정이 적용된다.

* 규칙18의 위반에 대한 벌은
  매치 플레이 – 그 홀의 패,
  스트로크 플레이 – 2벌타.
* 볼을 리플레이스해야 할 플레이어가 리플레이스하지 않은 경우 또는 볼을 교체하는 것이 허용되지 않는데, 규칙18에 의하여 교체된 볼을 스트로크한 경우 플레이어는 규칙18의 위반으로 일반의 벌을 받을 뿐 본 규칙18에 의한 추가의 벌(1벌타)은 없다.

주1
본 규칙18에 의하여 리플레이스해야 할 볼을 곧 회수할 수 없는 경우에는 다른 볼로 교체할 수 있다.

주2
플레이스하거나 리플레이스해야 할 원구 라이가 변경된 경우에는 규칙20-3b를 참조한다.

주3
볼을 플레이스 또는 리플레이스해야 할 지점을 확정할 수 없는 경우에는 규칙20-3c를 참조한다.

사례

2008년 한국에서 열린 발렌타인 챔피언십(Ballantine's Championship) 경기의 71번째 홀에서 최종일 2위인 지브 밀카 싱(Jeev Milkha Singh)이 티샷한 볼이 러프 안으로 들어갔는데 골프 카트가 그 볼 위를 지나갔다. 플레이어와 심판원이 그 현장에 도착했을 때 볼 위에 카트가 지나간 증거로 타이어 자국이 있었으며 볼이 카트 바퀴에 눌려서 땅 속으로 들어간 것 같았다.

그 골프 카트는 어느 점으로 보나 플레이어와 관련이 없었기 때문에 규칙상 국외자로 취급되었다. 정상적으로 정지된 볼이 국외자에 의하여

지브 밀카 싱이 골프 카트가 밟고 지나간 그의 볼을 드롭하고 있다.

움직인 경우 벌 없이 그 볼은 리플레이스한다(규칙18-1). 그러나 그 볼이 움직이기 전에 있었던 볼의 라이를 본 사람은 아무도 없었고 최초의 라이는 변경되었다.

이 경우에 두 개의 규칙을 적용할 수 있다. 러프 안에서 볼이 있었던 정확한 지점을 모르고 있었던 상황에서 규칙20-3c(i)에 플레이어는 볼이 있었던 지점에 되도록 가까운 곳에 그 볼을 드롭하여야 한다고 규정되어 있다. 한편 규칙20-3b(i)에는 해저드 안 이외의 곳에서는 리플레이스해야 할 볼의 최초 라이가 변경된 경우 홀에 더 가깝지 않고 최초의 라이에서 1클럽 길이 이내의 해저드 안이 아닌 장소로, 최초의 라이에 가장 가깝고 가장 유사한 라이에 그 볼을 플레이스하지 않으면 안 된다고 규정되어 있다.

다행히도 《골프 규칙 재정》의 재정20-3b/5에서는 플레이어가 최초의 라이를 모르고 있는 상황의 경우를 규정하여 이러한 잠재적인 분쟁을 명확히 해결해 주고 있다. 그러나 이때에는 최초의 라이에 가장 가깝고 가장 유사한 라이를 찾기 위한 노력을 할 수도 없는 입장이었다. 그리고 싱뿐만 아니라 누구도 볼 위를 카트가 지나가기 전에 있었던 그때 볼의 라이를 아는 사람이 없었기 때문에 규칙20-3b는 적용될 수 없었다. 따라서 플레이어는 규칙20-3c에 의하여 추정된 지점에 볼을 드롭했다.

2010년 디 오픈 챔피언인 루이스 우스투이젠(Louis Oosthuizen)은 2010년 레오파드 크리크(Leopard Creek) 코스에서 열린 알프레드 던힐 챔피언십(Alfred Dunhill Championship) 경기의 2라운드에서 그의 볼을 움직인 원인이 되었기 때문에 벌을 받았다. 우스투이젠의 볼은 17번 홀 오르막 그린을 향한 경사의 한 곳에 정지해 있었는데 우스투이젠이 연습 스윙을 하다가 볼에서 약 6인치 떨어진 땅을 접촉하였고, 그때 볼이 내리막 경사로 약 1인치 정도 움직였다.

우스투이젠은 즉시 그의 동반 경기자인 존 비커튼(John Bickerton)을 불렀으나 그는 정확한 판단을 하지 못했다. PGA 투어의 전 수석 심판원인 마이크 시어(Mike Shea)가 불려 와서 그에 관한 재정을 내리고 그 볼은 우스투이젠이 연습 스윙하기 전에 상당한 시간 동안 정지해 있었고 볼에 너무 가까운 곳에서 연습 스윙하였다는 사실 때문에 볼이 움직인 원인은 플레이어 때문이라는 것을 암시한다고 설명하였다.

규칙18-2a에서는 플레이어의 볼이 인 플레이 중일 때 플레이어가 그 볼을 움직이는 것을 금지하고 있다. 이것은 플레이어가 그의 볼을 움직인 원인이 되었는가의 여부에 관한 사실의 문제이며 또 재정18-2a/30에서 그와 같은 상황에 관한 재정은 증거의 비중에 따라서 내릴 필요가 있다는 것을 규정하고 있다. 우스투이젠은 볼에 스트로크할 의사나 그 볼을 움직일 의사가 없었지만 그래도 역시 그의 행동은 정지된 그의 볼을 움직인 원인이 된 것이었다. 따라서 그는 1벌타를 받고 그린에 그의 네 번째 샷을 날리기 전에 그 볼을 리플레이스하였다. 그런데 불행하게도 그 벌로 그의 두 번째 라운드 스코어가 71타가 되어 1타 차로 예선 탈락을 하였기 때문에 값비싼 대가를 치룬 벌이었다.

이전 오픈 챔피언인 마크 캘커베키아(Mark Calcavecchia)는 세인트 앤드루스에서 열린 2010년 디 오픈 챔피언십 경기의 최종 라운드에서 규칙18-2a에 의하여 벌을 받았다. 파5의 5번 홀에서 그가 드라이브 샷으로 날린 볼이 벙커 안에 들어갔으며 그는 옆을 향한 스트로크로 볼을 페어웨이에 올렸다. 그는 드라이버를 꺼내서 3타째로 볼을 날렸는데 그 볼이 오른쪽의 가시금작나무 숲 속으로 들어가는 것을 보았다. 따라서 볼이 분실되었을 염려가 있다고 생각한 캘커베키아는 규칙27-2b에 따라서 최초의 볼을 찾으러 가기 전에 잠정구를 플레이하였다.

최초의 볼을 찾으러 가던 도중에 캘커베키아는 볼이 발견되었다는 소식을 들었고 그 잠정구를 집어 올렸다. 하지만 그 볼은 그의 볼이 아니었고 계속 찾았는데도 최초의 볼은 5분 이내에 발견되지 않았다.

이것은 이제 잠정구가 스트로크와 거리의 벌을 받고, 인 플레이 볼로 되었다는 것을 의미하였다(규칙27-2b). 그러나 캘커베키아가 인 플레이 볼이 된 그 잠정구를 집어 올렸기 때문에 규칙18-2a에 의한 벌을 받게 되었다. 캘커베키아는 그가 앞서 잠정구를 집어 올렸던 지점에 볼을 리플레이스해야 했으며 규칙18-2a를 위반한 것에 대하여 1벌타를 받았다. 따라서 그의 다음 스트로크는 7타째가 되었다.

2009년 유에스 마스터스(US Masters) 대회의 3라운드 도중 바람이 사납게 부는 날에 파드리그 해링턴(Padraig Harrington)은 15번 홀에서 그의 볼에 어드레스하였다. 그런데 그때 그의 집중력을 교란시킬 정도의 돌풍이 불었다. 그는 볼에서 좀 떨어졌고 이어서 그 볼이 움직였다. 따라서 해링턴은 규칙18-2b에 의하여 1벌타를 받고 그 볼을 리플레이스하였다.

그 당시 규칙18-2b에는 플레이어의 볼이 그가 어드레스한 후에 움직인 경우, 스트로크의 결과로 움직인 것이 아니어도 플레이어가 그 볼을 움직인 것으로 간주된다고 규정되어 있다. 해링턴이 그 볼을 움직인 원인이 아니었다는 것이 명백할지라도 그가 볼에 어드레스하였기 때문에 그가 볼을 움직였다고 판정을 받게 된다. 만일 그때 해링턴이 볼에 마크했었다면 그가 볼에 어드레스했던 사실은 취소되었을 것이다. 그러나 그가 그렇게 하지 않기 때문에 본 규칙18-2b에 의한 벌에서 구제 받지 못했다.

해링턴의 사례와 같은 어드레스에 대하여 그리고 볼이 움직인 이유는 다른 요인이라는 것이 분명한 경우 '불공정'하다고 생각되는 벌에 대하여 이를 취급하는 규칙18-2b는 2012년에 개정되었다. 현행 규칙 18-2b 예외에서는 '플레이어가 볼을 움직이지 않았다는 것을 알고 있거나 사실상 확실한 경우에는 규칙18-2b가 적용되지 않는다'라고 규정하고 있다.

따라서 현행 규칙에서는 해링턴의 경우 그가 볼에서 좀 떨어지기 전에 그 볼에 어드레스했을지라도 규칙18-2b의 위반으로 벌을 받지 않는다. 왜냐하면 갑작스런 돌풍이 그 볼을 움직인 원인이 된 것이 확실하며 플레이어가 그 볼을 움직인 원인이 되는 어떤 조치도 취하지 않았다는 것이 명백하기 때문이다.

루이스 우스투이젠은 그의 정지된 볼을 움직인 것에 대하여 1벌타를 받은 후 그 볼을 리플레이스하고 있다.

Q&A

티잉 그라운드 안에서 플레이어가 그의 볼을 티 위에 올려놓고 연습 스윙을 했는데 그때 우연히 그의 볼을 움직였다. 이러한 경우 그는 벌을 받게 되는가?

플레이어가 아직 볼을 스트로크하지 않았기 때문에 그 볼은 인 플레이 볼이 아니었다. 플레이어는 단지 연습 스윙으로 그의 볼을 움직였으며 그는 그 볼을 회수하거나 다른 볼을 티 위에 올려놓지 않으면 안 된다. 그리고 플레이를 계속한다.

볼은 플레이어가 그 홀에서 스트로크한 후에 한해서 인 플레이로 되며 플레이어는 볼을 쳐서 움직일 의사를 가지고 클럽을 뒤로 들어올려서 볼을 향하여 아래로 내리치는 스윙 즉 클럽을 전방으로 움직이는 경우에 한해서 스트로크한 것으로 간주된다. 그러므로 플레이어가 연습 스윙을 했을 때 그는 볼을 칠 의사가 없었으며 그는 스트로크한 것이 아니었다. 따라서 그 볼은 인 플레이 볼이 아니다. 용어의 정의 7 '인 플레이 볼' 및 54 '스트로크'를 참조한다.

플레이어의 볼이 페어웨이 위에 있는데 그가 연습 스윙을 하면서 우연히 볼을 움직였다. 이러한 경우 그는 벌을 받게 되는가?

플레이어는 스트로크할 의사가 없었기 때문에 그는 스트로크하지 않았다(용어의 정의 54 '스트로크' 참조). 그러나 그 볼이 인 플레이 볼이었으며 플레이어가 (정지된) 그 볼을 움직인 경우 플레이어는 1벌타를 받고 그 볼은 리플레이스하지 않으면 안 된다(규칙18-2a).

RULE 19

움직이고 있는 볼이 방향이 변경되거나 정지된 경우

19-1. 국외자에 의한 경우

움직이고 있는 플레이어의 볼이 우연히 **국외자**에 의하여 방향이 변경되거나 정지된 경우는 **럽 오브 더 그린**으로 누구에게도 벌이 없으며 그 볼은 있는 그대로의 상태로 플레이하지 않으면 안 된다. 다만 다음과 같은 경우는 제외된다.

a. **퍼팅 그린** 이외의 곳에서 **스트로크** 후 움직이고 있는 플레이어의 볼이 어느 움직이고 있거나 살아 있는 **국외자**의 안이나 위에 정지한 경우에는 볼이 **국외자**의 안이나 위에 정지했던 곳의 바로 아래 지점에 되도록 가깝고 홀에 더 가깝지 않은 지점에, **스루 더 그린** 또는 **해저드** 안에서는 그 볼을 드롭하고 **퍼팅 그린**에서는 플레이스하지 않으면 안 된다.

b. **퍼팅 그린** 위에서 **스트로크** 후 움직이고 있는 플레이어의 볼이 벌레, 곤충 또는 이와 유사한 것을 제외한 어느 움직이고 있거나 살아 있는 **국외자**에 의하여 방향이 변경되거나, 정지되거나 또는 그 **국외자**의 안이나 위에 정지한 경우에는 그 **스트로크**를 취소하고 그 볼은 반드시 리플레이스하여야 하며 다시 플레이하지 않으면 안 된다.

볼을 곧 회수 할 수 없는 경우에는 다른 볼로 **교체**할 수 있다.

예외

깃대에 붙어 시중들거나 **깃대**를 들어 올린 사람 또는 그가 휴대한 물건을 맞힌 볼 – 규칙17-3b 참조.

> **주**
> 움직이고 있는 플레이어의 볼이 국외자에 의하여 고의로 방향이 변경되거나 정지된 경우
> (a) 퍼팅 그린 이외의 곳에서는 스트로크한 후 볼이 정지할 지점을 추정하지 않으면 안 된다. 그 지점이 다음과 같은 경우 즉
>   (i) 스루 더 그린 또는 해저드인 경우 그 볼은 그 추정 지점에 될수록 가까이 드롭하지 않으면 안 된다.
>   (ii) 아웃 오브 바운드인 경우 플레이어는 규칙27-1에 의하여 처리하지 않으면 안 된다.
>   (iii) 퍼팅 그린 위인 경우 그 볼은 그 추정 지점에 플레이스하지 않으면 안 된다.
> (b) 퍼팅 그린 위에서 스트로크한 후에는 그 스트로크는 취소되며 벌 없이 그 볼을 리플레이스하여 다시 플레이하지 않으면 안 된다.
> 그 국외자가 동반 경기자나 그의 캐디인 경우에는 그 동반 경기자에게 규칙1-2가 적용된다.
> (플레이어의 볼이 다른 볼에 의하여 방향이 변경되거나 정지된 경우 – 규칙19-5 참조)

19-2. 플레이어, 파트너, 캐디 또는 휴대품에 의한 경우

플레이어의 볼이 우연히 플레이어 자신, 그의 **파트너** 또는 그들의 어느 **캐디**나 **휴대품**에 의하여 방향이 변경되거나 정지된 경우 플레이어는 1벌타를 받는다. 그 볼은 있는 그대로의 상태로 플레이하지 않으면 안 된다. 다만 그 볼이 플레이어, 그의 **파트너** 또는 그들의 어느 **캐디**가 입고 있는 옷 또는 **휴대품** 안이나 위에 정지한 때, 볼이 그 물건의 안이나 위에 정지했던 곳의 바로 아래 지점에 되도록 가깝고 홀에 더 가깝지 않은 지점에, **스루 더 그린** 또는 **해저드** 안에서는 그 볼을 드롭하고 **퍼팅 그린**에서는 플레이스하지 않으면 안 된다.

예외

1. 볼이 **깃대**에 붙어 시중들거나 깃대를 들어 올린 사람 또는 그 사람이 휴대한 물건에 맞은 경우 – 규칙 17-3b 참조.

움직이고 있는 볼이 그 방향이 변경되거나 정지된 경우

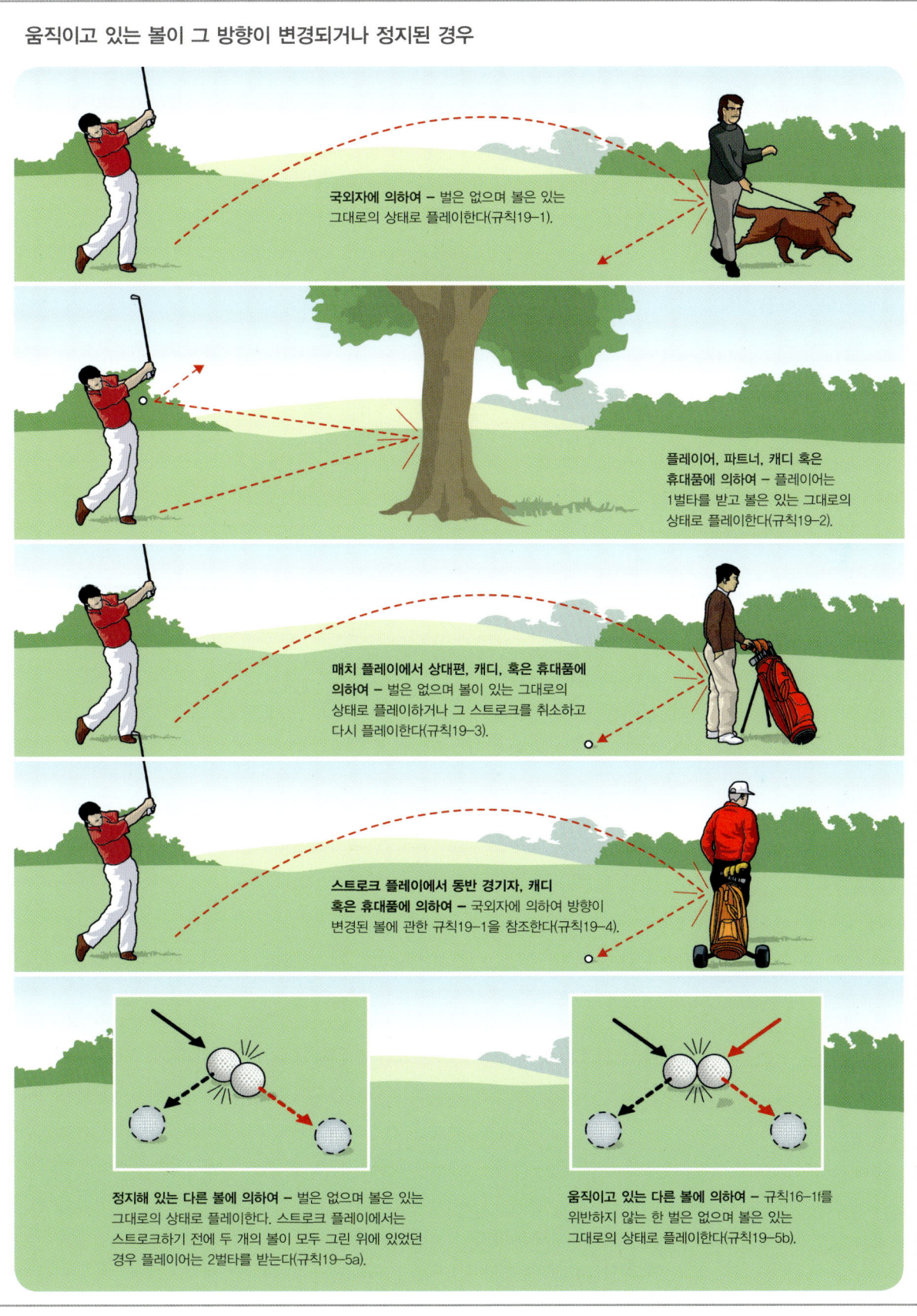

움직이고 있는 볼이 방향이 변경되거나 정지된 경우 | RULE 19

로스 피셔(Ross Fisher)는 그가 티샷한 볼이 한 관객의 우산에 맞고 정지한 후 규칙19-1에 따라 처리하기 위하여 그의 볼을 회수하고 있다.

2. 드롭한 볼 – 규칙20-2a 참조.
(**플레이어**, **파트너** 또는 **캐디**가 고의로 볼의 방향을 변경시키거나 정지시킨 경우 – 규칙1-2 참조)

19-3. 매치 플레이에서 상대방, 캐디 또는 휴대품에 의한 경우

플레이어의 볼이 우연히 상대방, 그의 **캐디** 또는 그의 **휴대품**에 의하여 방향이 변경되거나 정지되어도 벌이 없다. 플레이어는 어느 한 편이 다음 **스트로크**를 하기 전에, 그 **스트로크**를 취소하고 원구를 최후로 플레이했던 곳에 되도록 가까운 지점에서 벌 없이 **볼**을 플레이하거나(규칙20-5 참조), 그 볼이 있는 그대로의 상태로 플레이할 수 있다. 그러나 플레이어가 그 **스트로크**를 취소하지 않기로 결정하였는데 그 볼이 상대방이나 그의 **캐디**가 입고 있는 옷 또는 **휴대품**의 안이나 위에 정지한 경우에는, 볼이 그 물건의 안이나 위에 정지했던 곳의 바로 아래 지점에 되도록 가까우나 홀에 더 가깝지 않은 지점에, **스루 더 그린** 또는 **해저드** 안에서는 그 볼을 드롭하고 **퍼팅 그린**에서는 플레이스하지 않으면 안 된다.

예외
볼이 **깃대**에 붙어 시중들거나 **깃대**를 들어 올린 사람 또는 그가 휴대한 물건에 맞은 경우 – 규칙17-3b 참조.
(상대방 또는 캐디에 의하여 고의로 방향이 변경되거나 정지된 볼 – 규칙1-2 참조)

19-4. 스트로크 플레이에서 동반 경기자, 캐디 또는 휴대품에 의한 경우

볼이 **국외자**에 의하여 방향이 변경된 경우에 관한 규칙19-1 참조.

예외
깃대에 붙어 시중들거나 **깃대**를 들어 올린 사람 또는 그가 휴대한 물건을 맞힌 볼 – 규칙17-3b 참조.

19-5. 다른 볼에 의한 경우

19-5a. 정지해 있는 볼에 의하여
스트로크 후 움직이고 있는 플레이어의 볼이 정지해 있는 다른 **인 플레이 볼**에 의하여 방향이 변경되거나 정지된 경우 플레이어는 자신의 볼을 있는 그대로의 상태로 플레이하지 않으면 안 된다. 매치 플레이에서는 누구에게도 벌이 없다. 스트로크 플레이에서는 **스트로크**하기 전에 양쪽 볼이 모두 **퍼팅 그린** 위에 있었던 경우를 제외하고 누구에게도 벌이 없다. 다만 양쪽 볼이 모두 퍼팅 그린 위에 있었던 경우 맞힌 볼의 플레이어는 2벌타를 받는다.

19-5b. 움직이고 있는 볼에 의하여

퍼팅 그린 이외의 곳에서 **스트로크** 후 움직이고 있는 플레이어의 볼이 **스트로크** 후 움직이고 있는 다른 볼에 의하여 방향이 변경되거나 정지된 경우 플레이어는 벌 없이 자신의 볼을 있는 그대로의 상태로 플레이하지 않으면 안 된다.

퍼팅 그린 위에서 **스트로크** 후 움직이고 있는 플레이어의 볼이 **스트로크** 후 움직이고 있는 다른 볼에 의하여 방향이 변경되거나 정지된 경우 플레이어의 **스트로크**는 취소되며 벌 없이 그 볼을 리플레이스하여 다시 플레이하지 않으면 안 된다.

주
본 규칙19-5의 어느 항목도 규칙10-1(매치 플레이에서 플레이 순서) 또는 규칙16-1f(다른 볼이 움직이고 있을 때의 스트로크)에 우선하지 않는다.

규칙19의 위반에 대한 벌은
매치 플레이 – 그 홀의 패,
스트로크 플레이 – 2벌타.

사례

일본의 이시카와 료는 한 관객이 일본의 신예 골프 스타가 친 볼 한 개를 기념품으로 그녀의 백에 그냥 넣었을 때, 부득이 규칙19-1을 적용 받아야 했다.

2009년 일본 골프 투어 브리지스톤 오픈(Japan Golf Tour Bridgestone Open) 경기의 첫 번째 라운드에서, 10대의 선풍적인 인기를 모았던 '수줍은 왕자'가 드라이브 샷을 날린 볼이 후크가 나서 왼쪽 나무가 있는 곳으로 들어갔는데, 한 관객이 기회를 놓치지 않고 아직 굴러가고 있는 그 볼을 집어 올렸다.

뒤에 그녀는 "나는 료의 팬인데 이번에 처음으로 골프 토너먼트에 구경 왔습니다"라고 멋쩍은 듯이 말하였다. 그리고 또 다음과 같이 말했다. "그때 나는 아무런 악의가 없었고 다만 기념품으로 그 볼을 집에 가져가고 싶었습니다."

다른 관객들이 그녀에게 그 잘못에 대한 주의를 주었고 이것이 이시카와 일본 골프 투어 심판원의 주의를 끌게 되었다. 규칙19-1에서는 플레이어의 볼이 우연히 국외자에 의하여 방향이 변경되거나 정지된 경우에는 누구에게도 벌이 없으며 그 볼은 있는 그대로의 상태로 플레이하지 않으면 안 된다고 규정하고 있다. 그러나 이번의 경우는 관객이 고의로 이시카와의 볼이 정지하기 전에 볼을 집어 올린 것이었다.

규칙19-1 주는 움직이고 있는 볼이 국외자에 의하여 고의로 방향이 변경되거나 정지된 경우를 위한 처리 절차를 명확히 하기 위하여 2012년에 개정되었다. 플레이어는 볼이 정지할 지점을 추정하지 않으면 안 되며 스루 더 그린에서는 플레이를 계속할 수 있는 그 추정 지점에 될수록 가깝게 볼을 드롭하지 않으면 안 된다.

2010년 휴스턴 오픈(Houston Open)에서 필 미켈슨은 10번 홀의 래터럴 워터 해저드에서 볼을 강타하여 탈출시키려고 시도했을 때 1벌타를 받았다. 미켈슨이 그의 앞에 있던 잡초 더미에 얽혀 있는 볼을 스트로크 했을 때 그 볼이 직각으로 튀어나와 그의 정강이를 맞힌 것이었다.

규칙19-2에서는 플레이어의 볼이 우연히 플레이어 자신에게 맞고 방향이 변경되거나 정지된 경우 플레이어는 1벌타를 받고 그 볼은 있는 그대로의 상태로 플레이하지 않으면 안 된다고 규정하고 있다. 그런데 이번 미켈슨의 경우에는 불운하게도 그 볼은 그의 다리에 맞고 나가서 해저드에 들어가 버렸다!

20

Q&A

내 볼이 티 마커나 방향 표시판을 맞혔을 때는 어떻게 하나요?
볼이 티 마커나 워터 해저드 표시판, 방향 표시판 등을 맞혔을 때는 그것을 단순히 럽 오브 더 그린이며 벌 없이 그대로 플레이합니다 (규칙19–1).

내가 볼을 쳐서 내 골프 백에 맞았을 경우 벌타는?
매치나 스트로크 플레이 모두 1벌타를 받아야 하며 볼은 있는 그대로 플레이합니다.

RULE 20
볼을 집어 올리기, 드롭하기 및 플레이스하기: 오소에서의 플레이

정의
용어의 정의는 제2장에 알파벳순으로 나열하였으며 규칙에서 그 용어가 나올 때 굵은 서체를 사용하였다. 13~23쪽 참조.

20–1. 볼을 집어 올리기와 마크하기

규칙에 따라 볼을 집어 올릴 때는 플레이어, 그의 **파트너** 또는 플레이어가 승인한 사람이 집어 올릴 수 있다. 그 경우에 모든 규칙 위반에 대한 책임은 플레이어가 진다.

리플레이스해야 하는 **규칙**에 의하여 볼을 집어 올릴 때에는 사전에 그 볼 위치를 마크하지 않으면 안 된다. 마크하지 않았을 경우 플레이어는 1벌타를 받고 그 볼은 리플레이스하지 않으면 안 된다. 그 볼을 리플레이스하지 않았을 경우 플레이어는 본 규칙20–1의 위반으로 일반의 벌을 받지만 규칙20–1에 의한 추가의 벌(1벌타)은 없다.

규칙에 따라 볼을 집어 올리고 있거나 그 볼 위치를 마크하는 과정에서 우연히 볼이나 볼 마커를 **움직인** 경우에는 그 볼이나 볼 마커는 리플레이스하지 않으면 안 된다. 볼이나 볼 마커가 움직인 원인이 그 볼 위치를 마크하거나 볼을 집어 올리는 바로 그 구체적인 행위에 있는 경우에는 벌이 없다. 그 이외의 경우에는 본 규칙20–1 또는 18–2a에 의하여 플레이어는 1벌타를 받는다.

예외
플레이어가 규칙5–3 또는 12–2에 따라서 처리하지 않은 것에 대하여 벌을 받은 경우 본 규칙20–1에 의한 추가의 벌(1벌타)은 없다.

주
집어 올리는 볼 위치는 볼 마커, 작은 동전 또는 다른 유사한 물건으로 볼 바로 뒤에 놓아서 마크하여야 한다. 볼 마커가 다른 플레이어의 플레이, 스탠스 또는 스트로크에 방해가 되는 경우 그 볼 마커를 1클럽 헤드 길이 또는 그 이상 클럽 헤드 길이만큼 한쪽 옆으로 옮겨 플레이스하여야 한다.

20–2. 드롭과 재드롭

20–2a. 드롭하는 사람과 방법
규칙에 의하여 드롭할 볼은 플레이어 자신이 드롭하지 않으면 안 된다. 플레이어는 똑바로 서서 볼을 어깨 높이까지 올려서 팔을 완전히 편 채로 드롭하지 않으면 안 된다. 다른 사람이 드롭하거나 다른 방법으로 드

볼을 집어 올리기 위한 절차

코스의 어느 곳에서든 볼을 집어 올리고 그 볼을 리플레이스해야 할 때, 예를 들어 다른 경기자의 플레이에 방해가 되는 경우에도 그 볼의 위치는 집어 올리기 전에 마크하지 않으면 안 된다.

롭한 경우 그 잘못을 규칙20-6에 규정된 바와 같이 시정하지 않으면 플레이어는 1벌타를 받는다.

드롭한 볼이 **코스**의 일부에 떨어지기 전이나 떨어진 후 정지하기 전에 어느 사람이나 어느 플레이어의 **휴대품**에 접촉한 경우 그 볼은 벌 없이 재드롭하지 않으면 안 된다.

이 상황에서 볼을 반드시 재드롭해야 하는 횟수에는 제한이 없다.

(볼의 위치 또는 움직임에 영향을 미치는 행동을 한 경우 – 규칙1-2 참조)

20-2b. 드롭할 장소

특정 지점에 될수록 가까이 볼을 드롭할 때는 그 특정 지점보다 **홀**에 더 가깝지 않은 곳에 볼을 드롭하지 않으면 안 되며 플레이어가 그 특정 지점을 정확히 알지 못할 때에는 그 위치를 반드시 추정하여야 한다.

드롭할 때 볼은 해당되는 **규칙**에서 드롭하도록 요구하는 **코스**의 일부에 먼저 떨어지지 않으면 안 된다. 그와 같이 드롭하지 않은 경우에는 규칙20-6 및 20-7이 적용된다.

20-2c. 재드롭해야 할 경우

드롭한 볼이 다음과 같이 된 경우 그 볼은 벌 없이 재드롭하지 않으면 안 된다.

(i) **해저드** 안으로 굴러 들어가 정지한 경우

(ii) **해저드** 안에서 굴러 나와 해저드 밖에 정지한 경우

(iii) **퍼팅 그린** 위로 굴러 들어가 정지한 경우

(iv) **아웃 오브 바운드**로 굴러 나가 정지한 경우

(v) 규칙24-2b(움직일 수 없는 장해물), 규칙25-1(비정상적인 코스 상태), 규칙25-3(다른 퍼팅 그린) 또는 로컬 룰(규칙33-8a)에 의하여 구제를 받았으나 바로 같은 상태의 방해가 되는 위치로 다시 굴러 들어가

정지한 경우 또는 규칙25-2(지면에 박힌 볼)에 의하여 볼 자국에 박힌 볼을 집어 올렸던 바로 그 볼 자국 안으로 굴러들어가 정지한 경우

(vi) 볼이 **코스**의 일부에 처음 떨어진 곳에서 2클럽 길이 이상 굴러가서 정지한 경우

(vii) 볼이 다음 지점보다 홀에 더 가까이 굴러가서 정지한 경우

    (a) **규칙**에서 따로 허용한 경우를 제외하고, 최초의 위치 또는 그 추정 위치(규칙20-2b 참조)

    (b) **가장 가까운 구제 지점** 또는 최대한의 구제를 받을 수 있는 지점(규칙24-2, 25-1 또는 25-3)

    (c) 원구가 **워터 해저드**나 **래터럴 워터 해저드**의 한계를 최후로 넘어간 지점(규칙26-1)

재드롭했을 때 볼이 위와 같은 어느 위치에 굴러 들어갔을 때에는 재드롭할 당시 볼이 **코스**의 일부에 처음 떨어진 지점에 되도록 가까운 곳에 그 볼을 플레이스하지 않으면 안 된다.

주1
드롭했거나 또는 재드롭한 볼이 일단 정지했다가 다시 움직인 때에는, 다른 규칙이 적용되지 않는 한 그 볼은 있는 그대로의 상태에서 플레이하지 않으면 안 된다.

주2
본 규칙20-2c에 의하여 재드롭 또는 플레이스해야 할 볼을 곧 회수할 수 없는 경우에는 다른 볼로 교체할 수 있다.

(드롭 구역의 사용 – 부속 규칙 I, Part B, 8 참조)

20-3. 플레이스와 리플레이스

20-3a. 플레이스하는 사람과 장소

규칙에 의하여 플레이스할 볼은 플레이어나 그의 **파트너**가 플레이스하지 않으면 안 된다.

규칙에 의하여 리플레이스할 볼은 다음과 같은 사람 즉 (i) 볼을 집어 올렸거나 **움직인** 사람, (ii) 플레이어 또는 (iii) 플레이어의 **파트너** 중 한 사람이 리플레이스하지 않으면 안 된다. 그 볼은 볼을 집어 올렸거나 **움직인** 지점에 놓지 않으면 안 된다. 볼을 어느 다른 사람이 플레이스하거나 리플레이스하고 규칙20-6에 규정된

최경주가 심판원이 주의 깊게 보고 있는 가운데 그의 볼을 드롭하고 있다. 플레이어는 똑바로 서서 볼을 어깨 높이까지 올려서 팔을 완전히 편 채로 드롭한다.

바와 같이 그 잘못을 시정하지 않은 경우 플레이어는 1벌타를 받는다. 그때 어느 경우에도 플레이어는 그 볼을 플레이스하거나 리플레이스한 결과로 생긴 어떤 **규칙** 위반에 대해서도 그 책임을 진다.

볼을 플레이스하거나 리플레이스할 때 볼이나 볼 마커가 우연히 **움직여진** 경우 그 볼이나 볼 마커는 리플레이스하지 않으면 안 된다. 볼이나 볼 마커가 움직인 원인이 그 볼을 플레이스하거나, 리플레이스하거나, 볼 마커를 제거하는 바로 그 구체적인 행위에 있는 경우에는 벌이 없다. 그 이외의 경우에는 규칙18-2a 또는 20-1에 의하여 플레이어는 1벌타를 받는다.

리플레이스할 볼을 그 볼을 집어 올렸거나 볼이 **움직였던** 지점이 아닌 다른 곳에 플레이스하고 규칙20-6에 규정된 바와 같이 그 잘못을 시정하지 않은 경우 플레이어는 해당되는 규칙 위반으로 일반의 벌 즉 매치 플레이에서 그 홀의 패, 스트로크 플레이에서는 2벌타를 받는다.

20-3b. 플레이스하거나 리플레이스해야 할 볼의 라이가 변경된 경우

플레이스 또는 리플레이스해야 할 볼의 최초 라이가 변경된 경우에는 다음과 같이 처리한다.

(i) **해저드** 안 이외의 곳에서는 홀에 더 가깝지 않고, 최초의 라이에서 1클럽 길이 이내의 **해저드** 안이 아닌 장소로, 최초의 라이에 가장 비슷하고 가장 가까운 라이에 그 볼을 플레이스하지 않으면 안 된다.

(ii) **워터 해저드** 안에서는 볼은 그 **워터 해저드** 안에 플레이스하지 않으면 안 된다는 것을 제외하고 위의 (i)에 따라서 그 볼을 플레이스하지 않으면 안 된다.

(iii) **벙커** 안에서는 최초의 라이와 되도록 같은 상태로 다시 만들어야 하며 그 라이에 그 볼을 플레이스하지 않으면 안 된다.

주

만일 플레이스하거나 리플레이스할 볼의 최초 라이가 변경되어 그 볼을 플레이스하거나 리플레이스할 지점을 결정하기가 불가능한 때에는, 최초의 라이를 알고 있는 경우 규칙20-3b를 적용하며, 최초의 라이를 알고 있지 않은 경우 규칙20-3c를 적용한다.

예외

플레이어가 모래에 덮인 볼을 찾거나 확인하는 경우 – 규칙12-1a 참조.

볼의 라이가 변경된 경우

벙커 안에서 볼의 라이가 변경된 경우 플레이어는 최초의 라이와 될수록 같은 상태로 회복하지 않으면 안 되며 그 라이에 그 볼을 플레이스하지 않으면 안 된다. 이것은 벙커 안에서 다른 볼이 플레이에 방해가 되는 경우 흔히 있는 일이다.

워터 해저드 안에서는 라이를 회복할 수 없기 때문에 플레이어는 홀에 더 가깝지 않고 최초의 라이에서 1클럽 길이 이내의 해저드 안의 장소로, 최초의 라이에 가장 가깝고 가장 유사한 라이에 그 볼을 플레이스하지 않으면 안 된다.

20-3c. 지점을 결정할 수 없는 경우

볼을 플레이스하거나 리플레이스해야 할 지점을 결정할 수 없는 경우에는 다음과 같이 처리한다.

(i) **스루 더 그린**에서는 **해저드** 안이나 **퍼팅 그린** 위가 아닌 곳으로 볼이 있었던 지점에 되도록 가까운 곳에 그 볼을 드롭하지 않으면 안 된다.

(ii) **해저드** 안에서는 볼이 있었던 지점에 되도록 가까운 곳의 그 해저드 안에 볼을 드롭하지 않으면 된다.

(iii) **퍼팅 그린**에서는 **해저드** 안이 아닌 곳으로 볼이 있었던 지점에 되도록 가까운 곳에 그 볼을 플레이스하지 않으면 안 된다.

예외

플레이를 재개할 때(규칙6-8d) 볼을 플레이스할 지점을 결정할 수 없는 경우에는 그 위치를 반드시 추정하여야 한다. 그 추정 지점에 볼을 플레이스하지 않으면 안 된다.

20-3d. 그 지점에 볼이 정지하지 않은 경우

볼을 플레이스했을 때 그 볼이 플레이스한 지점에 정지하지 않은 경우 벌은 없으며 그 볼은 리플레이스하지 않으면 안 된다. 그래도 아직 볼이 그 지점에 정지하지 않은 경우에는 다음과 같이 처리한다.

(i) **해저드** 안 이외의 곳에서는 홀에 더 가깝지 않고 **해저드** 안이 아니며 볼이 정지될 수 있는 가장 가까운 지점에 그 볼을 플레이스하지 않으면 안 된다.

(ii) **해저드** 안에서는 홀에 더 가깝지 않고 볼이 정지될 수 있는 가장 가까운 지점의 그 **해저드** 안에 그 볼을 플레이스하지 않으면 안 된다.

볼을 플레이스했을 때 그 볼이 플레이스한 지점에 정지했다가 다시 **움직인** 경우 벌은 없으며, 다른 **규칙**이 적용되는 경우를 제외하고 그 볼은 있는 그대로의 상태로 플레이하지 않으면 안 된다.

***규칙20-1, 20-2 또는 20-3의 위반에 대한 벌은**

매치 플레이 – 그 홀의 패,

스트로크 플레이 – 2벌타.

*교체가 허용되지 않는데 플레이어가 본 규칙(20-1, 20-2, 20-3) 중 한 가지 항목에 의하여 교체한 볼을 스트로크한 경우 그는 그 규칙 위반에 대한 일반의 벌을 받으나 그 규칙에 의한 추가의 벌은 없다. 플레이어가 부적절한 방법으로 볼을 드롭하고 오소에서 플레이한 경우 또는 규칙에 의하여 허용되지 않은 사람이 볼을 인 플레이로 하여 그 뒤에 오소에서 플레이한 경우에는 규칙20-7c 주3을 참조한다.

20-4. 드롭하거나 플레이스한 볼이 인 플레이로 되는 때

플레이어의 **인 플레이 볼**이 집어 올려진 경우 그 볼은 드롭하거나 플레이스했을 때 다시 인 플레이로 된다.

교체된 볼은 드롭하거나 플레이스했을 때 **인 플레이 볼**로 된다.

(잘못 교체된 볼 – 규칙15-2 참조)

(잘못 교체하거나, 드롭하거나, 플레이스한 볼을 집어 올린 경우 – 규칙20-6 참조)

20-5. 앞서 스트로크한 곳에서 다음 스트로크를 하는 경우

플레이어가 앞서 **스트로크**한 곳에서 다음 **스트로크**를 하기로 결정하거나 그렇게 해야 할 경우 그는 다음과 같이 처리하지 않으면 안 된다.

(a) **티잉 그라운드 위**: 볼을 **티잉 그라운드** 구역 안에서 플레이하지 않으면 안 된다. **티잉 그라운드** 안에서는 어느 곳에서도 플레이할 수 있으며 그때 볼을 티업해도 된다.

(b) **스루 더 그린**: 볼을 드롭하지 않으면 안 되며 드롭했을 때 **스루 더 그린**의 **코스** 일부에 먼저 떨어지지 않

으면 안 된다.
(c) **해저드** 안: 플레이해야 할 볼을 드롭하여야 되며 드롭했을 때 **해저드** 안의 **코스** 일부에 먼저 떨어지지 않으면 안 된다.
(d) **퍼팅 그린**: 볼은 **퍼팅 그린**에 플레이스하지 않으면 안 된다.

규칙20-5의 위반에 대한 벌은
매치 플레이 – 그 홀의 패,
스트로크 플레이 – 2벌타.

20-6. 잘못 교체하거나, 드롭하거나, 플레이스한 볼을 집어 올리기

볼을 잘못 **교체했거나**, 오소 또는 **규칙**에 따르지 않고 볼을 드롭했거나, 플레이스했어도 아직 그 볼을 플레이하지 않았을 때에는 벌 없이 그 볼을 집어 올릴 수 있으며 플레이어는 그 후에 올바르게 처리하지 않으면 안 된다.

20-7. 오소에서의 플레이

20-7a. 총칙
플레이어는 다음과 같이 자신의 **인 플레이 볼**을 **스트로크**한 경우 오소에서 플레이한 것이 된다.
(i) **규칙**에서 **스트로크**하거나, 볼을 드롭하거나, 플레이스하는 것이 허용되지 않은 **코스**의 일부 지점에서 **스트로크**한 경우
(ii) 드롭한 볼을 재드롭할 것과 또는 움직여진 볼을 리플레이스할 것을 규칙에서 요구할 때

> **주**
> 티잉 그라운드 밖에서 또는 다른 티잉 그라운드에서 플레이한 볼에 관해서는 규칙11-4 참조.

20-7b. 매치 플레이
플레이어가 오소에서 **스트로크**한 경우 그는 그 홀의 패가 된다.

20-7c. 스트로크 플레이
경기자가 오소에서 **스트로크**한 경우 그는 해당되는 규칙에 의하여 2벌타를 받는다.
   그 오소에서의 플레이에서 **경기자**가 중대한 위반(주1 참조)을 하지 않았다면 그의 잘못을 시정하지 않고 오소에서 플레이한 볼로 그 홀의 플레이를 끝마치지 않으면 안 된다.
   경기자가 오소에서 플레이한 후 그가 그 사실을 알게 되었으며 중대한 위반을 했을지도 모른다고 생각한 경우에는, 다음 **티잉 그라운드**에서 **스트로크**하기 전에 **경기자**는 **규칙**에 따라서 제2의 볼을 플레이하여 그 볼로 플레이를 끝마치지 않으면 안 된다. 그 라운드의 마지막 홀인 경우, **경기자**는 그 **퍼팅 그린**을 떠나기 전에 **규칙**에 따라서 제2의 볼을 플레이하여 그 홀의 플레이를 끝마친다는 뜻을 선언하지 않으면 안 된다.
   경기자가 제2의 볼을 플레이한 경우 그는 그의 스코어 카드를 제출하기 전에 **위원회**에 그 사실을 보고하지 않으면 안 되며 보고하지 않은 경우 경기자는 경기 실격이 된다. **위원회**는 경기자가 해당 **규칙**에 대하여 중대한 위반을 했는가 하지 않았는가의 여부를 결정하지 않으면 안 된다. 중대한 위반을 했을 경우 제2의 볼로 낸 스코어를 채택하며 경기자는 그 볼로 친 스코어에 2벌타를 가산하지 않으면 안 된다. **경기자**가 중대한 위반을 했는데 위에서 설명한 바와 같이 그 잘못을 시정하지 않은 경우 그 경기자는 경기 실격이 된다.

주1
경기자가 오소에서 플레이한 결과로 현저한 이익을 얻었다고 위원회가 생각한 경우에 그 경기자는 해당되는 규칙의 중대한 위반을 했다고 간주된다.

주2
경기자가 규칙20-7c에 의하여 제2의 볼을 플레이하였는데 그 볼을 채택하지 않기로 결정한 경우 그 볼을 플레이한 타수와 단지 그 볼을 플레이한 것에 의하여 받은 벌타는 모두 무시된다. 제2의 볼을 채택하기로 재정한 경우 원구를 오소에서 플레이한 타수와 계속해서 그 볼로 친 타수 그리고 그 볼을 플레이하면서 받은 벌타는 모두 무시된다.

주3
플레이어가 오소에서 스트로크한 것에 대하여 벌을 받은 경우 다음의 행위에 대한 추가의 벌은 없다.

(a) 허용되지 않는데 볼을 교체한 경우
(b) 규칙에 의하여 플레이스해야 할 볼을 드롭하거나 드롭해야 할 볼을 플레이스한 경우
(c) 규칙에 맞지 않은 방법으로 볼을 드롭한 경우
(d) 규칙에 의하여 그와 같이 허용되지 않는 사람이 볼을 인 플레이로 한 경우

오소에서의 플레이

플레이어가 자기 볼 마커를 1퍼터 헤드 길이만큼 옮긴 경우 그녀는 스트로크할 때 그 볼 마커를 제자리에 갖다 놓아야 한다는 것을 기억하지 않으면 안 된다. 그렇지 않으면 플레이어는 오소에서 플레이한 것에 대하여 벌을 받게 된다.

사례

2010년 두바이에서 열린 두바이 월드 챔피언십(Dubai World Championship) 타이틀 경기에서 72홀을 동점으로 끝낸 뒤 이안 폴터(Ian Poulter)와 로베르트 카를손(Robert Karlsson)은 정면 대결로 나갔다. 두 선수는 연장전의 첫 번째 홀에서 모두 버디로 비겼으며 두 번째 홀 그린에서도 정상으로 퍼팅 그린에 볼을 올렸다. 그때 폴터는 30피트 버디 퍼트를 남겨 놓고 있었는데 그는 볼에 마크한 다음 그 볼을 집어 올렸다. 그리고 그 퍼트를 잘 살펴보고 나서 그의 볼을 리플레이스하기 위하여 허리를 구부렸을 때 볼이 그의 손에서 미끄러져 떨어지면서 그의 볼 마커를 움직였다.

규칙20-3a에서는 볼을 리플레이스하는 과정에 볼 마커가 우연히 움직여진 경우 그 볼이나 볼 마커는 리플레이스하지 않으면 안 되며, 볼 마커가 움직인 것이 그 볼을 리플레이스하는 바로 그 구체적인 행위에 있었다면 벌이 없다고 규정하고 있다. 그러나 볼 마커가 움직인 것이 볼을 리플레이스하는 그 구체적인 행위에 있지 않은 경우 플레이어는 1벌타를 받고 그 볼이나 볼 마커는 리플레이스하지 않으면 안 된다.

그리고 재정20-1/15에서 볼 마커가 움직인 것이 볼을 리플레이스하는 구체적인 행위에 있었다는 것으로 보기 위해서는 플레이어의 손을 접촉하는 것이나 볼을 놓는 행위가 볼 마커를 움직인 원인이 된 때와 같은 경우, 실제로 볼 마커 앞에 볼을 놓을 때에 그러한 움직임이 일어나야 한다고 규정하고 있다. 그리고 역시 재정에서는 그와 같은 구체적인 행위를 하기 전에, 떨어지는 높이에 관계없이 플레이어가 볼을 떨어뜨려서 우연히 볼 마커를 움직인 것은 볼을 리플레이스하는 바로 그 구체적인 행위에 있는 것이라고 보지 않는다는 것을 명확히 하고 있다.

따라서 폴터의 경우 그가 볼을 리플레이스하는 구체적인 행위 이전에 그의 볼을 떨어뜨렸기 때문에 그는 우연히 볼 마커를 움직인 것에 대하여 1벌타를 받았다. 그 뒤에 그는 볼을 집어 올렸던 지점에 볼을 리플레이스하고 마음을 가다듬은 다음 버디 퍼트를 시도했으나 성공하지 못하였다. 폴터는 그의 실수로 선수권, 세계 랭킹 포인트 그리고 30만 유로를 모두 놓쳤다.

그 사건 후에 폴터는 그가 2010년 초에 특별히 만든 볼 마커(백금으로 만든 동전)를 가지고 있다고 이야기하였는데 "그 마커에는 내 아이들 이름이 새겨져 있으며 나의 행운의 동전입니다. 나는 아직도 그것을 행운이라고 생각합니다"라고 말하였다.

이안 폴터는 유러피언 투어에서 선임 심판원인 앤디 맥피(Andy McFee)로부터 재정을 받고 있다. 폴터는 두바이 월드 챔피언십 경기의 연장전에서 규칙20-1의 위반으로 1벌타를 받았다.

Q&A

플레이어는 그의 볼을 집어 올리기 전에 그 위치를 마크하기 위하여 작은 동전이나 그와 유사한 물건을 사용하지 않으면 안 되는가?

규칙20-1 주에서 볼 위치는 볼 마커, 작은 동전 혹은 다른 작은 물건으로 볼 바로 뒤에 놓아서 마크하여야 한다고 규정되어 있다. 골프 규칙에 용어 '해야 한다(should)'가 사용된 경우 그것은 권장 사항일 뿐이며 그렇게 따르지 않아도 벌을 받는 결과가 되지는 않는다 – 이 책의 5쪽에 있는 '이 책의 이용 방법'을 참조한다. 규칙의 의도하는 바는 볼 마커나 다른 작은 물건(동전과 같은)을 사용하는 것이 볼을 마크하는 데 가장 좋은 방법으로 본다는 것을 강조하는 데 있다.

플레이어의 볼을 집어 올렸던 사람만 그 볼을 리플레이스할 수 있는 사람인가?

아니다. 상황에 따라 최대한 다른 세 명까지 볼을 리플레이스할 수 있다. 즉 플레이어, 그의 파트너 혹은 그 볼을 집어 올렸던 사람이다. 예를 들어, 포볼 매치에서 플레이어가 그의 캐디에게 그의 볼을 집어 올리도록 허락한 경우 그 캐디, 플레이어 혹은 플레이어의 파트너는 그 볼을 리플레이스할 수 있다. 그러나 플레이어 자신이 그 볼을 집어 올린 경우 플레이어나 그의 파트너에 한해서 그 볼을 리플레이스할 수 있다 – 규칙20-3a 참조.

RULE 21

볼의 닦기

정의
용어의 정의는 제2장에 알파벳순으로 나열하였으며 규칙에서 그 용어가 나올 때 굵은 서체를 사용하였다. 13~23쪽 참조.

퍼팅 그린에 있는 볼은 규칙16-1b에 의하여 집어 올렸을 때에는 그 볼을 닦을 수 있다. 다른 곳에서도 다음의 경우를 제외하고 볼을 집어 올렸을 때에는 그 볼을 닦을 수 있다.

a. 볼이 플레이에 부적합가 아닌가의 여부를 확정하기 위하여(규칙5-3)
b. 볼을 확인하기 위하여(규칙12-2). 다만 이 경우에 확인에 필요한 정도까지만 볼을 닦을 수 있다. 또는
c. 볼이 플레이에 원조 또는 방해가 되기 때문에(규칙22)

본 규칙21에 규정된 바와 같은 경우를 제외하고 플레이어가 한 홀의 플레이 중에 자신의 볼을 닦은 경우 플레이어는 1벌타를 받고, 볼을 집어 올렸을 때에는 그 볼을 리플레이스하지 않으면 안 된다.

볼을 리플레이스해야 하는데 하지 않은 경우 플레이어는 해당되는 규칙에 의하여 일반의 벌을 받지만 규칙21에 의한 추가의 벌(1벌타)은 없다.

예외

플레이어가 규칙5-3, 12-2 또는 22에 따라 조치를 취하지 않은 것에 대하여 벌을 받은 경우 규칙21에 의한 추가의 벌(1벌타)은 없다.

Q&A

동반 경기자의 플레이에 방해가 되기 때문에 그의 볼을 집어 올리도록 요구받은 플레이어는 볼을 집어 올려 그 볼을 그의 호주머니에 안에 넣어 버렸다. 이러한 경우 플레이어는 그 볼을 닦은 것으로 보는가?

볼이 닦아졌는가의 여부는 사실에 관한 문제다. 그 볼을 호주머니 안에 넣은 행동은 볼이 닦인 결과가 될 수 있으며 어떤 미심쩍은 사항도 플레이어에게 불리하게 해결될 수밖에 없다. 플레이어가 그 볼을 닦은 것으로 간주된 경우에는 매치 플레이와 스트로크 플레이 경기 모두 1벌타를 받는다.

RULE 22

플레이에 원조 또는 방해가 되는 볼

정의
용어의 정의는 제2장에 알파벳순으로 나열하였으며 규칙에서 그 용어가 나올 때 굵은 서체를 사용하였다. 13~23쪽 참조.

22-1. 플레이에 원조가 되는 볼
볼이 움직이고 있을 때를 제외하고 플레이어는 볼이 다른 플레이어에게 원조가 될지도 모른다고 생각할 경우 그는 다음과 같은 행위를 할 수 있다.

a. 자신의 볼인 경우 그 볼을 집어 올릴 수 있다.
b. 다른 볼인 경우 그 볼을 집어 올리게 할 수 있다.

본 규칙22-1에 의하여 집어 올린 볼은 리플레이스하지 않으면 안 된다(규칙20-3 참조). **퍼팅 그린**에 있는 볼을 제외하고 그 볼을 닦아서는 안 된다(규칙21 참조).

스트로크 플레이에서 자신의 볼을 집어 올리도록 요구받은 플레이어는 볼을 집어 올리지 않고 먼저 플레이할 수 있다.

스트로크 플레이에서 **경기자**들이 서로 어느 **경기자**에게 원조가 될지도 모르는 볼을 집어 올리지 않기로 합의하였다고 **위원회**가 판정한 경우 그 경기자들은 모두 경기 실격이 된다.

> **주**
> 다른 볼이 움직이고 있을 때 그 볼의 움직임에 영향을 미칠지도 모르는 볼은 집어 올려서는 안 된다.

22-2. 플레이에 방해가 되는 볼
볼이 움직이고 있을 때를 제외하고, 플레이어는 다른 볼이 자신의 플레이에 방해가 될지도 모른다고 생각할 경우 그는 그 볼을 집어 올리게 할 수 있다.

플레이에 원조 혹은 방해가 되는 볼
플레이어는 그의 볼이 다른 플레이어에게 원조가 될 염려가 있다고 생각한 경우 그는 볼에 마크하고 그의 볼을 집어 올릴 수 있다.

본 규칙22-2에 의하여 집어 올린 볼은 리플레이스하지 않으면 안 된다(규칙20-3 참조). **퍼팅 그린**에 있는 볼을 제외하고 그 볼을 닦아서는 안 된다(규칙21 참조).

스트로크 플레이에서 자신의 볼을 집어 올리도록 요구받은 플레이어는 볼을 집어 올리는 대신 오히려 먼저 플레이할 수 있다.

주1
퍼팅 그린 이외의 곳에서 플레이어는 단지 다른 플레이어의 플레이에 방해가 될지도 모른다고 생각하기 때문에 자신의 볼을 집어 올려서는 안 된다. 플레이어가 집어 올리도록 요구받지 않았는데, 자신의 볼을 집어 올린 경우 그는 규칙18-2a의 위반으로 1벌타를 받지만 규칙22에 의한 추가의 벌은 없다.

주2
다른 볼이 움직이고 있을 때 그 볼의 움직임에 영향을 미칠지도 모르는 볼은 집어 올려서는 안 된다.

규칙22의 위반에 대한 벌은
매치 플레이 - 그 홀의 패,
스트로크 플레이 - 2벌타.

사례

2008년 로열 버크데일 코스에서 열린 디 오픈 챔피언십 경기에서 스페인의 파블로 라라사발(Pablo Larrázabal)과 오스트레일리아의 애덤 스콧(Adam Scott)은 파4의 13번 홀을 플레이할 때 심판원에게 도움을 요청하였다. 두 사람은 그린 왼쪽에 있는 벙커 앞부분에 그들의 볼이 서로 가깝게 정지해 있는 것을 발견하였다. 스콧의 볼은 좋은 라이의 상태로 홀에서 더 멀리 있었고 라라사발의 볼은 스콧의 볼에서 2인치 정도 앞에서 모래에 약간 박힌 상태였다.

규칙22에서 어느 플레이어에게도 그의 볼이 다른 플레이어에게 원조가 될 염려가 있다고 생각할 경우 그의 볼을 집어 올리는 것을 허용하고 있으며, 그의 플레이에 방해가 될 염려가 있거나 다른 플레이어에게 원조가 될 염려가 있다고 생각할 경우 그 볼을 집어 올리게 하는 것을 허용하고 있다. 그 볼은 퍼팅 그린 위에 있지 않는 한 닦아서는 안 된다. 그때 스콧은 그의 플레이에 라라사발의 볼이 확실히 방해가 되기 때문에 그의 볼을 옮겨 주도록 요청하였다.

라라사발은 심판원이 주의 깊게 주시하고 있는 가운데, 티로 볼에 마크하고 그 볼을 집어 올렸을 때 볼을 닦지 않도록 통보받았기 때문에 그 볼을 벙커 밖의 지면 위에 갖다 놓았다. 그런데 이번에는 그 마크해 놓았던 티가 스콧의 스윙에 방해가 되었기 때문에 라라사발은 그 티를 옮겨 주도록 요청받았다. 따라서 라라사발은 그의 클럽으로 모래 위 2클럽 헤드 길이를 측정한 후 그 티를 볼이 나가는 방향 옆으로 갖다 놓았다.

이것은 주목할 만한 사항인데, 만일 라라사발이 2클럽 헤드 길이를 측정하고 있었을 때 그의 클럽으로 모래를 접촉했더라도 그는 벌을 받지 않는다는 것이다. 모래 위에서 측정할 경우 클럽이 모래에 닿지 않고 측정하는 것은 어려운 일이기 때문에 규칙13-4 예외1에서는 플레이어가 거리를 측정하거나 혹은 볼 위치를 마크하는 경우에는 벌 없이 클럽이나 손으로 지면을 접촉하는 것을 허용하고 있다.

그 뒤에 스콧은 벙커에서 볼을 탈출시킬 수 있었고, 그렇게 하는 사이에 그는 라라사발 볼의 최초 라이를 상당히 변경시켜 버렸다. 규칙20-3b에서는 이와 같이 리플레이스할 볼의 라이가 변경된 경우에 대하여 규정하고 있다. 벙커 안에서 최초의 라이는 될수록 같은 상태로 회복하지 않으면 안 되며 그 라이에 볼을 플레이스하지 않으면 안 된다.

벙커는 고무래를 사용하여 최초의 상태로 회복되었으며 심판원의 안내로 라라사발은 먼저 티를 최초의 지점에 놓고 볼을 리플레이스하였다. 최초에 볼이 약간 박혀 있었기 때문에 라라사발은 그 라이를 확실히 재현하기 위하여 볼을 모래 속으로 들어가도록 눌러 주어야 했다. 재정 20-3b/1에서 그 라이는 어느 울퉁불퉁한 곳 즉 볼이 그 안에 정지해 있었을지도 모르는 움푹 들어간 곳이나 발뒤꿈치 자국을 포함해서, 최초의 라이와 거의 같은 정도로 회복하지 않으면 안 된다는 것을 명확히 하고 있다. 그리고 나서 라라사발은 그 벙커에서 스트로크하였는데 그 볼은 스콧이 쳤던 것과 같은 상태로 퍼팅 그린 위에 올라갔다.

RULE 23

루스 임페디먼트

23-1. 구제

루스 임페디먼트와 볼이 모두 같은 **해저드** 안에 있거나 접촉해 있는 경우를 제외하고 어떤 **루스 임페디먼트**도 벌 없이 제거할 수 있다.

볼이 **퍼팅 그린** 위가 아닌 다른 곳에 놓여 있을 때 플레이어가 **루스 임페디먼트**를 제거하다가 그 볼을 움직이게 한 경우에는 규칙18-2a를 적용한다.

퍼팅 그린 위에서 플레이어가 **루스 임페디먼트**를 제거할 때, 우연히 볼이나 볼 마커를 **움직인** 경우 그 볼이나 볼 마커는 리플레이스하지 않으면 안 된다. 볼이나 볼 마커가 움직인 원인이 바로 그 **루스 임페디먼트**를 제거하는 것에 있는 경우에는 벌이 없다. 그렇지 않고 플레이어가 그 볼을 **움직인** 원인이 된 경우 플레이어는 규칙18-2a에 의하여 1벌타를 받는다.

볼이 움직이고 있는 경우 그 볼의 움직임에 영향을 미칠지도 모르는 **루스 임페디먼트**는 제거해서는 안 된다.

주

볼이 해저드 안에 있는 경우 플레이어는 같은 해저드 안에 놓여 있거나 그 해저드에 접촉하고 있는 루스 임페디먼트를 접촉하거나 움직여서는 안 된다(규칙13-4c 참조).

규칙23의 위반에 대한 벌은
매치 플레이 – 그 홀의 패,
스트로크 플레이 – 2벌타.
(해저드 안에 있는 볼 찾기 – 규칙12-1 참조)
(퍼트 선에 접촉한 경우 – 규칙16-1a 참조)

정의

용어의 정의는 제2장에 알파벳순으로 나열하였으며 규칙에서 그 용어가 나올 때 굵은 서체를 사용하였다. 13~23쪽 참조.

사례

시즌 개막전인 2011년 현대 토너먼트 오브 챔피언스(Hyundai Tournament of Champions) 경기에서 카밀로 비예가스는 결과적으로 틀린 스코어에 서명한 것에 대하여 규칙6-6d의 위반으로 경기 실격되었다. 이것은 그가 첫 번째 라운드의 스코어 카드에 서명하고 제출하기 전에 그의 일부 스코어를 포함시키지 않았고 그것은 규칙23-1에 의하여 벌을 받은 것이었다.

벌을 받게 된 상황이 발생한 것은 비예가스가 카팔루아의 조림지 코스 15번 홀에서 플레이할 때였다. 파5의 그 홀에서 그는 칩샷을 날렸으나 오르막으로 경사진 그린의 가장 높은 곳에 이르지 못한 볼이 그의 발이 있는 곳을 향하여 굴러 내려오기 시작하였다. 비예가스가 그의 볼이 경사진 언덕을 내려오는 것을 보았을 때 그는 그가 만든 디보트에서 나온 부스러기를 쓸어 버리고 있었다. 그 작은 잔디 덤불은 그가 스트로크 했을 때 떨어진 것이었으며 더 이상 땅에 붙어 있지 않았으나 그가 플레이했던 곳에 아직 있었던 것이다. 마침내 그 볼은 그곳에 와서 정지하였다.

규칙23-1에 '볼이 움직이고 있는 경우 그 볼의 움직임에 영향을 미칠지도 모르는 루스 임페디먼트를 제거해서는 안 된다'라고 규정되어 있다. 그가 그 루스 임페디먼트를 제거했을 때 분명히 볼은 움직이고 있었고 잠재적으로 그곳으로 되돌아올 가능성이 있었기 때문에 스트로크 플레이에서 비예가스는 규칙23-1의 위반으로 2벌타를 받았다.

그러나 비예가스는 자신의 규칙 위반을 알지 못하였으며, 합계 9타가 되도록 2벌타를 포함시켰어야 했는데 15번 홀에서 7타의 스코어에 그대로 서명하였다. 그 규칙 위반은 그날 늦게까지 주의를 끌지 못하였으나 한 시청자가 그 토너먼트의 재생 장면을 TV로 보고 그 사실을 발견하였으며 유에스 PGA 투어 경기 위원회에 연락을 취하였다. 그러나 그 때는 이미 비예가스가 그의 스코어 카드에 서명하고 제출해 버렸기 때문에 그 벌타를 그의 스코어 카드에 포함시키기에는 너무 늦은 때였다. 비예가스가 금요일에 그의 두 번째 라운드를 준비하기 위하여 코스에

도착했을 때 틀린 스코어에 서명한 것에 대하여 경기 실격되었다는 소식을 들었다.

결국 규칙을 알아 두는 일은 플레이어의 책임이며 비예가스는 이를 인정하였다. 그리고 다음과 같이 말하였다. "시즌이 시작되는 마당에 이것은 실망스러운 일이지만 규칙은 규칙인 만큼, 이와 같은 것은 경기와 그에 관련된 사람들을 존중하라는 것으로 나에게는 매우 중요한 경험이다."

루스 임페디먼트를 움직인 또 하나의 경우는 1999년 피닉스 오픈(Phoenix Open) 경기에서 타이거 우즈가 관련되었던 것으로 항상 기억되는 사건일 것이다. 최종 라운드에서 우즈가 13번 홀 티에서 드라이브 샷으로 날린 볼이 사막으로 떨어지기 전에 360야드까지 날아갔다. 그런데 그 볼은 대략 넓이가 4피트 그리고 두께가 2피트나 되는 큰 돌덩어리 바로 뒤 약 2피트 거리의 지점에 정지하였다. 그 바위는 너무 무거워서 우즈 혼자 힘으로는 움직일 수 없었으며 그의 볼은 그 돌에 너무 가까워서 그 뒤쪽이나 주위에서 플레이할 수 없었다. 유일한 선택은 옆을 향하여 플레이하는 것뿐이었다.

그러나 우즈는 그 돌에 관련된 어떤 선택 사항이 있는가를 심판원과 함께 점검해 보기로 결심하였다. 골프 규칙에 있는 용어의 정의 32 '루스 임페디먼트'에서 루스 임페디먼트는 고정되어 있지 않거나 생장하고 있지 않으며, 땅에 단단히 박혀 있지 않고, 볼에 부착되어 있지 않은 자연물이라고 정의되어 있다. 무게와 크기에 대해서는 언급이 없다. 재정 23-1/2에는 땅에 단단히 박혀 있지 않고 그 돌을 제거할 때 플레이에 부당한 지연이 되지 않는 한 어떤 크기의 돌도 루스 임페디먼트이며 그 돌은 제거할 수 있다고 규정되어 있다.

심판원은 우즈가 플레이에 지연이 되지 않도록 빨리 옮길 수 있는 사람들을 확보한 경우에는 돌을 옮길 수 있다고 설명하였다. 그 돌에 관한 조사가 끝난 후 경기 위원은 그 돌은 사막의 바닥에 놓여 있으며 땅에 단단히 박혀 있지 않았다고 판단하였다. 그는 역시 재정23-1/3에서 큰 루스 임페디먼트를 제거할 때 관객, 캐디 그리고 동반 경기자들의 원조를 플레이어가 받는 것을 허용하고 있다는 것도 알고 있었다.

우즈는 그가 가진 지식의 도움과 몇 사람의 관객으로부터 협력을 얻었으며 그들은 관객들의 환호 속에 간신히 그 돌을 우즈의 플레이 선 밖으로 굴려서 옮기는 데 성공하였다. 돌을 옮기고 나서 우즈는 그들과 일일이 악수한 다음 그린을 향하여 똑바로 그의 샷을 날렸으나 그 볼은 그린 오른쪽에 있는 벙커 안으로 들어갔다.

1999년 애리조나 주의 피닉스 오픈 경기에서 타이거 우즈가 경험한 큰 돌처럼 루스 임페디먼트는 어떤 모양, 크기 혹은 무게가 될 수도 있는 자연물이다.

Q&A

루스 임페디먼트를 제거하는 데 퍼터, 손, 모자 혹은 수건을 사용할 수 있는가?
사용할 수 있다. 루스 임페디먼트는 어떤 방법으로도 제거할 수 있다. 퍼트 선 위의 루스 임페디먼트를 제거할 때 플레이어는 어떤 것도 눌러서는 안 된다.

벙커에서 돌을 제거할 수 있는가?
돌은 루스 임페디먼트로 정의되어 있다. 일반적으로 당신의 볼과 함께 같은 해저드 안에 있는 루스 임페디먼트를 제거하는 것은 허용되지 않는다(규칙13-4c). 그러나 위원회는 벙커 안에 있는 돌은 움직일 수 있는 장해물이라고 규정한 로컬 룰을 도입할 수 있다(부속 규칙 I, Part B, 5).

나의 볼이 퍼팅 그린 밖에 있을지라도 그 퍼팅 그린 위에 있는 모래를 제거할 수 있는가?
볼이 해저드 안에 있는 경우를 제외하고, 규칙23-1에서는 볼이 놓여 있는 곳에 상관없이 플레이어에게 루스 임페디먼트의 제거를 허용하고 있다. 그러나 모래와 흩어진 흙은 퍼팅 그린 위에 있을 때에만 루스 임페디먼트이기 때문에 모래와 흩어진 흙의 위치가 중요하다. 따라서 모래와 흩어진 흙이 퍼팅 그린 위에 있으면 이를 제거할 수 있다.

RULE 24

장해물

24-1. 움직일 수 있는 장해물

플레이어는 움직일 수 있는 **장해물**로부터 벌 없이 다음과 같이 구제를 받을 수 있다.

a. 볼이 움직일 수 있는 **장해물**의 안이나 위에 있지 않을 때에는 그 **장해물**을 제거할 수 있다. 볼이 움직인 경우에는 그 볼을 리플레이스하지 않으면 안 되며 볼이 **움직인** 원인이 **장해물**을 제거하는 것에 있는 경우에는 벌이 없다. 그 이외의 경우에는 규칙18-2a가 적용된다.

b. 볼이 움직일 수 있는 **장해물**의 안이나 위에 있을 때에는 볼을 집어 올리고 그 **장해물**을 제거하지 않으면 안 된다. 집어 올린 볼은 그 볼이 **장해물**의 안이나 위에 있었던 장소의 바로 아래 지점에 되도록 가깝고

정의
용어의 정의는 제2장에 알파벳순으로 나열하였으며 규칙에서 그 용어가 나올 때 굵은 서체를 사용하였다. 13~23쪽 참조.

움직일 수 있는 장해물

장해물을 제거하기 전에 볼 뒤에 볼 마커를 놓아두도록 권장한다. 장해물을 제거한 결과로 볼이 움직인 경우 그 볼은 같은 위치에 리플레이스할 수 있다(규칙 24-1a).

고무래에 기대어 있는 볼이 그 고무래를 제거할 때 벙커 안으로 굴러 들어간 경우

고무래를 제거할 때 볼이 움직인 경우 그 볼은 리플레이스하지 않으면 안 된다. 두 번째 리플레이스했을 때 최초의 지점에 볼이 정지하지 않은 경우 플레이어는 홀에 더 가깝지 않고 벙커 안이 아니며 볼이 정지될 수 있는 가장 가까운 지점에 그 볼을 플레이스하지 않으면 안 된다.

홀에 더 가깝지 않은 곳에, **스루 더 그린**이나 **해저드** 안에서는 드롭하고 **퍼팅 그린** 위에서는 플레이스하지 않으면 안 된다.

본 규칙24-1에 의하여 볼을 집어 올린 경우 그 볼은 닦을 수 있다.

볼이 움직이고 있을 때에는 플레이어의 **휴대품**이나 사람이 붙어 시중들고 있는, 제거한 또는 들어 올린 **깃대** 이외에 볼의 움직임에 영향을 줄 수 있는 **장해물**을 움직여서는 안 된다.

(볼에 영향을 미치는 행동 – 규칙1-2 참조)

주

본 규칙24-1에 의하여 드롭하거나 플레이스할 볼을 곧 회수할 수 없는 경우에는 다른 볼로 교체할 수 있다.

24-2. 움직일 수 없는 장해물

24-2a. 방해

볼이 움직일 수 없는 **장해물**의 안이나 위에 있거나 그 움직일 수 없는 **장해물**이 플레이어의 **스탠스**나 의도하는 스윙 구역에 방해가 될 때에는 움직일 수 없는 **장해물**에 의한 방해가 생긴 것으로 한다. 플레이어의 볼이 **퍼팅 그린**에 있을 때 **퍼팅 그린** 위의 움직일 수 없는 **장해물**이 플레이어의 **퍼트 선**상에 걸리는 경우에도 역시 방해가 생긴 것으로 한다. 그 이외의 경우에는 **플레이 선**상에 움직일 수 없는 **장해물**이 걸려 있어도 그 자체만으로는 본 규칙24-2a에서 뜻하는 방해가 생긴 것이 아니다.

24-2b. 구제

볼이 **워터 해저드** 안이나 **래터럴 워터 해저드** 안에 있을 때를 제외하고 플레이어는 움직일 수 없는 **장해물**에 의한 방해로부터 다음과 같이 구제를 받을 수 있다.

볼이 움직이고 있을 때 깃대를 제거한 경우

볼이 움직이고 있을 때 그 볼의 움직임에 영향을 미칠지도 모르는 뽑아 놓은 깃대는 옮기는 것이 허용된다.

(i) **스루 더 그린**: 볼이 **스루 더 그린**에 있는 경우 플레이어는 벌 없이 그 볼을 집어 올려서 **가장 가까운 구제 지점**으로부터 1클럽 길이 이내로 그 **가장 가까운 구제 지점**보다 홀에 더 가깝지 않은 곳에 그 볼을 드롭하지 않으면 안 된다. 이때 **가장 가까운 구제 지점**은 **해저드** 안이나 **퍼팅 그린** 위에 있어서는 안 된다. **가장 가까운 구제 지점**에서 1클럽 길이 이내에 볼을 드롭했을 때 그 볼은 움직일 수 없는 **장해물**에 의한 방해를 피하고 **해저드** 안이나 **퍼팅 그린** 위가 아닌, **코스**상의 일부 지점에 먼저 떨어지지 않으면 안 된다.

(ii) **벙커 안**: 볼이 **벙커** 안에 있는 경우 플레이어는 그 볼을 집어 올려서 다음의 한 가지 방법으로 드롭하지 않으면 안 된다.

    (a) 벌 없이, 위의 (i)에 따라서 드롭하되 다만 **가장 가까운 구제 지점**은 반드시 **벙커** 안에 있어야 된다는 점과 그 볼도 그 **벙커** 안에 드롭하지 않으면 안 된다.

    (b) 1벌타를 받고, **홀**과 볼이 놓여 있었던 지점을 연결한 직선상으로 그 **벙커** 밖의 1지점에 드롭. 그 지점이 **벙커** 후방이면 아무리 멀리 떨어져도 그 거리에는 제한이 없다.

(iii) **퍼팅 그린 위**: 볼이 **퍼팅 그린**에 있는 경우 플레이어는 벌 없이 그 볼을 집어 올려서 **해저드** 안이 아닌 곳의 **가장 가까운 구제 지점**에 플레이스하지 않으면 안 된다. 그때 **가장 가까운 구제 지점**은 **퍼팅 그린** 밖에 있어도 된다.

(iv) **티잉 그라운드 위**: 볼이 **티잉 그라운드** 위에 있는 경우 플레이어는 벌 없이 그 볼을 집어 올려서 위의 (i)에 따라서 드롭하지 않으면 안 된다.

본 규칙24-2b에 의하여 볼을 집어 올린 경우 그 볼은 닦을 수 있다.

(구제를 받았으나 바로 같은 상태의 방해가 되는 위치로 다시 굴러간 경우 – 규칙20-2c(v) 참조)

예외

플레이어는 다음과 같은 경우 본 규칙24-2b에 의한 구제를 받아서는 안 된다.

움직일 수 없는 장해물 뒤에 있는 볼
플레이 선상에 움직일 수 없는 장해물이 있을 때에는 구제받을 수 없다. 이 대피소는 플레이어의 스탠스나 스윙 혹은 볼의 라이에 방해가 될 수 있고 그때는 규칙24-2가 적용된다.

(a) 움직일 수 없는 **장해물** 이외의 다른 것에 의한 방해로 분명히 **스트로크**하기가 실행 불가능한 경우, 또는

(b) 움직일 수 없는 **장해물**에 의한 방해가 분명히 무리한 **스트로크**나 불필요하게 비정상적인 **스탠스**, 스윙 또는 플레이 방향을 취할 때에만 생기는 경우

주1
볼이 워터 해저드(래터럴 워터 해저드 포함) 안에 있는 경우 플레이어는 움직일 수 없는 장해물에 의한 방해로부터 구제를 받아서는 안 된다. 플레이어는 볼이 있는 그대로의 상태로 플레이하거나 규칙26-1에 의하여 처리하지 않으면 안 된다.

주2
본 규칙24-2b에 의하여 드롭하거나 플레이스할 볼을 곧 회수할 수 없는 경우에는 다른 볼로 교체할 수 있다.

주3
위원회는 움직일 수 없는 장해물 위를 넘어가거나, 안으로 또는 아래를 통하지 않고 가장 가까운 구제지점을 결정하지 않으면 안 된다는 로컬 룰을 제정할 수 있다.

24-3. 장해물 안에 있는 볼이 발견되지 않은 경우
장해물 방향으로 볼을 친 후 발견되지 않은 그 볼이 그 **장해물** 안에 있는지 없는지의 여부는 사실에 관한 문제다. 본 규칙24-3을 적용하기 위해서는 그 볼이 그 **장해물** 안에 있다는 것을 알고 있거나 사실상 확실하지 않으면 안 된다. 그와 같이 알고 있지 않거나 불확실할 때 플레이어는 규칙27-1에 의하여 처리하지 않으면 안 된다.

도로와 통로

움직일 수 없는 장해물에서 벌 없이 구제를 받을 수 있다. 가장 가까운 구제 지점은 저 관목 속이 될 것이다. 물론 구제는 선택 사항이기 때문에 플레이어는 볼이 있는 그대로의 상태로 플레이할 수 있다.

벙커 안에 있는 움직일 수 없는 장해물

볼이 벙커 안에 있을 때 플레이어는 움직일 수 없는 장해물에서 구제를 받을 수 있다. 가장 가까운 구제 지점은 그 벙커 안에 있지 않으면 안 되며 볼도 그 벙커 안에 드롭하지 않으면 안 된다. 그 대안으로 1벌타를 받고 벙커 밖에 그 볼을 드롭할 수도 있다.

옆을 향한 스트로크를 위한 구제

플레이어는 그것이 합당한 경우 옆을 향한 스트로크를 위하여 움직일 수 없는 장해물에서 구제를 받을 수 있다. 나무를 둘러싸고 있는 울타리가 있는 상황에서 그 울타리로부터 구제를 받고 좀 떨어져서 하는 옆을 향한 스트로크는 합당한 것으로 간주된다.

24-3a. 움직일 수 있는 장해물 안에 있는 볼이 발견되지 않은 경우

발견되지 않은 볼이 움직일 수 있는 **장해물** 안에 있다는 것을 알고 있거나 사실상 확실한 경우 플레이어는 본 규칙24-3a에 의하여 다른 볼로 **교체할** 수 있으며 벌 없이 구제를 받을 수 있다. 플레이어가 구제를 받기로 결정한 경우 그는 그 **장해물**을 제거하고, 그 볼이 움직일 수 있는 **장해물**의 가장 바깥쪽 한계를 최후로 넘어간 지점의 바로 아래 지점에 되도록 가깝고 홀에 더 가깝지 않은 곳에, **스루 더 그린**이나 **해저드** 안에서는 **볼**을 드롭하고 **퍼팅 그린** 위에서는 **볼**을 플레이스하지 않으면 안 된다.

24-3b. 움직일 수 없는 장해물 안에 있는 볼이 발견되지 않은 경우

발견되지 않은 볼이 움직일 수 없는 **장해물** 안에 있다는 것을 알고 있거나 사실상 확실한 경우 플레이어는 본 규칙24-3b에 의하여 구제를 받을 수 있다. 구제를 받기로 하였을 때에는 그 **장해물**의 가장 바깥쪽 한계를 최후로 넘은 지점을 결정하지 않으면 안 되며, 본 규칙24-3b를 적용하기 위해서는 그 볼이 그 지점에 있는 것으로 간주하고 플레이어는 다음과 같이 처리하지 않으면 안 된다.

(i) **스루 더 그린**: 볼이 스루 더 그린에서 움직일 수 없는 **장해물**의 가장 바깥쪽 한계를 최후로 넘어간 경우 플레이어는 벌 없이 다른 볼로 **교체할** 수 있으며 규칙24-2b(i)에 규정된 바와 같이 구제를 받을 수 있다.

(ii) **벙커 안**: 볼이 **벙커** 안에서 움직일 수 없는 **장해물**의 가장 바깥쪽 한계를 최후로 넘어간 경우 플레이어는 벌 없이 다른 볼로 **교체할** 수 있으며 규칙24-2b(ii)에 규정된 바와 같이 구제를 받을 수 있다.

장해물로부터의 구제가 플레이 선을 위한 구제도 받게 된 경우

움직일 수 없는 장해물에서 구제를 받은 후에는 규칙에 의하여 플레이어는 어느 방향으로도 플레이하는 것이 허용된다. 그린을 향하여 스트로크하는 데 우거진 관목들이 더 이상 방해가 되지 않게 된 것은 플레이어의 행운이다.

데이비드 프로스트(David Frost)가 카노스티(Carnoustie) 코스의 2번 홀 왼쪽 도로에서 구제를 거부당한 후 그가 친 볼이 도로에 떨어졌기 때문에 규칙24-2에 의하여 구제를 받았다 – 124~125쪽 사례 참조.

- (iii) **워터 해저드(래터럴 워터 해저드 포함) 안:** 볼이 **워터 해저드** 안에서 움직일 수 없는 **장해물**의 가장 바깥쪽 한계를 최후로 넘어간 경우 플레이어는 벌 없이 구제를 받을 수 없다. 플레이어는 규칙26-1에 의하여 처리하지 않으면 안 된다.
- (iv) **퍼팅 그린 위:** 볼이 **퍼팅 그린** 위에서 움직일 수 없는 **장해물**의 가장 바깥쪽 한계를 최후로 넘어간 경우 플레이어는 벌 없이 다른 볼로 **교체**할 수 있으며 규칙24-2b(iii)에 규정된 바와 같이 구제를 받을 수 있다.

규칙24의 위반에 대한 벌은
매치 플레이 – 그 홀의 패,
스트로크 플레이 – 2벌타.

워터 해저드 안에서 벌 없이 구제 받을 수 없는 경우

워터 해저드 안에서는 비록 볼을 플레이할 수 있을지라도 움직일 수 없는 장해물에서 벌 없이 구제를 받을 수 없다. 플레이어는 볼이 있는 그대로의 상태로 플레이하거나 워터 해저드 규칙에 의하여 처리하지 않으면 안 된다(규칙26 참조).

워터 해저드 위쪽에 걸쳐 있는 다리 위에 있는 볼

워터 해저드의 한계는 수직 위로 연장되는 것으로 간주되기 때문에 그 볼은 워터 해저드 안에 있는 볼이다. 다리는 움직일 수 없는 장해물이지만 볼이 워터 해저드 안에 놓여 있거나 워터 해저드에 접촉하고 있는 경우에는 움직일 수 없는 장해물에서 벌 없이 구제를 받을 수 없다. 볼을 다리에서 플레이할 경우에는 클럽을 지면에 댈 수 있다.

경계 울타리에 붙어 있는 밟고 넘는 계단

경계 울타리는 움직일 수 없는 장해물이 아니지만 밟고 넘는 계단은 움직일 수 없는 장해물이다. 플레이어는 규칙24-2에 의하여 밟고 넘는 계단에서 구제를 받을 수 있다.

사례

1744년 이래 골프 규칙의 기본 원칙은 코스는 발견된 그대로, 볼은 있는 그대로의 상태로 플레이하고 적절한 처리에 자신이 없는 경우 공정하게 처리하는 것이었다. 해리 브래드쇼(Harry Bradshaw)는 1949년 디 오픈 챔피언십 경기에서 이 기본 원칙의 정신을 그대로 발휘하였다.

로열 세인트 조지스(Royal St. George's) 코스의 첫 번째 라운드에서 훌륭한 샷으로 68타를 친 브래드쇼는 지미 애덤스(Jimmy Adams)에 1타 뒤진 로베르토 데 비센조(Roberto De Vicenzo)와 동점이 되었다. 그런데 2라운드의 5번 홀에서 브래드쇼의 볼이 병목이 부러진 채 버려진 한 맥주병 안으로 굴러 들어갔다.

그때 브래드쇼는 그가 받을 수 있는 구제를 위한 재정을 구하기보다, 볼을 있는 그대로의 상태로 플레이하지 않으면 안 된다고 스스로 결심하였다. 그리고 그는 샌드 웨지를 꺼내서 크게 스윙하여 그의 볼을 쳤고 그 타격으로 맥주병은 산산조각이 나서 흩어졌지만 볼은 앞으로 약간 나갔을 뿐이었다. 그 홀에서 그는 더블 보기로 6타의 스코어를 냈다.

이 움직일 수 있는 장해물을 그대로 플레이한 결과 브래드쇼는 결국 스코어 283으로 남아프리카의 바비 로크(Bobby Locke)와 동점이 되었다. 그리고 36홀 연장전 끝에 로크의 스코어는 136, 브래드쇼의 스코어는 147로 로크는 4회에 걸친 디 오픈 챔피언십 토너먼트 우승 중 첫 번째 우승을 차지하게 되었다.

규칙24-1에 의하여 브래드쇼의 볼은 움직일 수 있는 장해물 안에 있었기 때문에 그 볼은 집어 올려 닦을 수 있었으며 그 버려진 맥주병을 제거하고 병 안에 볼이 놓여 있었던 곳의 바로 아래 지점에 될수록 가까운 지점에 그 볼을 드롭할 수 있었다.

규칙24-2 예외에서 플레이어는 비정상적인 스탠스, 스윙 혹은 플레이 방향을 취할 때에만 방해가 생기는 경우 본 규칙에 의하여 구제를 받을 수 없다는 것을 규정하고 있다. 이것은 심판원의 판정 권한이 행사되는 골프 규칙에 있는 상황 중 하나의 사건으로 데이비드 프로스트는 1999년 카노스티 코스에서 열린 디 오픈 챔피언십 경기의 최종 라운드에서 이 규칙에 관하여 알게 되었다.

저스틴 레너드(Justin Leonard)와 함께 마지막 두 번째 조에서 플레이하고 있던 프로스트는 2번 홀에서 드라이브 샷을 날렸는데 그 볼이 낮게 후크가 나면서 깊은 러프 안으로 들어갔다. 그 볼을 플레이하기 위하여 그가 서야 할 장소 바로 가까이에는 도로가 지나가고 있었다. 그

해리 브래드쇼가 1949년 디 오픈 챔피언십 경기에서 깨진 병 안으로 들어간 그의 볼을 믿기지 않는 듯한 시선으로 바라보고 있다.

때 프로스트는 동행한 규칙 위원에게 그의 발 아래쪽에 있는 볼을 스트로크하기 위해서는 도로 위에 서야 할 정도로 그의 스탠스를 넓혀야 하기 때문에 그는 움직일 수 없는 장해물에서 구제를 받을 수 있다고 주장하였다.

그러나 심판원은 그 주장을 받아들이지 않았으며 프로스트에게 그러한 플레이는 타당하지 않다고 말하였다. 만일 그 도로가 그곳에 없었다면 프로스트는 그의 왼쪽 발을 그 도로에 놓는 스탠스를 취하지 않았을 것이라는 것이 그 경기 위원의 판단이었다. 당시 티에는 마지막 조가 대기하고 있는 가운데 무전기를 통하여 경기 위원의 재정에 대한 확인을 요청하고 있었고 시간은 빠르게 지나가고 있었다. 드디어 그 재정은 최종적인 것으로 간주되었으며 프로스트는 볼이 있던 그대로의 상태로 플레이하였다. 따라서 그는 그 거북한 라이에서 샷을 하였는데 볼이 도로에 떨어져서 정지하였으며 그곳에서는 규칙24-2에 의하여 구제를 받을 수 있었다.

이와 같은 상황에서 경기 위원은 그 문제의 장해물이 없었더라면 플레이어가 어떤 샷을 시도하였겠는가를 깊이 고려해야 한다. 골프 규칙은 이번 경우와 같은 스트로크 플레이 상황에서 경기자를 보호하고 다른 모든 플레이어보다 한 사람의 플레이어가 불공정하게 유리해지는 경우를 방지하기 위하여 존재한다.

위원회가 장해물을 골프 코스와 분리될 수 없는 부분으로 선언한 경우에는 벌 없이 구제를 받을 수 없기 때문에 이는 어떤 논쟁도 없애 주는 역할을 한다. 이에 관한 가장 유명한 예는 세인트 앤드루스 올드 코스의 로드 홀(Road Hole)에 있다. 볼이 그린 바로 오른쪽에 있는 도로 위에 있을 때 그 볼은 있는 그대로의 상태로 플레이하지 않으면 안 된다. 홀 명칭이 암시하고 있는 바와 같이 그 도로는 언제나 올드 코스 17번 홀의 가장 중요한 구성 요소로 되어 있으며 도로에서 구제를 인정하게 되면 그것은 올드 코스가 가진 가장 중요한 장해물 가운데 하나를 없애 버리는 것이 될 것이다. 그러므로 그 도로는 골프 코스와 분리될 수 없는 부분으로 존재한다.

무리한 노력을 하지 않고는 옮길 수 없는 경우 그 장해물은 움직일 수 없는 장해물이다. 골프 카트는 많은 노력을 들이지 않고도 쉽게 옮길 수 있기 때문에 일반적으로 움직일 수 있는 장해물로 취급한다. 이번 사건은 2010년 디 오픈 챔피언십 경기의 2라운드 5번 홀에서 타이거 우즈가 넓은 페어웨이로 볼을 쳤을 때 일어난 경우였다. 그의 볼은 이동 TV 카메라 운반용 소형차 아래에 들어가서 정지하였다.

운전자가 그 소형차를 이동시키기 전에 우즈는 먼저 그의 볼 위치를 마크하였다. 카메라맨이 와서 그 차를 이동시켰으며 볼은 최초의 위치에 그대로 남아 있었다. 만일 그 소형차가 이동한 결과로 볼이 움직였다면 벌은 없었을 것이며 플레이어는 그 볼을 리플레이스하지 않으면 안 된다.

규칙24-1에서 장해물을 옮기기 전에 볼 위치를 마크하도록 플레이어

2010년 말레이시아 오픈 경기의 18번 홀에서 한국의 노승렬은 유러피언 투어의 수석 심판원인 존 패러모의 안내로, 카트로에서 구제를 받은 후 그의 우승을 향한 플레이를 계속하였다.

에게 요구하고 있지 않을지라도 그 위치를 마크하는 것은 좋은 습관이다. 볼 위치를 마크함으로써 우즈는 그 소형차가 볼을 움직인 경우에도 볼을 정확히 리플레이스할 수 있다는 것을 잘 알고 있었다.

2010년 메이뱅크 말레이시아 오픈(Maybank Malaysian Open) 경기에서 한국의 10대 선수인 노승렬은 파5의 18번 홀에서 믿을 수 없는 버디 퍼트에 성공한 후 준우승자인 최경주에 극적인 1타 차로 승리를 차지하였다. 그때 노승렬이 티샷한 볼은 인접한 10번 홀 페어웨이 위에 정지하였는데 정상적으로는 그린까지 3번 우드 샷으로 도달할 수 있는 거리를 남겨 놓았다.

그리고 그가 두 번째 샷을 날렸는데 그의 볼은 그린 왼쪽으로 향하였으며 접대용 대형 천막을 넘어 그린에서 약 60야드 떨어진 쿠알라룸푸르 골프 앤드 컨트리 클럽(Kuala Lumpur Golf & Country Club)의 카트로 위에 정지하였다. 그때 심판원은 노승렬에게 그 콘크리트 통로에서 먼저 구제를 받아야 할 것이며 일단 그것이 끝나면 그를 둘러싼 임시 장해물과 그의 플레이 선에 관하여 상황을 평가하게 될 것이라고 설명해 주었다. 그리고 심판원은 단계를 '뛰어 넘어서' 한 번의 처리 절차로 이 모든 장해물에서 동시에 구제를 받을 수 없다고 설명하였다.

노승렬은 심판원이 주의 깊게 주시하는 가운데 가장 가까운 구제 지점을 정하고 그 구제 지점에서 1클럽 길이 이내에 볼을 드롭하였다. 규칙24-2에 따라서 일단 볼을 드롭하였는데 이번에는 볼이 분명히 흰색의 나무 울타리로부터 방해를 받는 상황이 되었다. 그 나무 울타리는 정상적인 코스의 일부는 아니고 토너먼트를 위하여 임시로 설치된 것이었다. 토너먼트를 위한 로컬 룰에 의하여 어떤 임시 움직일 수 없는 장해물에서도 구제를 받을 수 있기 때문에 노승렬은 그 임시 움직일 수 없는 장해물에서 구제를 받고 나서 칩샷으로 홀에서 몇 인치 안 되는 거리까지 볼을 접근시켰다. 그리고 퍼트하여 볼을 홀에 넣었으며 같은 한국인 선수 최경주를 제치고 그의 첫 번째 유러피언 투어에서 우승했다.

Q&A

고무래는 벙커 안에 두어야 하는가 아니면 밖에 두어야 하는가?

모든 점을 고려하여 플레이어에게 유리하거나 불리하게 작용할 가능성이 더 적다고 생각되기 때문에, 고무래는 벙커 밖에 두도록 권장한다.

실제로 벙커 안에 고무래를 놓아둔 플레이어는 벙커의 평탄한 곳으로 굴러가는 볼을 정지시킬 가능성이 있는 곳에 자주 놓게 되는데 그 결과로 그렇지 않은 경우보다 훨씬 어려운 샷을 하게 된다. 이러한 현상은 특히 작은 벙커에서 현실로 나타난다.

볼이 벙커 안에 있는 고무래에 기대어 정지한 경우 플레이어는 규칙24-1(움직일 수 있는 장해물)에 의하여 처리할 수 있다. 그러나 볼이 있었던 같은 지점에 그 볼을 리플레이스할 수 없거나 홀에 더 가깝지 않은 벙커 안의 한 지점을 찾을 수 없는 경우가 있을지도 모른다.

그리고 고무래를 벙커 가운데에 둘 경우 그렇게 놓아두는 방법은 고무래를 벙커 가운데로 던지는 방법밖에 없는데 그렇게 되면 표면에 손상을 입히게 된다. 또 고무래가 큰 벙커의 한가운데에 있는 경우 그것을 잘 사용하지 않거나 사용한 후에 플레이어가 벙커의 넓은 부분을 골라야 하기 때문에 불필요한 지연을 초래하게 된다. 그러므로 이러한 모든 점을 고려하여 검토한 결과 고무래는 볼이 움직이는 데 최소한의 영향을 미칠 것으로 생각되는 벙커 밖에 두도록 권장한다.

워터 해저드나 래터럴 워터 해저드를 정한 말뚝은 뽑아서 옮겨도 되는가?

워터 해저드 말뚝은 장해물이다 – 용어의 정의 38 '장해물' 참조. 따라서 그와 같은 말뚝을 움직일 수 있는 경우 규칙24-1에 따라서 벌 없이 그 말뚝을 제거할 수 있다. 플레이어는 그의 볼이 워터 해저드 안에 있거나 있지 않거나의 여부에 상관없이 코스의 어느 곳에서도 움직일 수 있는 장해물을 제거할 수 있다.

RULE 25

비정상적인 코스 상태, 지면에 박힌 볼 및 다른 퍼팅 그린

정의

용어의 정의는 제2장에 알파벳순으로 나열하였으며 규칙에서 그 용어가 나올 때 굵은 서체를 사용하였다. 13~23쪽 참조.

25-1. 비정상적인 코스 상태

25-1a. 방해

볼이 **비정상적인 코스 상태** 안에 있거나 접촉하고 있는 경우 또는 **비정상적인 코스 상태**가 플레이어의 **스탠스**나 의도하는 스윙 구역을 방해할 때에는 **비정상적인 코스 상태**에 의한 방해가 생긴 것으로 한다. 플레이어의 볼이 **퍼팅 그린**에 있을 때 **비정상적인 코스 상태**가 플레이어의 **퍼트 선**상에 있는 경우에도 역시 방해가 생긴 것으로 한다. 그 이외의 경우에는 **플레이 선**상에 **비정상적인 코스 상태**가 있어도 그 자체만으로는 본 규칙25-1a에서 뜻하는 방해가 생긴 것이 아니다.

주

위원회는 비정상적인 코스 상태가 플레이어의 스탠스에 방해가 되어도 그 자체만으로는 본 규칙25-1에서 뜻하는 방해가 생긴 것으로 간주하지 않는다는 로컬 룰을 만들 수 있다.

25-1b. 구제

볼이 **워터 해저드** 안이나 **래터럴 워터 해저드** 안에 있을 때를 제외하고 플레이어는 **비정상적인 코스 상태**에 의한 방해로부터 다음과 같이 구제를 받을 수 있다.

(i) 스루 더 그린: 볼이 **스루 더 그린**에 있는 경우 플레이어는 벌 없이 그 볼을 집어 올려서 **가장 가까운 구제**

아직 그루터기에 붙어 있는 넘어진 나무는 수리지가 아니지만 위원회는 그것을 수리지로 선언할 수 있다.

트랙터가 만든 바퀴 자국은 수리지가 아니지만 위원회가 깊은 바퀴 자국을 수리지로 선언하는 것은 타당하다고 할 수 있다.

보호가 필요한 지역

보호가 필요한 어린 나무의 식수지와 같은 지역이 코스 안에 있는 경우 위원회는 그 지역을 '수리지 – 플레이 금지'로 선언하여야 한다.

지점으로부터 1클럽 길이 이내로 그 **가장 가까운 구제 지점**보다 **홀**에 더 가깝지 않은 곳에 그 볼을 드롭하지 않으면 안 된다. 그때 **가장 가까운 구제 지점**은 **해저드** 안이나 **퍼팅 그린** 위에 있어서는 안 된다. **가장 가까운 구제 지점**에서 1클럽 길이 이내에 볼을 드롭했을 때 그 볼은 **비정상적인 코스 상태**에 의한 방해를 피하고 **해저드** 안이나 **퍼팅 그린** 위가 아닌 **코스**상의 일부에 먼저 떨어지지 않으면 안 된다.

(ii) **벙커 안**: 볼이 **벙커** 안에 있는 경우 플레이어는 그 볼을 집어 올려서 다음의 한 가지 방법으로 드롭하지 않으면 안 된다.

 (a) 벌 없이, 위의 (i)에 따라서 드롭하되 **가장 가까운 구제 지점**은 반드시 **벙커** 안에 있어야 되고 볼도 그 **벙커** 안에 드롭하지 않으면 안 된다. 또는 완전한 구제가 불가능한 경우에는 그 상태에서 최대한의 구제를 받을 수 있는, **코스**상의 일부로 **홀**에 더 가깝지 않고 볼이 놓여 있었던 곳에 되도록 가까운 그 **벙커** 안의 지점에 드롭.

 (b) 1벌타를 받고, **홀**과 볼이 놓여 있었던 지점을 연결한 직선상으로 그 **벙커** 밖의 지점에 드롭하고, 이때 그 지점이 **벙커** 후방이면 아무리 멀리 떨어져도 그 거리에는 제한이 없다.

(iii) **퍼팅 그린 위**: 볼이 **퍼팅 그린** 위에 있는 경우 플레이어는 벌 없이 그 볼을 집어 올려서 **해저드** 안이 아닌 곳의 **가장 가까운 구제 지점**에 플레이스하지 않으면 안 된다. 또는 완전한 구제가 불가능한 경우에는 그 상태에서 최대한의 구제를 받을 수 있으며, **홀**에 더 가깝지 않고, **해저드** 안 이외의 장소로 볼이 놓여 있었던 곳에 되도록 가까운 지점에 플레이스하지 않으면 안 된다. 그때 **가장 가까운 구제 지점**이나 최대한의 구제를 받을 수 있는 가장 가까운 지점은 **퍼팅 그린** 밖에 있어도 된다.

(iv) **티잉 그라운드 위**: 볼이 **티잉 그라운드** 위에 있는 경우 플레이어는 벌 없이 그 볼을 집어 올려서 위의 (i)에 따라서 드롭하지 않으면 안 된다.

규칙25-1b에 의하여 볼을 집어 올린 경우 그 볼은 닦을 수 있다.

(구제를 받았으나 볼이 바로 같은 상태의 방해가 되는 위치로 다시 굴러간 경우 – 규칙20-2c(v) 참조)

퍼팅 그린 위에 있는 캐주얼 워터

아래의 두 그림에서 플레이어의 볼이 퍼팅 그린 위의 지점1에 있다. 그림A에서 그의 볼은 캐주얼 워터 안에 있는데, 그림B에서는 캐주얼 워터가 플레이 선에 걸리는 상황이다. 어느 경우에도 구제를 받아야 한다면 플레이어는 그 지점이 퍼팅 그린 위에 있지 않을지라도 '가장 가까운 구제 지점'인 지점3에 볼을 플레이스하지 않으면 안 된다. 지점2는 여전히 캐주얼 워터로부터 방해를 받고 있으며 한편으로 지점4는 퍼팅 그린 위에 있으나 지점3보다 홀에서 더 멀리 있다.

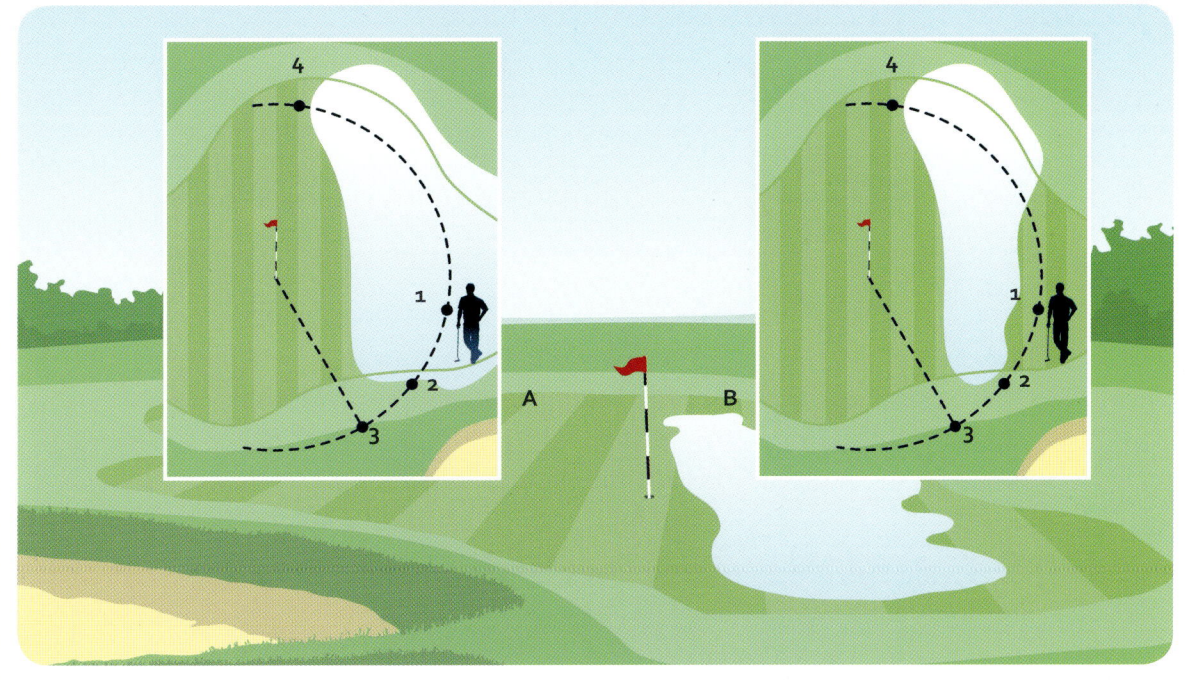

볼이 캐주얼 워터 가까이에 있다: 왼손잡이 스트로크가 무리한 경우

오른손잡이 플레이어는 왼손잡이로 플레이할 다른 이유가 없는 경우, 캐주얼 워터에서 구제를 받기 위하여 왼손잡이 플레이를 선택할 수 없다. 이 상황에서 왼손잡이 스트로크는 무리한 경우에 해당된다.

볼이 캐주얼 워터 해저드 가까이에 있다: 왼손잡이 스트로크가 합리적인 경우

1 나무 때문에 정상적으로 오른손잡이 스트로크를 할 수 없는 플레이어는 왼손잡이 플레이를 결정해도 되는데 그 경우에는 캐주얼 워터 안에 서게 된다.

플레이 방향 →

2

3 플레이어는 왼손잡이 스트로크를 위하여 캐주얼 워터에서 구제를 받을 수 있으며 볼을 드롭한 후 플레이어는 오른손잡이 플레이 혹은 왼손잡이 플레이를 할 수 있다.

4

벙커 안에서 캐주얼 워터 안에 있는 볼

플레이어는 캐주얼 워터에서 완전한 구제를 받을 수 있기 때문에 플레이어가 벌 없이 구제받기를 원하는 경우 벙커 안에 있는 가장 가까운 구제 지점에서 1클럽 길이 이내에 볼을 드롭하지 않으면 안 된다. 완전한 구제가 불가능한 경우에는 벙커 안에서 최대한의 구제를 받을 수 있는 지점에 그 볼을 드롭하지 않으면 안 된다(규칙25-1b(ii) 참조).

구멍 파는 동물의 구멍이 스탠스에 방해가 되었다: 다른 상태 때문에 언플레이어블 볼이 된 경우

플레이어는 나무 때문에 볼을 플레이할 수 없는 것이 분명하기 때문에, 토끼가 긁어 낸 자국에서 구제를 받을 수 없다. 이 상황에서는 플레이어가 다른 상태에 의한 방해로 분명히 스트로크하기가 실행 불가능한 상태이기 때문이다 — 규칙25-1b 예외를 참조한다.

예외

플레이어는 다음과 같은 경우 본 규칙25-1b에 의한 구제를 받아서는 안 된다.

(a) **비정상적인 코스 상태** 이외의 다른 것에 의한 방해로 분명히 **스트로크**하기가 실행 불가능한 경우, 또는

(b) **비정상적인 코스 상태**에 의한 방해가 분명히 무리한 **스트로크**나 불필요하게 비정상적인 **스탠스**, 스윙 또는 플레이 방향을 취할 때에만 생기는 경우

주1
볼이 워터 해저드(래터럴 워터 해저드 포함) 안에 있는 경우 플레이어는 벌 없이 비정상적인 코스 상태에 의한 방해로부터 구제를 받을 수 없다. 플레이어는 볼이 있는 그대로의 상태로 플레이하거나(로컬 룰에 의하여 그곳에서의 플레이가 금지되어 있지 않는 한) 규칙26-1에 의하여 처리하지 않으면 안 된다.

주2
본 규칙25에 의하여 드롭하거나 플레이스할 볼을 곧 회수할 수 없는 경우에는 다른 볼로 교체할 수 있다.

25-1c. 비정상적인 코스 상태 안에 있는 볼이 발견되지 않은 경우

비정상적인 코스 상태 방향으로 볼을 친 후 발견되지 않은 그 볼이 그 **비정상적인 코스 상태** 안에 있는지 없는지의 여부는 사실에 관한 문제다. 본 규칙25-1c를 적용하기 위해서는 그 볼이 그 **비정상적인 코스 상태** 안에 있다는 것을 알고 있거나 사실상 확실하지 않으면 안 된다. 그와 같이 알고 있지 않거나 확실하지 않을 때 플레이어는 규칙27-1에 의하여 처리하지 않으면 안 된다.

발견되지 않은 볼이 **비정상적인 코스 상태** 안에 있다는 것을 알고 있거나 사실상 확실한 경우 플레이어는 본 규칙25-1c에 의하여 구제를 받을 수 있다. 플레이어가 구제를 받기로 한 경우 그 **비정상적인 코스 상태**

의 가장 바깥쪽 한계를 볼이 최후로 넘어간 지점을 결정하지 않으면 안 되며, 본 규칙25-1c를 적용하기 위해서는 그 **비정상적인 코스 상태**의 가장 바깥쪽 한계를 최후로 넘어간 지점에 그 볼이 있는 것으로 간주하고 플레이어는 다음과 같이 처리하지 않으면 안 된다.

(i) **스루 더 그린**: 볼이 **스루 더 그린**에 있는 **비정상적인 코스 상태**의 가장 바깥쪽 한계를 최후로 넘어간 경우 플레이어는 벌 없이 다른 볼로 **교체**할 수 있으며 규칙25-1b(i)에 규정된 바와 같이 구제를 받을 수 있다.

(ii) **벙커 안**: 볼이 **벙커** 안의 한 지점에 있는 **비정상적인 코스 상태**의 가장 바깥쪽 한계를 최후로 넘어간 경우 플레이어는 벌 없이 다른 볼로 **교체**할 수 있으며 규칙25-1b(ii)에 규정된 바와 같이 구제를 받을 수 있다.

(iii) **워터 해저드(래터럴 워터 해저드 포함) 안**: 볼이 **워터 해저드** 안의 한 지점에 있는 **비정상적인 코스 상태**의 가장 바깥쪽 한계를 최후로 넘어간 경우 플레이어는 벌 없이 구제를 받을 수 없다. 플레이어는 규칙 26-1에 의하여 처리하지 않으면 안 된다.

(iv) **퍼팅 그린 위**: 볼이 **퍼팅 그린** 위의 한 지점에 있는 **비정상적인 코스 상태**의 가장 바깥쪽 한계를 최후로 넘어간 경우 플레이어는 벌 없이 다른 볼로 **교체**할 수 있으며 규칙25-1b(iii)에 규정된 바와 같이 구제를 받을 수 있다.

25-2. 지면에 박힌 볼

스루 더 그린의 잔디를 짧게 깎은 구역 안에서 볼이 자체의 힘으로 지면에 만든 자국에 박힌 경우 그 볼은 벌 없이 집어 올려서 닦을 수 있으며, **홀**에 더 가깝지 않고 볼이 놓여 있었던 지점에 되도록 가까운 곳에 드롭할 수 있다. 드롭할 때 볼은 **스루 더 그린**의 **코스**상 일부에 먼저 떨어지지 않으면 안 된다. '잔디를 짧게 깎은 구역'이란, 러프를 지나는 통로를 포함하여 페어웨이 잔디 높이나 그 이하로 깎은 **코스**의 모든 구역을 의미한다.

25-3. 다른 퍼팅 그린

25-3a. 방해

볼이 **다른 퍼팅 그린**에 있을 때에는 **다른 퍼팅 그린**에 의한 방해가 생긴 것으로 한다. 플레이어의 **스탠스**나 의도하는 스윙 구역에 방해가 되어도 그 자체만으로는 본 규칙25-3에서 뜻하는 방해가 생긴 것이 아니다.

지면에 박힌 볼

벙커에서 풀로 덮여 있는 지면 가장자리는 벙커의 일부가 아니다. 그 잔디는 '짧게 깎여 있지' 않기 때문에 지면에 박힌 볼에 대한 구제는 없다. 그 볼은 있는 그대로의 상태로 플레이하거나 언플레이어블로 선언하지 않으면 안 된다.

다른 퍼팅 그린으로부터의 구제

다른 퍼팅 그린으로부터의 구제는 볼이 다른 퍼팅 그린 위에 있는 경우에 한해서 가능하다. 그때 스탠스에 방해가 되어도 그 자체만으로는 구제를 받을 수 없다. 플레이어는 다른 퍼팅 그린 위에 있는 볼을 그대로 플레이해서는 안 된다.

25-3b. 구제

플레이어의 볼이 **다른 퍼팅 그린** 위에 있는 경우 플레이어는 볼이 있는 그대로의 상태로 플레이해서는 안 된다. 플레이어는 벌 없이 다음과 같이 구제를 받지 않으면 안 된다.

즉 플레이어는 볼을 집어 올려서 **가장 가까운 구제 지점**으로부터 1클럽 길이 이내로 그 가장 가까운 구제 지점보다 홀에 더 가깝지 않은 곳에 그 볼을 드롭하지 않으면 안 된다. 그때 **가장 가까운 구제 지점**은 **해저드** 안이나 **퍼팅 그린** 위에 있어서는 안 된다. **가장 가까운 구제 지점**에서 1클럽 길이 이내에 볼을 드롭했을 때 그 볼은, **다른 퍼팅 그린**에 의한 방해를 피하고 **해저드** 안이나 **퍼팅 그린** 위가 아닌 **코스**상의 일부 지점에 먼저 떨어지지 않으면 안 된다. 본 규칙25-3에 의하여 볼을 집어 올린 경우 그 볼은 닦을 수 있다.

규칙25의 위반에 대한 벌은
매치 플레이 – 그 홀의 패,
스트로크 플레이 – 2벌타.

사례

2004년 마스터스 토너먼트(Masters Tournament) 경기의 3일째 되는 날 마지막 두 번째 조에서 플레이하고 있던 어니 엘스는 파4의 11번 홀에서 그의 티샷을 조금 당겨서 친 바람에 볼이 나무들 속으로 들어갔다. 남아프리카 공화국 출신의 그는 간신히 그의 볼을 찾았으나 나무에서 떨어진 아주 큰 나뭇가지 속에 라이가 나쁜 상태로 놓여 있었다. 이것은 마치 플레이어의 선택은 단지 그의 볼을 언플레이어블로 간주하는 방법밖에 없는 것처럼 보였다. 그러나 엘스는 그 홀의 심판원에게 나뭇가지들을 다른 곳으로 옮기기 위하여 쌓아 올려 놓았는가의 여부를 물었는데 그렇게 쌓아 올려 놓은 경우 그것들은 수리지에 해당되며(용어의 정의 24 '수리지' 참조) 그는 벌 없이 구제를 받을 수 있다. 심판원이 그 나뭇가지들을 처음 보았을 때 다른 곳으로 옮기기 위하여 쌓아 올려 놓은 것이 아닌 버려진 것으로 생각하였는데 그냥 버려진 경우에는 벌 없이 구제를 받을 수 없다. 그러나 심판원은 그 마스터스 대회 규칙 위원장에게 제2의 의견을 듣자는 데 동의하였다.

위원장이 현장에 도착해서 플레이어에게 그 나뭇가지들은 최근에 우박을 동반한 폭풍이 불었을 때 떨어진 것들로 다른 곳으로 옮기기 위하여 쌓아 올려 놓은 것이라고 말하였다. 그리고 엘스는 그 나뭇가지들로부터 가장 가까운 구제 지점을 지시받았으며 엘스는 그 지점에서 1클럽 길이 이내에 볼을 드롭하였다. 엘스는 마주보는 나무들 사이로 어려운 샷을 날려 볼을 페어웨이로 다시 내보냈는데 그 다음에 만회할 수 있는 큰 샷을 날렸으나 보기를 얻는 데 그쳤다. 이 행운의 탈출로 본 대회에서 엘스는 필 미켈슨에 대한 그의 도전을 계속할 수 있었으나 결국 미국 국적의 미켈슨이 일요일의 역사적인 분투 끝에 엘스에 1타 차로 승리하였다.

오거스타 내셔널(Augusta National) 코스에서 어니 엘스가 티샷한 볼이 최근의 폭풍우로 부러진 나뭇가지들 속에 떨어진 후 벌 없이 구제를 받도록 허용되었다.

2010년 오픈 데 포르투갈(Open de Portugal) 경기에서 로버트 락(Robert Rock)은 드라이브 샷으로 날린 그의 볼이 표면이 연한 페어웨이 지면에 박힌 후 구제를 받았다. 락이 티샷한 볼이 페어웨이를 치고 피치 마크를 만든 후 1피트 앞으로 튀어 오른 다음 다시 뒤로 굴러서 바로 같은 피치 마크 안으로 들어갔다.

볼이 지면에 박힌 것으로 보기 위해서는 볼이 자체의 힘으로 지면에 만든 피치 마크에 지면 아래로 볼의 일부가 박혀야 한다. 재정25-2/1에서는 볼에 역회전이 걸려서 그 볼이 자체의 피치 마크 안으로 되돌아온 경우 그 볼은 피치 마크에 박힌 것으로 본다는 것을 명확히 하기 위하여 보다 상세히 설명하고 있다.

그러나 락과 그의 동반 경기자들은 티에서 볼이 지면에 떨어진 것을 보지 못하였기 때문에 그 볼이 볼 자체가 만든 피치 마크 안에 떨어졌는지 혹은 다른 플레이어의 피치 마크 안에 떨어졌는지의 여부에 관하여 확신이 없었다. 그때 락은 심판원의 도움을 청하였다.

심판원인 매츠 래너(Mats Lanner)는 그 볼이 떨어졌을 때 그곳에 없었기 때문에 그는 그 볼이 정지한 것을 누군가 목격했는가의 여부를 그 조와 동행했던 사람들에게 물어보았다. 그런데 마침 TV 해설자인 웨인 라일리(Wayne Riley)는 락이 속한 조에 앞서서 걸어가고 있었기 때문에 그는 그린을 향한 그들의 두 번째 샷에 관하여 해설을 제공할 수 있었다. 라일리는 볼이 지면에 박힌 것과 뒤로 굴러서 자체의 피치 마크 안으로 들어간 것을 보았으며 이 사실을 락과 경기 위원에게 확인해 줄 수 있었다.

Q&A

완전히 침수된 벙커에서 벌 없이 구제를 받을 수 있는가?

벌 없이 구제를 받을 수 없다. 플레이어는 볼이 있는 그대로의 상태로 플레이하거나 혹은 다음의 선택 사항 중 한 가지로 처리할 수 있다.

- 규칙25-1b(ii)(a)에 따라서 구제를 받는다.
- 규칙25-1b(ii)(b)에 나와 있는 바와 같이 1벌타를 받고 벙커 후방에 볼을 드롭한다.
- 그 볼을 언플레이어블로 간주하고 규칙28에 따라서 처리한다(재정25-1b/8 참조).

그러나 경기를 시작하기 전에 위원회는 물에 잠긴 특정한 벙커를 수리지로 선언할 수 있으며 그때 벙커는 자동적으로 스루 더 그린으로 분류된다(재정33-8/27 참조). 따라서 규칙25-1b(i)에 의하여 그 특정한 벙커 밖에서 벌 없이 구제를 받는 것이다.

RULE 26

워터 해저드(래터럴 워터 해저드 포함)

정의
용어의 정의는 제2장에 알파벳순으로 나열하였으며 규칙에서 그 용어가 나올 때 굵은 서체를 사용하였다. 13~23쪽 참조.

26-1. 워터 해저드 안에 들어간 볼의 구제

워터 해저드 방향으로 볼을 친 후 발견되지 않은 그 볼이 그 **워터 해저드** 안에 있는지 없는지의 여부는 사실에 관한 문제다. 친 볼이 **워터 해저드** 방향으로 갔으나 발견되지 않았는데 그 볼이 그 **해저드** 안에 있다는 것에 대하여 알고 있는 바나 사실상 확실성이 없을 때 플레이어는 규칙27-1에 의하여 처리하지 않으면 안 된다.

워터 해저드 안에서 발견되거나 발견되지 않은 볼이 **워터 해저드** 안에(볼이 물속에 있거나 물속에 있지 않거나를 불문하고) 있다는 것을 알고 있거나 사실상 확실한 경우 플레이어는 1벌타를 받고 다음의 한 가지로 처리할 수 있다.

a. 원구를 최후로 플레이한 곳에 되도록 가까운 지점에서 **볼**을 플레이하여 규칙27-1의 스트로크와 거리 규정에 의하여 처리한다(규칙20-5 참조).

b. 홀과 **워터 해저드**의 한계를 최후로 원구가 넘어간 지점을 연결한 직선상으로 그 **워터 해저드** 후방에 **볼**을 드롭한다. 그때 그 지점이 **워터 해저드** 후방이면 아무리 멀리 떨어져도 그 거리에는 제한이 없다.

c. 볼이 **래터럴 워터 해저드**의 한계를 최후로 넘어간 경우에 한하여 추가로 처리할 수 있는 선택 사항은 다음 지점으로부터 2클럽 길이 이내로, 홀에 더 가깝지 않게 그 **워터 해저드** 밖에 **볼**을 드롭하는 것이다.

(i) 원구가 그 **래터럴 워터 해저드**의 한계를 최후로 넘어간 지점

(ii) 홀에서 같은 거리에 있는 **래터럴 워터 해저드** 건너편의 한계상 지점

본 규칙26-1에 의하여 처리할 경우 플레이어는 그의 볼을 집어 올려서 닦거나 **바꿀** 수 있다.

(볼이 **워터 해저드** 안에 있는 경우 금지되는 행위 – 규칙13-4 참조)

(**워터 해저드** 안의 물속에서 움직이고 있는 볼 – 규칙14-6 참조)

2010년 디 오픈 챔피언십 경기에서 파드리그 해링턴이 세인트 앤드루스 올드 코스의 1번 홀에 있는 개울 스윌컨 번(Swilcan Burn)에 그의 볼이 들어간 후 심판원과 구제를 위한 선택 사항을 토의하고 있다. 그 해저드의 한계를 최후로 넘어간 지점이 규칙26-1b 또는26-1c를 적용하는 데 필요한 핵심이다.

26-2. 워터 해저드 안에서 플레이한 볼

26-2a. 볼이 같은 워터 해저드 또는 다른 워터 해저드 안에 정지한 경우

워터 해저드 안에서 플레이한 볼이 **스트로크**한 후에도 같은 **워터 해저드** 또는 다른 **워터 해저드** 안에 멎어 있는 경우 플레이어는 다음과 같이 처리할 수 있다.

(i) 규칙26-1a에 의하여 처리한다. 플레이어가 볼을 그 **워터 해저드** 안에 드롭한 후 그 볼을 플레이하지 않기로 결정한 경우에는 다음과 같이 처리할 수 있다.

  (a) 규칙26-1b에 규정된 1벌타를 추가해서 받고 그 규칙에 의하여 처리하거나 적용할 수 있으면, 규칙26-1c에 규정된 1벌타를 추가해서 받고 그 규칙에 의하여 처리하며 원구가 그 **워터 해저드** 안에 정지하기 전에 **워터 해저드**의 한계를 최후로 넘어간 지점을 기점으로 사용한다. 또는

  (b) 1벌타를 추가해서 받고 그 **워터 해저드** 밖에서 최후로 **스트로크**한 지점에 되도록 가까운 곳에서 **볼**을 플레이 할 수 있다(규칙20-5 참조).

(ii) 규칙26-1b에 의하여 처리하거나, 적용할 수 있으면 규칙26-1c에 의하여 처리한다.

(iii) 1벌타를 받고 그 **워터 해저드** 밖에서 최후로 **스트로크**한 지점에 되도록 가까운 곳에서 볼을 플레이한다(규칙20-5 참조).

26-2b. 볼이 워터 해저드 밖에서 분실되거나 언플레이어블의 경우 또는 아웃 오브 바운드가 된 경우

워터 해저드 안에서 플레이한 볼이 그 **워터 해저드** 밖에서 분실되거나 언플레이어블로 간주된 경우 또는 **아웃 오브 바운드** 볼이 된 경우 플레이어는 규칙27-1 또는 28a에 의하여 1벌타를 받고 다음과 같이 처리할 수 있다.

볼이 워터 해저드 안에 있다는 것에 대하여 알고 있거나 사실상 확실한 경우

플레이어는 그의 볼이 해저드 안에 들어갔다고 추정할 수 없다. 그 볼이 그 해저드 안에 있다는 사실에 대하여 거의 의심할 바가 없어야 한다. 그 사실에 대하여 알고 있지 않거나 의문이 있는 경우 플레이어는 분실구 규칙에 의하여 처리하지 않으면 안 된다(규칙27-1 참조).

워터 해저드의 한계를 넘어간 볼: 구제를 위한 선택 사항

플레이어는 1벌타를 받고 그가 최후로 플레이했던 곳에서 플레이할 수 있으며 또는 홀과 볼이 워터 해저드의 한계를 최후로 넘어간 지점(B지점)을 연결한 연장선상으로 그 해저드 후방에 볼을 드롭한다. 볼이 처음에 해저드의 한계를 넘어간 지점(A지점)은 관계가 없다.

(i) 그 **워터 해저드** 안에서 원구를 최후로 플레이한 지점에 되도록 가까운 곳에서 **볼**을 플레이할 수 있다(규칙20-5 참조).

(ii) 규칙에 규정된 <u>1벌타를 추가해서 받고</u> 원구가 **워터 해저드** 안에 정지하기 전에 그 **워터 해저드**의 한계를 최후로 넘어간 지점을 기점으로 하여 규칙26-1b에 의하여 또는, 적용할 수 있으면 규칙26-1c에 의하여 처리할 수 있다.

(iii) <u>1벌타를 추가해서 받고</u> 그 **워터 해저드** 밖에서 최후로 <u>스트로크</u>한 지점에 되도록 가까운 곳에서 **볼**을 플레이 할 수 있다(규칙20-5 참조).

주1

규칙26-2b에 의하여 처리할 때 플레이어는 규칙27-1 또는 28a에 의하여 볼을 드롭할 필요는 없다. 플레이어가 볼을 드롭한 경우에도 그 볼을 반드시 플레이할 필요는 없으며 플레이어는 위의 규칙26-2b(ii)

래터럴 워터 해저드에서의 구제

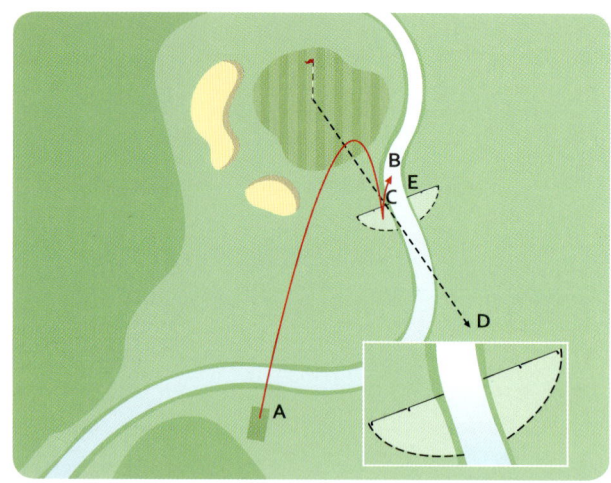

플레이어가 티(A지점)에서 플레이한 볼이 래터럴 워터 해저드 안의 B지점으로 들어갔다. 그 볼은 C지점에서 해저드의 한계를 최후로 넘어갔으며 홀에서 같은 거리에 있는 건너편의 한계상 지점은 E지점이다. 그는 볼을 있는 그대로의 상태로 플레이할 수 있거나 1벌타를 받고 다음 선택 사항의 한 가지로 처리할 수 있다.
(i) 티에서 다른 볼을 플레이한다 – 규칙26-1a
(ii) 홀과 해저드 서쪽의 C지점을 연결한 점선상의 어느 한 곳, 예를 들어 D지점에 볼을 드롭한다 – 규칙26-1b
(iii) 해저드의 가까운 쪽 지역으로 C지점으로부터 2클럽 길이 이내의 표시된 지면상의 한 곳에 볼을 드롭한다 – 규칙26-1c(i)
(iv) 해저드의 먼 쪽 지역으로 E지점으로부터 2클럽 길이 이내의 표시된 지면상의 한 곳에 볼을 드롭한다 – 규칙26-1c(ii)

워터 해저드 안에서 플레이한 볼

플레이어가 파3의 한 홀에서 티샷한 볼이 워터 해저드 안에 들어가 정지하였다. 그는 그 해저드에서 플레이하였으나 그의 볼을 탈출시키는 데 실패하였다. 따라서 그는 볼이 있는 그대로의 상태로 플레이할 수 있거나 1벌타를 받고 다음 선택 사항의 한 가지로 처리할 수 있다.
(i) 그가 방금 두 번째로 스트로크한 지점에 볼을 드롭하고 그 지점에서 다시 플레이한다, (ii) 해저드 후방으로 점선상의 어느 한 곳에 볼을 드롭하고 그곳에서 플레이한다, (iii) 티에서 다른 볼을 플레이한다.

또는 26-2b(iii) 가운데 한 가지 규칙에 의하여 처리할 수 있다.

주2
워터 해저드 안에서 플레이한 볼이 그 워터 해저드 밖에서 언플레이블로 간주된 경우 규칙26-2b에도 불구하고 플레이어는 규칙28b 또는 28c에 의하여 처리할 수 있다.

규칙26의 위반에 대한 벌은
매치 플레이 – 그 홀의 패,
스트로크 플레이 – 2벌타.

올리버 피셔(Oliver Fisher)가 해저드 가까이에 정지해 있던 그의 볼을 플레이하고 있다. 래터럴 워터 해저드의 한계를 정하기 위하여 혹은 래터럴 워터 해저드라는 것을 표시하기 위하여 사용된 말뚝과 선은 적색이 아니면 안 된다.

사례

2008년 스칸디나비아 마스터스(Scandinavian Masters) 경기 최종 라운드에서 펠레 에드버그(Pelle Edberg)가 파5의 17번 홀에서 그의 드라이브 샷을 조금 당겨서 친 바람에 볼이 래터럴 워터 해저드 옆의 비교적 깊지 않은 러프의 한곳으로 바람이 불어가는 쪽을 향하여 날아갔다. 에드버그와 그의 동반 경기자들은 그 볼이 해저드 안에 들어갔는지의 여부를 볼 수 없었으나 그쪽 방향으로 날아간 사실은 알고 있었다.

래터럴 워터 해저드 때문에 페어웨이 왼쪽 가까이에 관객들은 없었으며 오직 경기 진행 요원 한 사람이 근처에 있었는데 그는 그것을 보지 못했고 머리 위의 비행기 소음 때문에 볼이 떨어지는 소리도 듣지 못하였다. 에드버그는 그곳에 도착하자마자 볼 찾기를 시작하였다.

규칙26-1을 적용하기 위해서는 볼이 그 워터 해저드 안에 있다는 것을 알고 있거나 사실상 확실하지 않으면 안 된다. 이것은 플레이어가 규칙26-1에 의하여 처리하는 것이 필요하다는 확신의 정도를 나타내는것이다. 플레이어는 단지 볼이 해저드 안에 들어갔을지도 모른다는 가능성만으로 그 볼이 당연히 해저드 안에 있다고 추정할 권리를 가진 것이 아니다. 플레이어가 규칙26-1에 의하여 처리하기 위해서는 그 볼이 해저드 안에 들어갔다는 사실에 대하여 거의 의심할 바가 없거나 그에 대한 증거가 있어야 한다.

처음에 러프에서 볼을 찾아보던 심판원은 러프가 길거나 무성하지 않기 때문에 그 러프에서 볼이 분실될 가능성이 없다고 생각하였다. 따라서 가장 유망한 결과는 그 볼이 래터럴 워터 해저드 안에 들어갔다는 것이지만 이를 뒷받침할 실제 증거가 없었다.

따라서 심판원은 에드버그에게 볼이 해저드 안에 들어갔다는 증거가 없고 일단 5분간의 찾는 시간이 지나면 볼은 분실구로 간주되기 때문에 스트로크와 거리의 벌을 받고(규칙27-1) 티에 되돌아가서 다른 볼을 인 플레이하여야 한다고 말하려는 채비를 하고 있었다.

그런데 볼을 찾기 시작한 지 약 4분이 지났을 때 페어웨이 반대편에 있던(약 35야드 거리) 한 관객이 소리치며 그가 볼이 물을 튀기면서 해저드 안으로 들어가는 것을 목격하였다고 말하였으며 경기 위원에게 볼이 물속으로 들어간 대략의 지점을 확인해 주었다.

재정26-1/1에서는 그와 같이 알고 있는 바나 사실상 확실성이 있는가의 여부를 결정할 때, 모든 증언과 그 워터 해저드 주변의 자연적 상태를 포함한, 이용할 수 있는 모든 증거를 참작하지 않으면 안 된다는 것을 명확히 하고 있다. 볼이 달리 해저드 밖에서 분실될 곳이 실제로 어느 곳도 없었고 목격자의 증언이 있었기 때문에 심판원은 에드버그에게 규칙26-1에 의하여 처리하도록 하는 데 필요한 증거를 확보하였다는 사실에 만족하였다.

에드버그는 규칙26-1c에 의하여 볼을 드롭하기로 선택하고 그의 모국 땅에서 열린 토너먼트에서 결국 준우승으로 경기를 마쳤다.

2008년 스칸디나비아 마스터스 경기 최종 라운드에서 스웨덴의 펠러 에드버그는 그의 볼이 래터럴 워터 해저드 안에 들어갔다고 결정된 후 그 래터럴 워터 해저드에서 구제를 받을 수 있었다.

Q&A

워터 해저드와 래터럴 워터 해저드는 무엇으로 구별되는가?

워터 해저드는 코스 위의 모든 바다, 호수, 연못, 하천, 도랑, 표면 배수로 혹은 뚜껑이 없는 수로(물이 있고 없고를 불문하고) 그리고 이와 유사한 상태의 것을 말한다 – 용어의 정의 60 '워터 해저드' 참조. 플레이어의 볼이 워터 해저드 안에 있는 경우 그 볼이 있는 그대로의 상태로 플레이하거나 규칙26-1a 혹은 26-1b에 의하여 처리할 수 있다.

래터럴 워터 해저드는 규칙26-1b에 따라서 그 워터 해저드 후방에 볼을 드롭하기가 불가능하거나 위원회가 실행 불가능하다고 생각한 위치에 있는 워터 해저드 혹은 그 일부를 말한다 – 용어의 정의 29 '래터럴 워터 해저드' 참조. 예를 들어 워터 해저드 후방 지역이 아웃 오브 바운드이거나 나무들이 울창하게 서 있는 경우 등이다. 따라서 플레이어의 볼이 래터럴 워터 해저드 안에 있는 경우 그는 워터 해저드 안에 있을 때 이용할 수 있는 선택 사항에 추가하여 규칙26-1c에 의하여 처리할 수 있다. 워터 해저드를 정한 말뚝과 선은 황색이 아니면 안 된다. 그리고 래터럴 워터 해저드를 정한 말뚝과 선은 적색이 아니면 안 된다.

RULE 27

분실구 또는 아웃 오브 바운드 볼: 잠정구

27-1. 스트로크와 거리: 아웃 오브 바운드 볼: 5분 이내에 발견되지 않은 볼

27-1a. 스트로크와 거리에 의한 처리

플레이어는 어느 때든지 1벌타를 받고 원구를 최후로 플레이했던 지점에 되도록 가까운 곳에서 볼을 플레이할 수 있다(규칙20-5 참조). 즉 스트로크와 거리의 벌을 받고 처리할 수 있다.

규칙에서 따로 규정된 경우를 제외하고 플레이어가 원구를 최후로 플레이했던 지점에서 **볼**을 **스트로크**한 경우 그는 스트로크와 거리의 벌을 받고 처리한 것으로 간주된다.

27-1b. 아웃 오브 바운드 볼

볼이 **아웃 오브 바운드**가 된 경우 플레이어는 1벌타를 받고 원구를 최후로 플레이했던 지점에 되도록 가까운 곳에서 **볼**을 플레이하지 않으면 안 된다(규칙20-5 참조).

27-1c. 5분 이내에 발견되지 않은 볼

볼이 플레이어 **편**이나 그들의 **캐디**가 볼을 찾기 시작하여 5분 이내에 볼이 발견되지 않거나 플레이어가 자신의 볼로 확인하지 못해서 볼이 **분실된** 경우 플레이어는 1벌타를 받고 원구를 최후로 플레이했던 지점에 되도록 가까운 곳에서 **볼**을 플레이하지 않으면 안 된다(규칙20-5 참조).

예외

발견되지 않았던 원구가 **국외자**에 의하여 움직였다는 것(규칙18-1), **장해물** 안에(규칙24-3) 있다는 것, **비정상적인 코스 상태** 안에(규칙25-1) 있다는 것 또는 **워터 해저드** 안에(규칙26-1) 있다는 것을 알고 있거나 사실상 확실한 경우 플레이어는 해당되는 규칙에 의하여 처리할 수 있다.

정의

용어의 정의는 제2장에 알파벳순으로 나열하였으며 규칙에서 그 용어가 나올 때 굵은 서체를 사용하였다. 13~23쪽 참조.

플레이어들이 그들의 볼을 확인할 수 없는 경우

두 사람의 플레이어가 어느 볼이 누구의 볼인지 구별할 수 없는 경우 두 개의 볼은 모두 분실구로 된다(용어의 정의 33 '분실구' 참조).

규칙27-1의 위반에 대한 벌은

매치 플레이 - 그 홀의 패,

스트로크 플레이 - 2벌타.

27-2. 잠정구

27-2a. 처리 절차

볼이 **워터 해저드** 밖에서 분실되었을 염려가 있거나 **아웃 오브 바운드**가 되었을 염려가 있는 경우, 시간 절약을 위하여 플레이어는 규칙27-1에 따라서 잠정적으로 다른 볼을 플레이할 수 있다. 플레이어는 **잠정구**를 플레이할 의사를 매치 플레이에서는 상대방, 스트로크 플레이에서는 그의 **마커** 또는 **동반 경기자**에게 알리지 않으면 안 되며 플레이어나 그의 **파트너**가 원구를 찾으러 앞으로 나가기 전에 **잠정구**를 플레이하지 않으면 안 된다.

플레이어가 그렇게 하지 않고 다른 볼을 플레이했을 경우 그 볼은 **잠정구**가 아니라 스트로크와 거리의 벌을 받고(규칙27-1) **인 플레이** 볼로 되며 원구는 **분실구**가 된다.

(**티잉 그라운드**에서의 플레이 순서 - 규칙10-3 참조)

주

규칙27-2a에 의하여 플레이한 잠정구가 워터 해저드 밖에서 분실되었을 염려가 있거나 아웃 오브 바운드가 되었을 염려가 있는 경우 플레이어는 또 다른(2번째) 잠정구를 플레이할 수 있다. 또 다른 잠정구를 플레이했을 경우 그 볼과 앞서 플레이한(첫 번째) 잠정구가 갖는 관계는 첫 번째 플레이한 잠정구와 원구가 갖는 관계와 같다.

27-2b. 잠정구가 인 플레이 볼로 되는 경우

플레이어는 원구가 있을 것으로 생각되는 곳에 도달할 때까지 **잠정구**를 몇 번이라도 플레이할 수 있다. 플레이어가 원구가 있을 것으로 생각되는 장소에서 또는 그 장소보다 홀에 더 가까운 지점에서 그 **잠정구**를 스트로크한 경우 원구는 **분실구**가 되며 그 **잠정구**는 스트로크와 거리의 벌을 받고 **인 플레이** 볼로 된다(규칙27-1).

볼이 5분 이내에 발견된 경우

플레이어가 5분간의 찾는 시간이 끝나기 전에 단지 다른 볼을 플레이하려고 티에 되돌아왔다고 해서 볼이 분실된 것은 아니다. 플레이어가 최초의 볼이 발견되기 전에 다른 볼을 플레이한 경우 두 번째 볼이 인 플레이로 되며 최초의 볼은 버리지 않으면 안 된다.

잠정구가 인 플레이 볼로 되는 경우

플레이어가 티에서 플레이하였는데 그의 볼이 A지점에서 분실되었을 염려가 있다. 그는 잠정구를 B지점으로 쳤으며 그 후 B지점에서 C지점으로 쳤다. 플레이어는 A지점에서 최초의 볼을 찾지 않기로 결정하고 그의 잠정구를 C지점에서 쳐서 그린 위에 올렸다. 따라서 잠정구는 스트로크와 거리의 벌을 받고 인 플레이 볼로 되었으며 최초의 볼은 용어의 정의에 의하여 분실된 것으로 되었다. 플레이어가 최초의 볼이 있을 것으로 생각되는 장소보다 홀에 더 가까운 지점에서 그 잠정구를 스트로크하였기 때문이다.

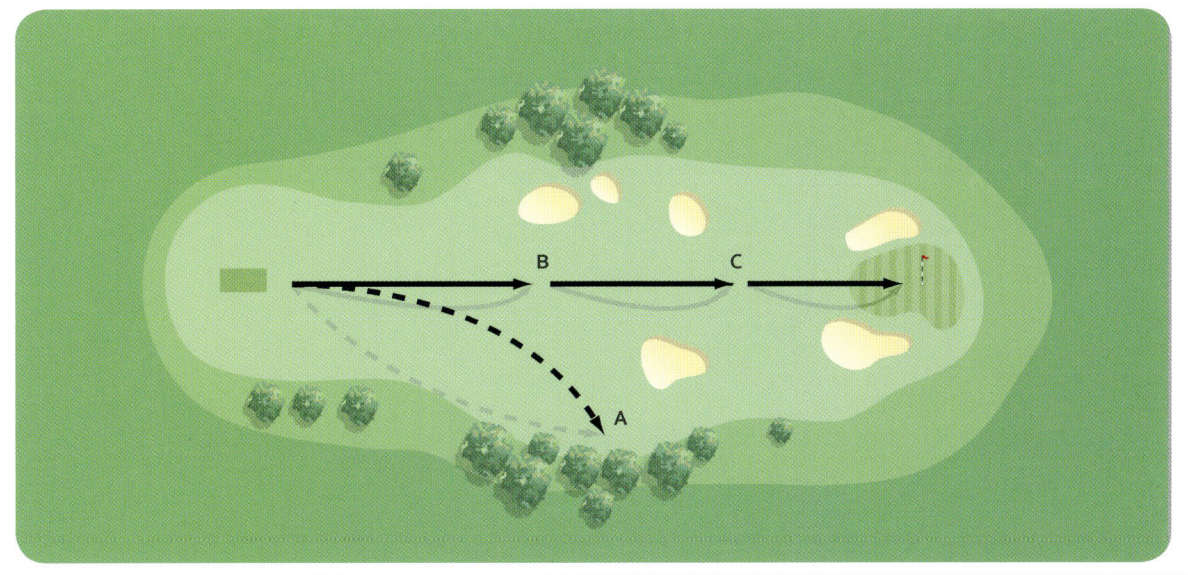

원구가 **워터 해저드** 밖에서 **분실되거나 아웃 오브 바운드**가 된 경우에도 **잠정구**는 스트로크와 거리의 벌을 받고 **인 플레이 볼**로 된다(규칙27-1).

예외

발견되지 않았던 원구가 **국외자**에 의하여 움직였다는 것(규칙18-1), **장해물**(규칙24-3) 안에 또는 **비정상적인 코스 상태**(규칙25-1c) 안에 있다는 것을 알고 있거나 사실상 확실한 경우 플레이어는 해당되는 규칙에 의하여 처리할 수 있다.

27-2c. 잠정구를 포기해야 할 경우

원구가 **분실되지** 않았거나 **아웃 오브 바운드**가 되지 않았을 경우 플레이어는 **잠정구**를 포기하고 원구로 플레이를 계속하지 않으면 안 된다. 플레이어가 **잠정구**를 한 번이라도 **스트로크**한 경우 그는 **오구**를 플레이한 것이 되며 규칙15-3이 적용된다.

주

규칙27-2a에 의하여 잠정구를 플레이한 경우, 그 뒤에 규칙27-2c에 의하여 결국 포기하게 된 그 잠정구에 대하여 본 규칙27-2a가 적용된 후 그 볼을 플레이한 스트로크 수와 단지 그 볼을 플레이한 것에 의하여 받은 벌은 모두 무시된다.

27

잠정구를 플레이하였다: 최초의 볼이 언플레이어블 상태로 발견된 경우

플레이어가 그의 볼이 분실되었을 염려가 있기 때문에 잠정구를 플레이하였다. 잠정구가 인 플레이 볼로 되기 전에 최초의 볼이 5분 이내에 발견되었으나 그 볼은 언플레이어블 상태였다. 그러나 플레이어는 잠정구를 버리고 최초의 볼로 처리하지 않으면 안 된다.

사례

2010년 페블 비치 코스에서 열린 유에스 오픈 경기에서 더스틴 존슨은 파4의 3번 홀에서 볼을 분실하였다. 그는 코스를 가로지를 속셈으로 드라이브 샷을 날렸으나 그의 볼은 래터럴 워터 해저드로 표시된 나무가 울창한 지역을 향하여 날아갔다. 관객들과 자원 봉사자들이 그 지역에서 볼이 나무에 부딪히는 소리는 들었으나 볼이 해저드 안에 떨어지는 장면은 보지 못하였다. 따라서 주변 러프 지역에서 볼 찾기에 들어갔다.

존슨과 그의 캐디가 볼을 찾고 있는 동안 담당 규칙 위원은 그 볼이 래터럴 워터 해저드 안으로 떨어진 TV 증거물이 있는지 확인해 줄 것을 수석 심판원에게 요청하였다. 그러나 녹화 장면은 볼이 카메라맨 머리 위를 날아갈 때 시야에서 놓쳤기 때문에 도움이 되지 않았다.

존슨은 그 래터럴 워터 해저드에서 구제를 받을 수 있는가의 여부를 경기 위원에게 물었다. 규칙26-1에 의하여 플레이어는 볼이 그 해저드 안에 있다는 것에 대하여 '알고 있거나 사실상 확실한' 경우에 한해서 규칙26-1에 의하여 처리할 수 있다. 존슨의 경우 볼이 나무에 부딪히는 소리는 들었지만 볼이 실제로 해저드 안에 떨어졌다는 것을 나타내는 다른 증거가 없기 때문에 그 볼이 해저드 안에 있다는 것에 대하여 알고 있거나 사실상 확실하지 않은 상태였다.

규칙27-1에 의하여 존슨은 볼을 발견하는 5분의 시간을 확보하였으나 불행이도 볼은 지정된 시간 안에 발견되지 않았다. 따라서 그 볼은 5분이 지나고 한참 뒤에 발견될지라도 분실된 것으로 간주된다. 존슨이 취할 수 있는 유일한 선택 사항은 스트로크와 거리의 벌을 받고(규칙27-1) 처리하는 것이었으며 3타째로 스트로크하기 위하여 티에 다시 돌아가는 것이었다.

1998년 로열 버크데일에서 열린 디 오픈 챔피언십 경기 3라운드의 480야드 6번 홀에서 마크 오메라(Mark O'Meara)가 두 번째로 샷한 볼이 너무 멀리 날아가 오른쪽의 무릎까지 닿는 풀과 가시금작나무 속에 들어갔다. 이것은 일련의 사건들로 시작하여 명확히 설명된 재정으로 도입되는 경우가 되었다.

오메라와 그의 캐디가 볼이 들어갔다고 생각되는 지역에 도착했을 때 다수의 관객은 이미 볼을 찾는 데 착수하였다.

그 조와 동행한 규칙 옵저버는 오메라와 그의 캐디가 도착했을 때 5분간의 찾는 시간을 측정하기 시작하였다.

몇 개의 볼을 찾았으나 그 중에 오메라의 볼은 없었다. 가까이 있는 모든 사람에게 그는 그가 사용했던 볼의 형태를 알리고 그의 상징 마크가 새겨져 있다고 설명하였다.

볼을 찾기 시작한 후 약 4분이 흘렀을 때 오메라는 그의 볼이 분실된 것이 아닌가 하고 생각하였다. 따라서 그는 그 지역을 떠나면서 그의 캐디로부터 다른 볼을 받아 쥐고 최초의 볼을 플레이했던 곳으로 다시 플레이하기 위하여 되돌아가기 시작하였다.

그런데 약 30초 후에 한 관객이 "여기 있습니다. 제가 발견했습니다"라고 외쳤다. 몇 사람이 그 소리를 듣지 못하고 계속 걸어가고 있었던 오메라를 불렀다. 그리고 한 경기 위원이 관객이 그 볼을 발견했던 지역으로 가서 오메라가 사용하던 볼의 형태와 볼 위에 그의 상징 마크가 있는 것을 보았다.

그 시점까지 규칙에 의하여 허용된 5분간의 찾는 시간이 거의 끝나가고 있었으나 오메라가 그 5분 이내에 볼을 확인하기 위하여 볼이 있는 곳까지 도착할 수 없는 상황이었다. 용어의 정의 33 '분실구'에서는 5분 이내에 볼이 '발견되지 않거나 확인되지 않은' 경우 그 볼은 분실된 것이라고 규정하고 있다. 그러나 용어의 정의에서 '발견되고 확인된'이라고 규정한 경우에는 그 처리 절차는 명확했을 것이다. 재정을 위하여 순회하는 규칙 위원을 무선 전화로 불렀다.

순회 경기 위원이 현장에 도착하였으며 오메라도 토의가 이루어지는 장소로 카트를 타고 페어웨이를 거슬러 돌아왔다. 한 사람의 경기 위원이 추가로 도착해서 토의한 결과 그 볼은 5분 이내에 발견되었던 것으로 결정되었다. 따라서 오메라는 정해진 시간 범위를 넘어서 그 볼을 확인할 수 있게 되었으며, 그 볼이 자신의 볼인 경우 그 볼을 플레이할 수 있게 되었다. 그리고 모든 사람이 볼이 발견되었던 지점으로 돌아왔다.

그런데 볼을 찾는 동안 사람들이 그 지역을 짓밟아 놓았으며 한 관객이 볼이 버려진 것으로 잘못 알고 그 볼을 집어 올렸다. 오메라와 경기 위원이 그곳에 왔을 때 볼은 그곳에 없었으나 그 관객이 다가와서 오메라에게 그 볼을 돌려주었으며 오메라는 그 볼이 자신의 볼임을 확인하였다. 그 관객은 그가 집어 올리기 전에 있었던 곳을 '정확히' 알고 있다고 말했지만 그것은 대략적인 위치에 불과한 것이었다.

규칙18-1 및 20-3c에 의하여 오메라는 관객이 볼을 집어 올리기 전에 그 볼이 있었던 곳에 될수록 가까운 지점에 볼을 드롭해야 했다. 오메라가 볼을 드롭했을 때 그 볼은 코스의 일부에 떨어졌던 지점에서 2 클럽 길이 이상 굴러갔으므로 재드롭해야 했다. 볼을 재드롭하자 이번에는 그 볼이 홀에 더 가까이 굴러갔기 때문에 오메라는 볼을 재드롭했을 때 볼이 코스의 일부에 처음 떨어졌던 지점에 플레이스하였다. 그러고 나서 그는 그의 샷을 날리고 라운드를 계속하였으며 그 다음 날 디 오픈 챔피언십 경기의 우승자가 되었다.

'분실구'란 용어의 정의가 이런 경우 애매한 것이므로 재정27/5·5의 추가가 필요하였다. 이 재정은 볼이 5분 이내에 발견되면 플레이어가 그 지역에 도착하고 확인하는 데 수색 시간 5분을 경과해서 충분한 시간을 허용한다는 점을 명백히 하였다.

1998년 디 오픈 챔피언십 경기에서 마크 오메라가 5분간의 찾는 시간 이내에 발견된 볼을 확인하기 위하여 돌아오고 있다.

Q&A

플레이어가 그의 볼을 찾기 위하여 앞으로 나간 뒤 잠정구를 플레이하기 위하여 그가 방금 플레이했던 곳으로 되돌아와도 되는가?

안 된다. 만일 플레이어가 그렇게 했다면 그 두 번째 볼이 인 플레이 볼로 되며 최초의 볼은 분실구가 된다(규칙27-2a 및 용어의 정의 33 '분실구' 참조). 잠정구 규칙의 배경에 있는 원칙은 시간을 절약하는 것이기 때문에 플레이어는 볼을 찾으러 '앞으로 나가기 전에' 잠정구를 플레이하지 않으면 안 된다.

플레이어가 친 볼이 잎이 긴 풀숲으로 들어가서 그 볼을 찾을 수 없게 되었다. 그때 플레이어는 그의 최초의 볼이 분실되었다고 생각한 곳에 볼을 드롭해도 되는가?

안 된다. 플레이어는 스트로크와 거리의 벌을 받고 최후로 플레이했던 곳에 되돌아가서 다른 볼을 인 플레이로 하지 않으면 안 된다 – 규칙 27-1 참조.

볼을 5분간 찾아본 뒤 플레이어는 그의 볼을 찾지 못하였다. 그는 볼 찾기를 계속하여 결국 볼을 발견하고 그 볼을 플레이하였다. 이러한 경우가 허용될 수 있는가?

허용되지 않는다. 허용된 5분간의 시간이 끝났을 때 그 볼은 분실되었으며 따라서 인 플레이 볼이 아니다. 인 플레이 볼이 아닌 볼을 플레이한 경우 플레이어는 오구를 플레이한 것이 된다 – 규칙15-3 참조.

플로리다주 미라솔 컨트리 클럽(Country Club at Mirasol)에서 데이비드 톰스(David Toms)가 풀숲에 들어간 그의 볼을 찾고 있다. 볼이 5분이 지나서 발견된 경우 그 볼은 분실된 것으로 판정되며 인 플레이 볼이 아니다.

RULE 28

언플레이어블 볼

볼이 **워터 해저드** 안에 있을 때를 제외하고 플레이어는 **코스** 위의 어느 곳에서도 자신의 볼을 언플레이어블로 간주할 수 있다. 플레이어는 자신의 볼이 언플레이어블인가 아닌가를 판단할 수 있는 유일한 사람이다.

플레이어가 자신의 볼을 언플레이어블로 간주한 경우 1벌타를 받고 다음의 한 가지로 처리하지 않으면 안 된다.

a. 원구를 최후로 플레이한 지점에 되도록 가까운 지점에서 **볼**을 플레이하여 규칙27-1의 스트로크와 거리 규정에 의하여 처리한다(규칙20-5 참조).
b. 홀과 볼이 있었던 지점을 연결한 직선상으로 그 볼이 있었던 지점 후방에 **볼**을 드롭한다. 그때 그 지점은 볼이 있었던 지점 후방이면 아무리 멀리 떨어져도 그 거리에는 제한이 없다.
c. 그 볼이 있었던 지점에서 2클럽 길이 이내로 홀에 더 가깝지 않은 곳에 **볼**을 드롭한다.

언플레이어블 볼이 **벙커** 안에 있는 경우에도 플레이어는 위의 a, b 또는 c에 의하여 처리할 수 있으며 플레이어가 위의 b나 c에 의하여 처리할 때는 그 **벙커** 안에 볼을 드롭하지 않으면 안 된다.

본 규칙28에 의하여 처리할 경우 플레이어는 그의 볼을 집어 올려서 닦을 수 있고 또는 볼을 **교체할** 수 있다.

규칙28의 위반에 대한 벌은
매치 플레이 – 그 홀의 패,
스트로크 플레이 – 2벌타.

정의

용어의 정의는 제2장에 알파벳순으로 나열하였으며 규칙에서 그 용어가 나올 때 굵은 서체를 사용하였다. 13~23쪽 참조.

볼을 언플레이어블로 간주한 경우

규칙28의 선택 사항 b에 의하여 플레이어는 홀과 볼이 있었던 지점을 연결한 직선상으로 그 볼이 있었던 지점 후방에 볼을 드롭한다. 그때 그 지점은 볼이 있었던 지점 후방이면 아무리 멀리 떨어져도 그 거리에는 제한이 없다.

벙커 안에 있는 언플레이어블 볼: 플레이어의 선택 사항

플레이어가 티샷한 볼이 벙커 안의 플레이할 수 없는 위치에 들어가 정지하였다. 그는 1벌타를 받고
(a) 최후로 플레이했던 곳에서(즉 티에서) 다시 플레이하거나
(b) 홀과 볼이 있었던 지점(1지점)을 연결한 직선상으로 그 볼이 있었던 지점 후방에(즉 직선상의 1-2지점) 볼을 드롭하거나
(c) 그 볼이 있었던 지점에서 2클럽 길이 이내로 홀에 더 가깝지 않은 그 벙커 안에(즉 점선으로 표시된 지역) 볼을 드롭한다.

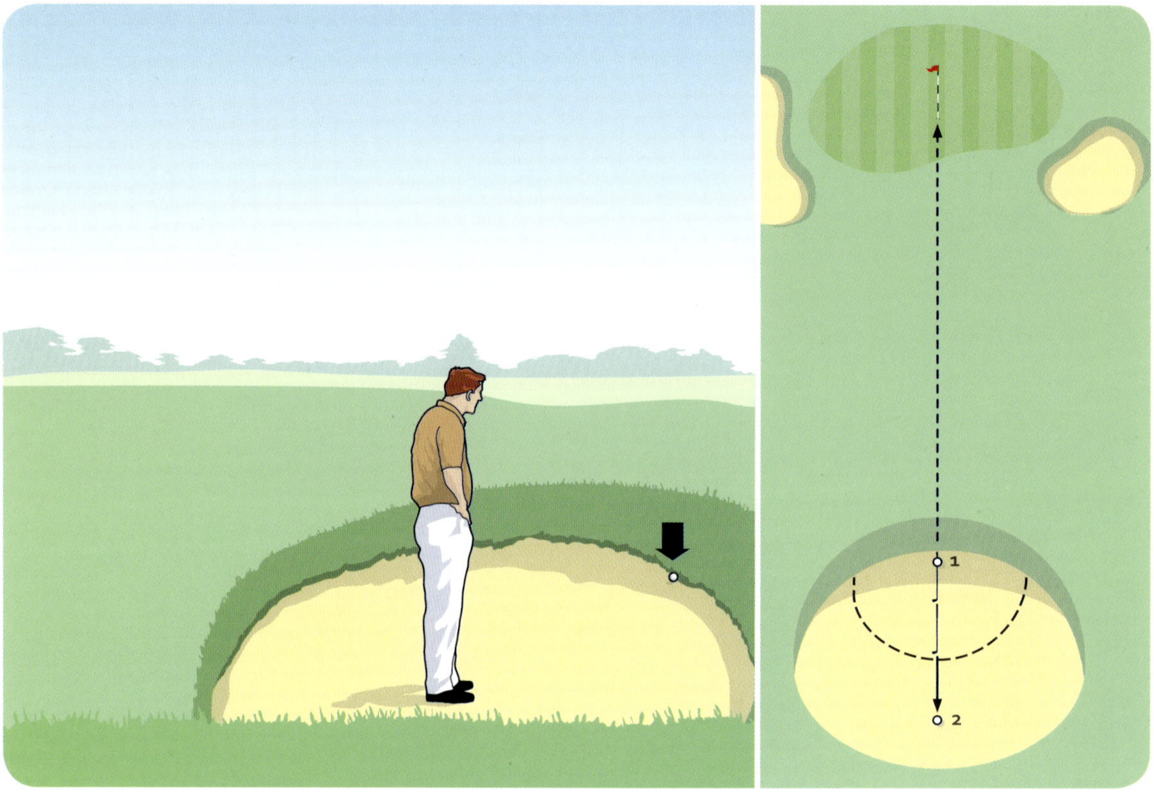

관목숲 안에 있는 언플레이어블 볼: 드롭할 장소

규칙28의 선택 사항 c에 의하여 볼을 드롭할 때에는 그 볼이 있었던 지점에서 2클럽 길이 이내로 볼이 코스의 일부에 떨어지지 않으면 안 된다.

사례

2010년 유에스 오픈 2라운드 파5의 18번 홀에서 리 웨스트우드가 드라이브 샷으로 날린 볼이 페어웨이 벙커 안으로 들어갔다. 그 볼은 벙커의 가장자리에 있는 페스큐잎 가에 바싹 기대어 있었다. 웨스트우드의 유일한 선택 사항은 그 볼을 언플레이어블로 선언하는 방법이라는 것을 알고 있었기 때문에 그는 구제를 위한 선택 사항을 토의하기 위하여 심판원을 불렀다.

그에 앞서 웨스트우드는 볼이 실제로 벙커 안에 있는가의 여부에 관해서 점검해 볼 것을 원하였다. 골프 규칙 용어의 정의 9 '벙커'에서는 볼이 벙커 안에 놓여 있거나 볼의 어느 일부가 벙커에 접촉하고 있는 경우 그 볼은 벙커 안에 있는 볼이라고 규정하고 있다. 볼이 모래에 접촉하고 있었기 때문에 심판원은 그 볼이 해저드의 가장자리 안에 있다고 확인하였다.

따라서 1벌타를 받고 웨스트우드에게는 세 가지 선택 사항이 있었는데 첫 번째는 최초의 볼을 최후로 플레이한 지점에 되도록 가까운 지점에서 볼을 플레이하는 것이다(규칙20-5). 두 번째는 볼과 홀이 있었던 지점을 연결한 직선상으로 그 볼이 있었던 지점 후방에 볼을 드롭하는 것이다. 그때 그 지점은 볼이 있었던 지점 후방이면 아무리 멀리 떨어져도 그 거리에는 제한이 없다. 세 번째는 그 볼이 있었던 지점에서 2클럽 길이 이내로 홀에 더 가깝지 않은 곳에 볼을 드롭하는 것이다. 그러나 볼이 벙커 안에 있었기 때문에 두 번째와 세 번째를 선택할 경우 볼은 벙커 안에 드롭하여야 하고, 첫 번째 선택 방법이 유일하게 벙커 밖에 볼을 드롭하는 방법이지만 티까지 되돌아가야 한다는 것을 뜻했다. 웨스트우드는 두 번째 방법으로 처리하는 것이 최선의 방법이라고 판단하고 벙커 안에 볼을 드롭하였으며 플레이할 수 있는 충분한 공간을 확보하여 무사히 볼을 벙커에서 탈출시켰다. 그리고 플레이를 계속하여 그 홀에서 보기를 하고 스코어 6으로 마감하였다.

2010년 세인트 앤드루스에서 열린 디 오픈 챔피언십 경기의 최종 라운드 12번 홀에서 폴 케이시는 곤경에 빠졌다. 페어웨이에 될수록 멀리 보내려고 드라이브 샷을 날렸으나 볼이 12번 홀 왼쪽으로 치우쳐 버렸고 그린 왼쪽에 못 미친 가시금작나무 숲 깊이 들어가 있는 것을 한 경기 진행 요원이 알아냈다.

케이시의 유일한 선택 사항은 그 볼을 언플레이어블로 선언하는 것이었으며 규칙28b에 의하여 1벌타를 받고 즉시 처리하기로 결정하였다. 따라서 케이시가 가시금작나무의 방해를 피하여 뒤로, 그의 볼을 드롭할 상당한 거리를 걸어갈 때 심판원은 깃대와 최초의 볼이 있었던 지점을 연결한 직선상으로 볼을 드롭할 지점을 정하도록 도울 수 있었다. 케이시가 뒤로 거의 1000야드를 걸어갔을 때, 가시금작나무의 방해가 없는, 드롭할 지점을 발견하였다.

그때 그는 그린까지 140야드 거리를 남겨 놓았는데 그림이 보이지 않는 곳에서 바람속에 그린으로 샷을 날렸으나 볼이 그린에 왼쪽으로 못 미쳐 떨어졌으며 트리플 보기를 해서 스코어 7로 그 홀을 마감하였다.

리 웨스트우드는 페블 비치 18번 홀 벙커 안에 있는 그의 볼을 언플레이어블로 선언한 후 구제를 위한 선택 사항에 관하여 상의하고 있다.

Q&A

플레이어는 어디에서 그의 볼을 언플레이어블로 간주할 수 있는가?

볼이 워터 해저드 안에 있을 때를 제외하고 플레이어는 코스 위의 어느 곳에서도 자신의 볼을 언플레이어블로 간주할 수 있다. 플레이어는 자신의 볼이 언플레이어블인가 아닌가를 판정할 수 있는 유일한 사람이다.

내가 규칙 28c에 의하여 구제받기로 선택한 경우, 2클럽 길이 이내에 그러나 홀에 더 가깝지 않게 볼을 드롭할 때, 나는 어디로부터 2클럽 길이를 측정하는가?

규칙 28c에 의하여 볼을 드롭할 구역은 언플레이어블 상태로 파악된 곳의 가장자리 바깥으로부터 측정하는 것이 아니고, 볼이 놓여 있는 곳으로부터 측정하지 않으면 안 된다.

RULE 29

스리섬과 포섬

정의

용어의 정의는 제2장에 알파벳순으로 나열하였으며 규칙에서 그 용어가 나올 때 굵은 서체를 사용하였다. 13~23쪽 참조.

29-1. 총칙

스리섬과 포섬에서 어느 정규 라운드 중에도 파트너들은 티잉 그라운드에서 교대로 플레이하여야 하며 각 홀의 플레이 중에도 교대로 플레이하지 않으면 안 된다. 그때 벌타는 플레이 순서에 영향을 미치지 않는다.

29-2. 매치 플레이

파트너가 플레이했어야 할 순서에 플레이어가 플레이한 경우 그 편은 그 홀의 패가 된다.

29-3. 스트로크 플레이

파트너가 잘못된 순서로 한 번 이상 스트로크한 경우 그 스트로크는 모두 취소하고 그 편은 2벌타를 받는다. 그 편은 잘못된 순서로 처음 플레이한 지점에 되도록 가까운 곳에서 올바른 순서로 볼을 플레이하여 그 잘못을 시정하지 않으면 안 된다(규칙20-5 참조). 그 편이 먼저 그 잘못을 시정하지 않고 다음 티잉 그라운드에

포섬: 파트너가 드라이브 샷한 볼이 아웃 오브 바운드가 된 경우 플레이 순서

포섬에서 한 파트너가 흰색 티에서 친 볼이 아웃 오브 바운드가 된 경우 다른 파트너는 같은 티에서 그 편의 3타째를 스트로크하지 않으면 안 된다.

서 **스트로크**하거나 라운드의 마지막 홀에서는 그 잘못을 시정할 의사를 선언하지 않고 **퍼팅 그린**을 떠난 경우 그 **편**은 경기 실격이 된다.

포섬: 어느 파트너가 볼을 드롭하는가?
적용할 수 있는 규칙에 의하여 볼을 드롭할 경우 플레이할 순서인 파트너가 볼을 드롭하지 않으면 안 된다.

드롭할 볼은 플레이어 자신이 드롭하여야 한다고 규정한 규칙 20-2a를 참조한다.

포섬: 36홀 경기에서 플레이 순서
36홀 경기에서 두 번째 18홀을 플레이하기 위하여 출발할 때 플레이 순서는 특정한 경기 조건이 없다면 변경할 수 있다.

스리섬과 포섬 | **RULE 29** 151

사례

30

세인트 앤드루스 올드 코스의 연습 퍼팅 그린은 코스 바로 밖의 1번 홀 티에서 몇 걸음 거리에 있다. 1975년 워커 컵 매치의 포섬 경기 이틀째 되는 날 아침에 미국측 파트너인 노련한 윌리엄 캠벨(William C. Campbell)과 신참인 존 그레이스(Jhon Grace)는 함께 지정된 시간에 조금 앞서서 티에 나간다고 통보하였다. 그레이스가 홀수 번호의 홀들을 플레이하기로 이미 결정하였고 캠벨은 매치가 시작되기 전에 여분의 시간을 이용하기로 하고 연습 퍼팅 그린에서 몇 차례 퍼트 연습을 하였다. 방문 팀인 캠벨과 그레이스는 아너를 가진 팀이었다. 바람이 서쪽의 세인트 앤드루스만에서 불고 있었고 캠벨은 매치의 시작을 알리는 방송을 듣지 못했다. 바람이 잠시 수그러지고 캠벨은 연습 퍼트 바로 직전에 그레이스가 드라이브 샷을 '딱'하고 치는 소리를 들었지만 연습 스트로크를 중단할 수 없는 상황이었다. 결국 그는 한 홀의 플레이 중에 연습을 한 결과가 되었다. 즉시 그리고 본능적으로 규칙 위반을 알아차린 캠벨은 페어웨이로 가서 심판원에게 미국 팀이 그 1번 홀에서 패했다는 것을 보고하였다(규칙7-2 및 29).

그 매치의 심판원은 캠벨의 보고를 받아들였으나 즉시 다른 플레이어들에게 통보하지는 않았다. 그 홀의 플레이가 규칙7-2의 위반으로 끝났기 때문에 캠벨은 그레이스의 훌륭한 드라이브 샷이 그린을 향하다 정지한 곳에서, 마치 간단히 연습을 더하는 것처럼 규칙에 얽매이지 않고 플레이하였다.

그린 앞에 있는 개울 스윌컨 번을 건너가면서 캠벨은 그레이스에게 그때까지 일어난 사태를 이야기하였다. "조심스럽게 얘기하는 것을 그는 쉽사리 믿지 않았다"라고 후에 캠벨은 회고하였다.

미국 팀은 첫 번째 홀에서 패하였으며 결국 그 매치에서 마크 제임스(Mark James)와 리차드 에일스(Richard Eyles) 팀에게 패하고 말았다.

Q&A

포섬 경기에서는 누가 잠정구를 플레이하는가?
최초의 볼이 아웃 오브 바운드가 되었는지 혹은 분실되었는지 염려스러워서 잠정구를 플레이할 경우에는, 최초의 볼을 플레이했던 플레이어가 아니라 파트너가 그 잠정구를 플레이하지 않으면 안 된다.

RULE 30

스리볼, 베스트볼 및 포볼 매치 플레이

30-1. 총칙

골프 규칙은 다음의 특정 규칙(규칙30-2 및 30-3)에 모순되지 않는 한 **스리볼, 베스트볼** 및 **포볼** 매치에도 적용된다.

정의
용어의 정의는 제2장에 알파벳순으로 나열하였으며 규칙에서 그 용어가 나올 때 굵은 서체를 사용하였다. 13~23쪽 참조.

30-2. 스리볼 매치 플레이

30-2a. 정지하고 있는 볼을 상대방이 움직이거나 고의로 접촉한 경우
상대방이 규칙18-3b에 의하여 1벌타를 받은 경우 그 벌은 접촉되거나 움직여진 볼의 소유주인 플레이어와의 매치에서만 받게 된다. 그러나 다른 플레이어와의 매치에서는 벌이 없다.

30-2b. 볼이 우연히 상대방에 의하여 방향이 변경되거나 정지된 경우
플레이어의 볼이 우연히 상대방 또는 그의 **캐디**나 **휴대품**에 의하여 방향이 변경되거나 정지된 경우에는 누구에게도 벌이 없다. 플레이어는 그 상대방과의 매치에서 어느 **편**이든 다음 **스트로크**를 하기 전에, 그 **스트로크**를 취소하고 원구를 최후로 플레이했던 지점에 되도록 가까운 곳에서 벌 없이 **볼**을 플레이하거나(규칙20-5 참조) 볼이 있는 그대로의 상태로 플레이할 수 있다. 그러나 다른 상대방과의 매치에서는 볼이 있는 그

포볼 매치 플레이: 한 파트너가 규칙을 위반한 경우

플레이어가 벙커에서 루스 임페디먼트를 제거하면 그는 그 홀에서 경기 실격된다. 그러나 그 규칙 위반이 파트너의 플레이에 원조가 되지 않으면 그 파트너는 벌을 받지 않는다 – 규칙30-3a 참조.

대로의 상태로 플레이하지 않으면 안 된다.

예외
볼이 **깃대**에 붙어 시중들거나 **깃대**를 들어 올린 사람 또는 그가 휴대한 물건에 맞은 경우 – 규칙17-3b 참조.
(상대방이 고의로 볼의 방향을 변경시키거나 정지시킨 경우 – 규칙1-2 참조)

30-3. 베스트볼과 포볼 매치 플레이

30-3a. 편의 대표자
한 편은 1명의 **파트너**에게 그 매치의 전부 또는 일부를 대표시킬 수 있으며 반드시 **파트너** 전원이 참가할 필요는 없다. 불참했던 **파트너**는 홀과 홀 사이에서 매치에 참가할 수 있으나 한 홀의 플레이 중에는 안 된다.

30-3b. 플레이 순서
같은 **편**에 속한 볼은 그 **편**이 정한 임의의 순서로 플레이할 수 있다.

30-3c. 오구
플레이어가 **오구**를 **스트로크**했기 때문에 규칙15-3a에 의하여 그 홀에서 패의 벌을 받은 경우 <u>그 플레이어는 그 홀에서 경기 실격이 되지만</u>, 비록 그 **오구**가 그의 **파트너**의 볼일지라도 그의 **파트너**는 벌을 받지 않는다. 그 **오구**가 다른 플레이어의 볼인 경우 그 볼의 소유주는 **오구**를 처음 플레이했던 지점에 **볼**을 플레이스하지 않으면 안 된다.
(플레이스와 리플레이스 – 규칙20-3 참조)

30-3d. 편에 대한 벌
파트너 가운데 어느 한 사람이라도 다음의 어느 규칙을 위반하면 그 **편**은 벌을 받는다.
- **규칙4** 클럽
- **규칙6-4** 캐디
- 그 벌이 매치의 상태를 조정하는 로컬 룰이나 경기 조건

스리볼 매치 플레이

A: "존, 내 볼이 당신의 백에 맞았습니다. 이제 어떻게 해야 합니까?"
B: "나와의 매치에서는 볼이 있는 그대로의 상태로 플레이하거나 그 스트로크를 취소하고 다시 플레이할 수 있습니다. 짐(Jim)과의 매치에서는 최초의 볼을 있는 그대로의 상태로 플레이하지 않으면 안 됩니다."
A: "이 홀에서 나는 동시에 2개의 볼을 인 플레이할 수 있다는 것을 의미하고 있군요."
B: "맞습니다. 1개는 나와 당신과의 매치, 또 1개는 짐과 당신과의 매치입니다."

포볼: 한 플레이어가 그 편을 대표

포볼 매치 플레이에서 한 파트너는 매치의 일부 혹은 전부에 대하여 그 편을 대표할 수 있다. 불참했던 파트너는 한 홀이 끝났을 때 그 매치에 참가할 수 있다.

30-2e. 편의 경기 실격

(i) **파트너** 가운데 어느 한 사람이라도 다음의 어느 규칙에 의하여 경기 실격의 벌을 받은 경우 <u>그 편은 경기 실격이 된다.</u>

- 규칙1-3 합의의 반칙
- 규칙4 클럽
- 규칙5-1 또는 5-2 볼
- 규칙6-2a 핸디캡
- 규칙6-4 캐디
- 규칙6-7 부당한 지연: 느린 플레이
- 규칙11-1 티에 볼을 올려 놓기
- 규칙14-3 인공의 기기, 비정상적인 장비 및 장비의 비정상적인 사용
- 규칙33-7 위원회가 부과한 경기 실격의 벌

(ii) **파트너** 전원이 다음의 어느 규칙에 의하여 경기 실격의 벌을 받은 경우 <u>그 편은 경기 실격이 된다.</u>

- 규칙6-3 출발 시간과 조 편성
- 규칙6-8 플레이 중단

(iii) 그 이외 다른 모든 경우에는, **규칙** 위반이 경기 실격의 결과가 되는 때에도 플레이어는 그 홀에서만 <u>경기 실격이 된다.</u>

30-2f. 다른 벌이 파트너에 주는 영향

플레이어의 **규칙** 위반이 **파트너**의 플레이에 원조가 되거나 상대방 플레이에 불리하게 영향을 미친 경우에는 <u>플레이어가 벌을 받을 뿐 아니라 그 파트너도 해당되는 벌을 받는다.</u>

그 이외 다른 모든 경우에는 플레이어가 **규칙** 위반으로 벌을 받아도 그 벌은 **파트너**에게는 없다. 그때 그 벌이 그 홀의 패로 정해진 경우 <u>플레이어는 그 홀에서 경기 실격이 된다.</u>

2010년 라이더 컵 경기에서 피터 핸슨(Peter Hanson)이 그의 파트너인 미구엘 앙헬 히메네즈(Miguel Angel Jimenez)와 협의하고 있다. 규칙30-3b에 의하여 매치 플레이에서는 각 편에서 그들의 볼을 플레이할 순서는 그 편이 결정한다.

사례

2006년 라이더 컵 포볼 매치 중 한 매치에서 미국의 2인조 타이거 우즈와 짐 퓨릭은 유럽 팀을 이루고 있는 대런 클라크(Darren Cark)와 리 웨스트우드에 대항하여 플레이하게 되었다. 케이 클럽(The K Club) 코스의 7번 홀에서 플레이할 때 우즈가 두 번째 샷으로 날린 볼이 그린 뒤에 있는 워터 해저드 안에 들어갔고 매치 플레이에서 허용된 바에 따라 그는 그 홀의 플레이를 계속하지 않기로 마음먹었다. 나머지 세 사람의 볼 중에서 클라크의 볼이 홀에서 가장 멀리 있었으나 짐 퓨릭은 먼저 플레이하기를 원하였다. 우즈는 그 홀을 끝마치지 않기로 했지만 워터 해저드 안에 있는 그의 볼은 분명히 홀에서 가장 멀리 떨어져 있었으며, 규칙30-3b에서는 그 편이 정한 임의의 순서로 플레이할 수 있다고 규정되어 있기 때문에, 타이거 우즈가 '아너'를 가졌으며 따라서 퓨릭은 먼저 플레이할 수 있는 자격이 있었다.

그때 미국의 2인조는 우즈가 분명히 물속에 있는 볼을 플레이할 수 없었기 때문에 그가 먼저 볼을 드롭해야 하는가의 여부에 관해서 의문을 제기하였다. 그러나 그 매치의 심판원은 플레이 순서를 결정하기 위한 관련 지점은, 볼을 드롭할 지점에 의해서가 아니라 워터 해저드 안에 볼이 있는 지점에 의해서 결정되기 때문에 볼을 드롭하는 것은 불필요하다고 확인하였다(규칙10-1b 주 참조).

Q&A

포볼 매치에서 가장 낮은 핸디캡을 가진 플레이어는 플레이할 수 없게 되었다. 핸디캡 허용률을 결정할 때 불참한 파트너는 무시해야 하는가?

무시해서는 안 된다. 한 편은 한 사람의 파트너에게 그 매치의 전부 혹은 일부를 대표시킬 수 있다. 핸디캡 허용률을 결정할 때 플레이어 세 사람의 핸디캡은 불참한 플레이어의 핸디캡만큼 줄여야 한다.

RULE 31

포볼 스트로크 플레이

정의
용어의 정의는 제2장에 알파벳순으로 나열하였으며 규칙에서 그 용어가 나올 때 굵은 서체를 사용하였다. 13~23쪽 참조.

31-1. 총칙
골프 규칙은 다음의 특정 규칙(규칙31-2에서 31-8까지)에 모순되지 않는 한 **포볼** 스트로크 플레이에도 적용된다.

31-2. 편의 대표자
한 **편**은 어느 **파트너** 1명에게 **정규 라운드**의 전부 또는 일부를 대표시킬 수 있으며 반드시 **파트너** 2명이 모두 참가할 필요는 없다. 불참했던 **경기자**는 홀과 홀 사이에서 그의 **파트너**와 합류할 수 있으나 한 홀의 플레이 중에 합류해서는 안 된다.

31-3. 스코어 기록
마커는 **파트너**의 스코어 중 어느 것이든 채택할 그로스 스코어만 각 홀마다 기록하면 된다. 채택할 그로스 스코어는 반드시 개인별로 확인되지 않으면 안 되며 확인할 수 없는 경우 그 **편**은 경기 실격이 된다. **파트너** 중 한 사람만 규칙6-6b에 따른 책임을 지면 된다.
(스코어의 오기 – 규칙31-7a 참조)

31-4. 플레이 순서
같은 **편**에 속한 볼은 그 **편**이 정한 임의의 순서로 플레이할 수 있다.

31-5. 오구
경기자가 **오구**를 스트로크했기 때문에 규칙15-3b를 위반한 경우 그 **경기자**는 2벌타를 받고 올바른 볼을 플레이하거나 **규칙**에 의한 처리를 하여 그 잘못을 시정하지 않으면 안 된다. 그때 비록 그 **오구**가 그의 **파트너**의 볼일지라도 그 **파트너**는 벌이 없다.

그 **오구**가 다른 플레이어의 볼인 경우 그 볼의 소유주는 **오구**를 처음 플레이했던 지점에 **볼**을 플레이스하지 않으면 안 된다.
(플레이스와 리플레이스 – 규칙20-3 참조)

31-6. 편에 대한 벌
파트너 가운데 어느 한 사람이라도 다음의 어느 규칙을 위반하면 그 **편**은 벌을 받는다.

- 규칙4 클럽
- 규칙6-4 캐디
- 각 라운드마다 최고의 벌이 부과되는 로컬 룰이나 경기 조건

포볼 스트로크 경기

Date: 3RD APRIL 2011
Competition: SPRING OPEN FOUR-BALL
PLAYER A: J. SUTHERLAND   Handicap: 16   Strokes: 12
PLAYER B: W.B. TAYLOR   Handicap: 12   Strokes: 9

Hole	Length Yards	Par	Stroke Index	Gross Score A	Gross Score B	Net Score A	Net Score B	Won X Lost – Half O	Mar. Score	Hole	Length Yards	Par	Stroke Index	Gross Score A	Gross Score B	Net Score A	Net Score B	Won X Lost – Half O	Mar. Score
1	437	4	4		4		3			10	425	4	3	5		4			
2	320	4	14		4		4			11	141	3	17	3		3			
3	162	3	18		4		4			12	476	5	9	6		5			
4	504	5	7	6		5				13	211	3	11		4		4		
5	181	3	16	4		4				14	437	4	5		5		4		
6	443	4	2		5		4			15	460	4	1		5		4		
7	390	4	8		5		4			16	176	3	15	4		4			
8	346	4	12	5		4				17	340	4	13		4		4		
9	340	4	10	4		3				18	435	4	6	6		5			
Out	3123	35					35			In	3101	34					37		
										Out	3123	35					35		
										T'tl	6224	69					72		

Player's Signature: J. Sutherland
Marker's Signature: R.J. Paxxer

Handicap:
Net Score:

파트너들의 스코어는 개인별로 확인할 수 있어야 한다.

1. 파트너들 중 더 낮은 스코어가 그 홀의 스코어가 된다(규칙31).

2. 파트너들 중 한 사람만 규칙6-6b에 따른, 즉 스코어 기록, 스코어 점검, 부서 그리고 스코어 카드 제출에 대한 책임을 지면 된다(규칙31-3).

3. 경기자는 오로지 기록된 그로스 스코어의 정확성에 대하여 책임을 진다. 경기자(혹은 그의 마커)의 네트 스코어 기록에 이의가 없을지라도 위원회는 스코어 카드에 기록된 핸디캡을 적용하여 낸 각 홀의 더 좋은 스코어의 기록과 그 더 좋은 스코어의 합산에 관한 책임을 진다(규칙33-5). 따라서 경기자(혹은 그의 마커)가 틀린 네트 스코어를 기록한 잘못에 대한 벌은 없다.

4. 두 파트너의 스코어는 서로 다른 칸에 기록하지 않으면 안 되는데 그렇게 하지 않으면 위원회가 정확한 핸디캡을 적용하는 것이 불가능하다. 서로 다른 핸디캡을 가진 두 파트너의 스코어가 같은 칸에 기록된 경우에는 둘 중 하나를 선택할 수 없으며 두 파트너는 모두 경기 실격된다(규칙31-7 및 6-6 적용).

5. 위원회는 핸디캡 적용 방법을 포함한 플레이할 경기의 조건을 제정할 책임이 있다. 위의 예에서 위원회는 핸디캡의 3/4을 적용하도록 규정하였다.

31-7. 경기 실격의 벌

31-7a. 1명의 파트너가 규칙을 위반한 경우

파트너 가운데 어느 한 사람이라도 다음의 어느 규칙에 의하여 경기 실격의 벌을 받은 경우 그 편은 그 경기에서 실격이 된다.

- **규칙1-3** 합의의 반칙
- **규칙3-4** 규칙에 따르기를 거부
- **규칙4** 클럽
- **규칙5-1** 또는 **5-2** 볼
- **규칙6-2b** 핸디캡
- **규칙6-4** 캐디
- **규칙6-6b** 스코어 카드의 서명과 제출
- **규칙6-6d** 홀에 대한 틀린 스코어
- **규칙6-7** 부당한 지연: 느린 플레이
- **규칙7-1** 라운드 전 또는 라운드와 라운드 사이의 연습
- **규칙10-2c** 양쪽 편이 잘못된 순서에 의하여 플레이하기로 합의
- **규칙11-1** 티에 볼을 올려 놓기
- **규칙14-3** 인공의 기기, 비정상적인 장비 및 장비의 비정상적인 사용
- **규칙22-1** 플레이에 원조가 되는 볼
- **규칙31-3** 개인별로 확인할 수 없는 채택할 그로스 스코어
- **규칙33-7** 위원회가 부과한 경기 실격의 벌

31-7b. 2명의 파트너가 모두 규칙을 위반한 경우

다음의 경우에 그 편은 그 경기에서 경기 실격이 된다.

(i) 2명의 **파트너** 모두가 규칙6-3(출발 시간과 조 편성) 또는 규칙6-8(플레이 중단)의 위반으로 경기 실격의 벌을 받은 경우, 또는

(ii) 같은 홀에서 각 **파트너**가 경기 실격의 벌이 규정된 **규칙**을 위반하거나 그 1홀에서 실격의 벌이 규정된 **규칙**을 위반한 경우

31-7c. 그 홀에서만 실격

위의 (i), (ii) 이외의 경우에는 실격이 되는 규칙 위반을 해도 경기자는 규칙 위반을 한 그 홀에서만 실격이 된다.

31-8. 다른 벌의 파트너에 대한 영향

경기자의 **규칙** 위반이 **파트너**의 플레이에 원조가 되는 경우에는 경기자가 벌을 받을 뿐 아니라 파트너도 해당되는 벌을 받는다.

그 이외 다른 모든 경우에는 **경기자**가 **규칙** 위반으로 벌을 받아도 그 벌은 **파트너**에게는 없다.

RULE 32

보기, 파 및 스테이블포드 경기

32-1. 경기 조건

보기, 파 및 스테이블포드 경기는 홀마다 정해져 있는 스코어에 대하여 플레이하는 스트로크 플레이 방식이며, 다음의 특정 규칙(규칙32-1과 32-2의)에 모순되지 않는 한 스트로크 플레이 규칙이 적용된다.

핸디캡 적용 보기, 파 및 스테이블포드 경기에서는 한 홀에서 가장 낮은 네트 스코어를 낸 **경기자**가 다음 **티잉 그라운드**에서 **아너**를 갖는다.

정의

용어의 정의는 제2장에 알파벳순으로 나열하였으며 규칙에서 그 용어가 나올 때 굵은 서체를 사용하였다. 13~23쪽 참조.

32-1a. 보기와 파 경기

보기와 파 경기의 스코어 계산 방법은 매치 플레이의 경우와 같은 방법으로 한다.

어느 홀이라도 **경기자**가 스코어를 제출하지 않은 홀은 패로 한다. 각 홀의 승패를 집계하여 가장 높은 성적을 낸 **경기자**가 우승자가 된다.

마커는 **경기자**가 낸 네트 스코어가 홀마다 정해져 있는 스코어와 같거나 그보다 더 적은 각 홀의 그로스 스코어만 기록할 책임이 있다.

주1

다음의 규칙 어느 하나라도 위반하여 경기 실격이 아닌 다른 벌을 받은 경우 경기자의 스코어는 해당되는 규칙에 따라 <u>1홀 또는 그 이상을 빼서 조정한다.</u>

- 규칙4 클럽
- 규칙6-4 캐디
- 각 라운드마다 최고의 벌이 부과되는 로컬 룰이나 경기 조건

경기자는 위원회가 벌을 적용할 수 있도록 그의 스코어 카드를 제출하기 전에 위원회에 그와 같은 위반에 관한 사실을 보고할 책임이 있다. 경기자가 그의 규칙 위반에 관하여 보고하지 않은 경우 <u>그는 경기 실격이 된다.</u>

주2

경기자가 규칙6-3a(출발 시간)를 위반하였으나 그가 자신의 출발 시간 후 5분 이내에 플레이할 수 있는 상태로 출발 지점에 도착하거나 규칙6-7(부당한 지연: 느린 플레이)을 위반한 경우 위원회는 각 홀의 승패를 집계한 총 홀 수에서 1개 홀을 뺀다. 규칙6-7의 반복된 위반에 대해서는 규칙32-2a를 참조한다.

32-1b. 스테이블포드 경기

스테이블포드 경기의 스코어 계산 방법은 홀마다 정해져 있는 스코어와 비교하여 다음과 같은 점수를 주어서 그 득점을 집계한다.

플레이한 홀에서	점수
정해져 있는 스코어보다 2타 이상 많거나 스코어 제출이 없을 때	0
정해져 있는 스코어보다 1타 더 많은 때	1
정해져 있는 스코어와 같은 때	2
정해져 있는 스코어보다 1타 더 적은 때	3
정해져 있는 스코어보다 2타 더 적은 때	4
정해져 있는 스코어보다 3타 더 적은 때	5
정해져 있는 스코어보다 4타 더 적은 때	6

가장 높은 점수를 득점한 **경기자**가 우승자가 된다.

마커는 경기자가 낸 네트 스코어가 1점 이상 득점을 한 각 홀의 그로스 스코어만 기록할 책임을 진다.

주1
경기자가 각 라운드마다 최고의 벌이 규정되어 있는 규칙을 위반한 경우 그는 그의 스코어 카드를 제출하기 전에 위원회에 그 사실을 보고하지 않으면 안 된다. 보고하지 않은 경우 경기자는 <u>경기 실격이 된다.</u> 위원회는 그 라운드의 총 득점에서 <u>규칙 위반이 있었던 각 홀에 대하여 2점씩 뺀다. 다만 빼는 점수는 각 규칙 위반이 있었던 1라운드에 최고 4점까지로 한다.</u>

주2
경기자가 규칙6-3a(출발 시간)를 위반하였으나 그가 자신의 출발 시간 후 5분 이내에 플레이할 수 있는 상태로 출발 지점에 도착하거나 규칙6-7(부당한 지연: 느린 플레이)을 위반한 경우 위원회는 각 홀의 승패를 집계한 총 홀 수에서 1개 홀을 뺀다. 규칙6-7의 반복된 위반에 대해서는 규칙32-2a를 참조한다.

주3
느린 플레이를 방지할 목적으로 위원회는 경기 조건(규칙33-1)에 1정규 라운드, 1홀 또는 1스트로크를 끝마치는 데 허용되는 최대 제한 시간을 포함한 플레이 속도 지침을 정할 수 있다. 위원회는 그와 같은 경기 조건에서 본 규칙6-7의 위반에 대한 벌을 다음과 같이 수정할 수 있다.

첫 번째 위반 – 그 라운드의 총득점에서 1점을 뺀다.
두 번째 위반 – 그 라운드의 총득점에서 2점을 더 뺀다.
그 후 다시 위반한 경우 – 경기 실격.

32-2. 경기 실격의 벌

32-2a. 경기에서 실격

경기자가 다음의 어느 규칙에 의하여 실격의 벌을 받은 경우 <u>그 경기자는 그 경기에서 경기 실격이 된다.</u>

- **규칙1-3** 합의의 반칙
- **규칙3-4** 규칙에 따르기를 거부
- **규칙4** 클럽
- **규칙5-1** 또는 **5-2** 볼
- **규칙6-2b** 핸디캡
- **규칙6-3** 출발 시간과 조 편성
- **규칙6-4** 캐디
- **규칙6-6b** 스코어 카드의 서명과 제출
- **규칙6-6d** 홀에 대한 틀린 스코어 즉 기록된 스코어가 실제로 친 것보다 더 낮은 경우. 다만 본 규칙 위반이 그 홀에서 승패의 결과에 영향을 미치지 않은 때에는 벌이 없다.
- **규칙6-7** 부당한 지연: 느린 플레이
- **규칙6-8** 플레이 중단
- **규칙7-1** 라운드 전 또는 라운드와 라운드 사이의 연습
- **규칙11-1** 티에 볼을 올려 놓기
- **규칙14-3** 인공의 기기, 비정상적인 장비 및 장비의 비정상적인 사용
- **규칙22-1** 플레이에 원조가 되는 볼
- **규칙33-7** 위원회가 부과한 경기 실격의 벌

32-2b. 그 홀에서만 실격

위 32-2a 이외의 모든 경우에는, 실격이 되는 **규칙** 위반을 해도 경기자는 규칙 위반을 한 그 홀에서만 경기 실격이 된다.

사례

스테이블포드 방식은 1931년 프랭크 바니 고튼 스테이블포드(Frank Barney Gorton Stableford) 박사가 고안하였다. 오늘날 인기 있는 스코어 채점 제도는 1932년 월러시 앤드 로열 리버풀 골프 클럽(Wallasey & Royal Liverpool Golf Club) 코스에서 처음으로 시도되었다. 스테이블포드 자신이 스크래치 골퍼였는데 이 스테이블포드 점수 제도는 스트로크 플레이에서 링크스 코스의 거친 조건 속에서 플레이하는 골퍼들에게 더 많은 재미를 주기 위하여 개발되었다. 스테이블포드는 어떤 플레이어가 라운드를 시작한 지 얼마 안 되는 홀에서 나쁜 스코어를 낸 후 그의 스코어 카드를 찢어 버리는 상황을 보고 싶지 않았다. 그 결과로 탄생한 것이 스테이블포드 스코어 방식이며 1932년 5월 16일에 개최되었던 첫 번째 경기는 즉시 성공을 거두었다.

Q&A

핸디캡 적용 스테이블포드 경기에서 아너는 어떻게 결정되는가?

첫 번째 홀에서 아너는 조 편성표의 순서에 의하여 결정된다. 그 이후 아너는 각 홀에서 기록된 가장 낮은 네트 스코어에 따라 결정된다.

RULE 33

위원회

정의

용어의 정의는 제2장에 알파벳순으로 나열하였으며 규칙에서 그 용어가 나올 때 굵은 서체를 사용하였다. 13~23쪽 참조.

33-1. 경기 조건: 규칙의 배제

위원회는 플레이할 경기에 관한 조건을 제정하지 않으면 안 된다.

위원회는 골프 규칙을 배제할 권한이 없다.

스트로크 플레이에 관한 **규칙** 중 어떤 규칙은 매치 플레이의 **규칙**과는 본질적으로 다르기 때문에 그 두 경기 방식을 혼합해서 플레이할 수 없고 또한 허용되지도 않는다. 이 상황에서 플레이한 매치의 결과는 무효이며 스트로크 플레이에서 그 **경기자**들은 경기 실격이 된다.

스트로크 플레이에서 **위원회**는 **심판원**의 임무를 제한할 수 있다.

33-2. 코스

33-2a. 경계와 한계의 명시

위원회는 다음과 같은 것에 대한 경계와 한계를 명확히 정해 놓지 않으면 안 된다.

(i) **코스**와 **아웃 오브 바운드**
(ii) **워터 해저드**와 **래터럴 워터 해저드**의 한계
(iii) **수리지**
(iv) **장해물** 및 **코스**와 분리될 수 없는 부분

33-2b. 새로운 홀

스트로크 플레이 경기가 시작되는 당일에 그리고 다른 때에는 **위원회**가 필요하다고 생각할 때 새로운 홀을 만들어야 한다. 단, 한 라운드에 참가하고 있는 모든 **경기자**가 같은 위치에 설치된 각 **홀**에서 플레이할 수 있도록 하여야 한다.

코스가 플레이할 수 있는 상태가 아닌 경우 위원회는 플레이를 임시로 중단시킬 수 있다. 스트로크 플레이에 한해서 더 이상의 플레이 진행이 불가능하게 된 경우 위원회는 그 경기를 무효로 선언할 수 있다.

예외
손상된 홀을 홀의 정의에 맞도록 수리할 수 없는 경우 **위원회**는 그 홀에 가까운 유사한 상태의 위치에 새로운 홀을 만들 수 있다.

주
단일 라운드 경기가 2일 이상에 걸쳐서 열리게 되는 경우 위원회는 경기 조건(규칙33-1)에 홀과 티잉 그라운드 위치를 경기가 있는 날마다 다르게 만들 수 있다고 규정할 수 있다. 다만 어느 날이라도 경기가 있는 그 하루는 모든 경기자가 같은 위치에 설치한 홀과 티잉 그라운드에서 플레이할 수 있도록 하여야 한다.

33-2c. 연습장
경기가 열리는 **코스** 지역 밖에 연습장이 없을 때에 **위원회**는 연습을 할 수 있는 장소를 설정할 수 있으면 플레이어들이 경기가 있는 어느 날이라도 연습할 수 있도록 장소를 만들어 놓아야 한다. **위원회**는 스트로크 플레이 경기가 있는 날에 경기가 있을 **코스**의 **퍼팅 그린** 위에서 또는 그 **퍼팅 그린**을 향하여 연습하거나 **해저드**에서 연습하는 것을 일반적으로 허용해서는 안 된다.

33-2d. 플레이가 불가능한 코스

위원회 또는 **위원회**로부터 위임 받은 사람이 어떤 이유로 **코스**가 플레이할 수 없는 상태 또는 골프 게임 본래의 플레이를 할 수 없는 상황이라고 생각되는 경우 매치 플레이 또는 스트로크 플레이에서 그 플레이를 일시 중지하도록 명령하거나, 스트로크 플레이에서는 문제의 라운드에 대하여 그 플레이를 무효로 선언하고 그 스코어 전부를 취소할 수 있다. 라운드가 취소된 때에는 그 라운드에서 받은 모든 벌도 취소된다.
(플레이의 중단 및 재개의 경우 처리 절차 – 규칙6-8 참조)

33-3 출발 시간과 조 편성

위원회는 **경기자**들의 출발 시간을 반드시 정하여야 하며 스트로크 플레이에서는 **경기자**들이 플레이해야 할 조를 편성하지 않으면 안 된다.

매치 플레이 경기가 장기간에 걸쳐서 플레이될 경우 **위원회**는 각 라운드를 끝마치지 않으면 안 될 기한을 반드시 정하여야 한다. 그 기한 내에서 그들의 매치를 할 날짜를 조정하도록 플레이어들에게 허용된 경우 **위원회**는, 플레이어들이 그 전날까지 합의에 도달하지 못하면 그 기한의 마지막 날 지정된 시간에 그 매치가 시작되지 않으면 안 된다는 내용을 발표하여야 한다.

33-4 핸디캡 스트로크 표

위원회는 핸디캡 스트로크를 주거나 받는 홀의 순서를 나타내는 핸디캡 스트로크 표를 발표하지 않으면 안 된다.

33-5. 스코어 카드

위원회는 스트로크 플레이에서 일자와 **경기자**의 성명이 기재된 스코어 카드를, 그리고 **포섬**이나 **포볼** 스트로크 플레이에서는 **경기자**들의 성명이 기재된 스코어 카드를 각 **경기자**에게 제공하지 않으면 안 된다.

스트로크 플레이에서 **위원회**는 스코어의 합산과 스코어 카드에 기록된 핸디캡의 적용에 관한 책임을 진다.

포볼 스트로크 플레이에서 **위원회**는 스코어 카드에 기록된 핸디캡을 적용하여 낸 각 홀의 더 좋은 스코어의 기록과 그 더 좋은 스코어의 합산에 관한 책임을 진다.

보기, 파 및 스테이블포드 경기에서 **위원회**는 스코어 카드에 기록된 핸디캡을 적용하고 각 홀에서 승패의 결과 그리고 라운드 전체적인 승패의 결과나 총 득점을 확인하는 책임을 진다.

주
위원회는 각 경기자에게 그의 스코어 카드에 일자와 자신의 성명을 기재하도록 요구할 수 있다.

33-6 동점일 때 승패의 결정

위원회는 수준이 같은 조건의 경기(scratch play) 또는 핸디캡 적용 경기 여부에 상관없이 비기게 된 매치 또는 동점이 된 스트로크 플레이의 승패를 결정하는 방법과 일시를 발표하지 않으면 안 된다.

비기게 된 매치를 스트로크 플레이 방식으로 결정해서는 안 되며 동점이 된 스트로크 플레이를 매치 플레이 방식으로 결정해서도 안 된다.

33-7. 경기 실격의 벌: 위원회의 재량권

위원회는 예외적으로 개별적인 경우에 한하여 그와 같은 조치가 정당하다고 판단할 경우, 경기 실격의 벌을 면제하거나, 수정하거나, 부과할 수 있다.

경기 실격보다 더 가벼운 벌은 어느 경우에도 면제하거나 수정해서는 안 된다.

위원회는 플레이어가 에티켓의 중대한 위반을 했다고 간주할 경우 본 규칙33-7에 의하여 플레이어에게 경기 실격의 벌을 부과할 수 있다.

33-8. 로컬 룰

33-8a. 제정의 방침

위원회는 부속 규칙 I에 명시된 방침과 모순되지 않으면 특정 지역의 비정상적인 상태에 대한 로컬 룰을 제정할 수 있다.

33-8b. 규칙의 배제 또는 수정

골프 규칙은 로컬 룰에 의하여 배제되어서는 안 된다. 그러나 규칙을 수정하는 로컬 룰을 제정할 필요가 있을 정도로 지역적으로 비정상적인 코스 상태가 정상적인 플레이를 방해한다고 **위원회**가 판단할 경우 그 로컬 룰은 대한골프협회의 승인을 반드시 받아야 한다.

사례

2006년 남아프리카 스텔렌보쉬(Stellenbosch)에서 열린 세계 여자 아마추어 팀 챔피언십(Women's World Amateur Team Championship) 경기에서 스트로크 플레이 경기 전에, 동점일 때 승패를 결정하는 방법을 규정한 규칙33-6의 중요성이 강조되었다. 2년마다 열리는 이 챔피언십 경기는 세 사람의 플레이어로 이루어진 팀들이 4일간 스트로크 플레이로 진행되며 매일 가장 좋은 두 명의 스코어를 계산한다. 일조 시간의 제한 때문에 연장전은 할 수 없었으므로 위원회는 동점을 깨고 오직 한 팀의 1위를 결정하기 위한 방법을 규정하는 것이 필요하였다.

그런데 그 챔피언십 경기가 끝났을 때 스웨덴과 남아프리카 팀은 각각 10언더파로 동점이었기 때문에 동점을 깨는 방법을 적용하고 논의하게 되었다. 1위를 위한 경쟁에서 2개 팀 이상이 동점인 경우 순위를 결정하기 위한 첫 번째 기준은 최종 라운드에서 카운트하지 않은 파트너들의 스코어를 참작하는 것이었다. 그러나 마지막 날 스웨덴과 남아프리카의 카운트하지 않은 스코어가 모두 75로 역시 동점이었기 때문에 삼일째 되는 날의 플레이에서 카운트하지 않은 스코어를 참작하는 두 번째 기준에 의지할 수 밖에 없었다. 삼일째 되는 날의 카운트하지 않은

예외적인 방식인 삼일째 되는 날의 스웨덴과 남아프리카 팀의 카운트하지 않은 스코어를 비교검토한 후에 비로서 2006 세계 여자 아마추어 팀 대회 우승팀이 남아프리카 팀이라고 공식 발표될 수 있었다.

스코어에서 남아프리카는 73, 스웨덴은 77로 결국 남아프리카 팀이 챔피언으로 등극하게 되었다. 이 사례는 동점일 때 승패를 결정하는 전혀 잘못될 수 없을 정도의 아주 간단하고 명확한 방법을 준비하여야 한다는 중요성을 강조하였다.

미국 미시간호 연안에 위치한 휘슬링 스트레이츠(Whistling Straits) 코스는 여러 벙커로 유명하다. 전하는 바에 의하면 그 코스에는 1200여 개의 벙커가 있다고 하며 그 벙커들은 더스틴 존슨에게 2010년 유에스 PGA 챔피언십 경기에서 연장전 기회를 놓치는 대가를 치루게 한 곳으로도 기억될 것이다.

많은 벙커가 관객 정리용 로프 밖에 있을지라도 그 유에스 PGA 챔피언십 로컬 룰에서는 코스에서 모래를 채운 벙커로 디자인되고 설치된 전 지역은 벙커로 취급하여 플레이하여야 한다는 것을 명확히 하고 있었다. 따라서 볼이 벙커 안에 있는 경우 규칙13-4에 규정된 금지 행동의 적용을 받게 되어 있었다. 이러한 사실에도 불구하고 로프 밖에 있는 벙커들은 수많은 골프 팬 인파가 그곳을 지나가면서 발자국과 울퉁불퉁한 곳들이 생겨난 상황이었다. 로컬 룰에서는 벙커 안의 울퉁불퉁한 곳에서 벌없이 구제를 받을 수 없다는 것을 명확히 하고 있었다.

특이한 그 벙커들의 상태 때문에 PGA 규칙위원회는 모든 골퍼에게 이 벙커들의 취급에 관한 규칙을 확실히 주지시킬 수 있도록 로컬 룰을 강조하는 데 많은 노력을 쏟았다. 이 로컬 룰은 처음으로 스코어 카드에 기입되었으며, 그 챔피언십 경기가 있는 매일 1번 홀 티에서 경기 출발 요원이 각 플레이어들에 복사지 한 장씩을 건네주었을 뿐만 아니라 클럽 하우스 내외의 중요한 곳에 게시하였다.

그러므로 더스틴 존슨이 72번째 홀에서 조금 당겨서 친 티샷으로 볼이 이러한 벙커들 중의 한 벙커 안에 떨어진 상황에 대하여 이를 잘 알지 못했던 것은 매우 유감스러운 일이었다. 존슨은 벙커 안에서 그의 클럽으로 모래 지면에 접촉한 사실로 규칙13-4b를 위반하였으며 2벌타를 받았고, 결국 1타 차로 연장전 기회를 놓쳤다.

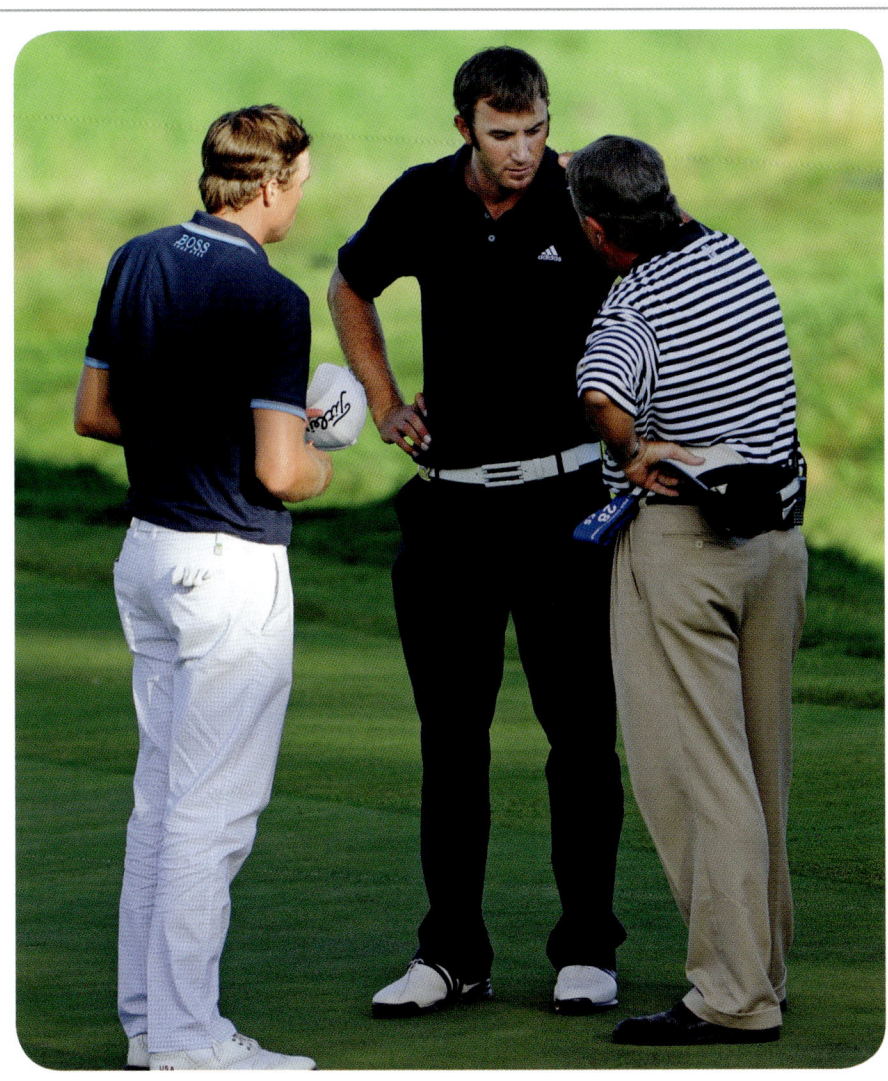

더스틴 존슨이 라운드가 끝난 후, 닉 와트니가 지켜보는 가운데 18번 홀 그린 위에서 미국 골프 규칙위원회 공동위원장인 데이비드 프라이스와 이야기하고 있다. 존슨은 72번째 홀의 한 벙커 안에서 그의 클럽으로 지면을 접촉한 후 벌을 받았다. 로컬 룰에 명확히 규정된 바와 같이 그의 볼이 놓여 있었던 모래는 벙커 안에 있는 모래였다.

Q&A

플레이어가 그의 스코어 카드에 그의 스코어나 스테이블포드 점수를 합산할 때 누락이나 착오가 있으면 경기 실격되는가?

경기자는 각 홀에 관한 기록된 스코어의 정확성에 한해서 책임을 지며(규칙6-6d) 위원회는 스코어나 점수의 합산에 관하여 책임을 진다(규칙33-5). 따라서 경기자가 기록한 총계가 틀린 경우 경기자에게 벌을 주지 않고 그 잘못을 시정하는 것은 위원회의 책임이다.

전동 골프 카트를 이용할 수 있는가?

위원회가 경기 조건(규칙33-1)에서 전동 골프 카트 이용을 금지하고 있지 않는 한 플레이어는 경기 중 그러한 장비를 이용할 수 있다.

조금이라도 가능한 경우 신체적 어려움이 있는 골퍼를 격려하는 것은 R&A의 방침이다. 그러나 골프 클럽과 위원회는 건강과 안전 문제, 기상과 지면 상태뿐만 아니라 골프 카트 이용을 둘러싸고 있는 문제들과 관련된 법규들을 고려하는 것이 중요하다. 그리고 역시 골프 클럽과 위원회는 코스의 배치 상태 자체가 카트 사용이 실행 불가능하다는 것을 암시하고 있는가의 여부를 결정하여야 한다.

골프 클럽과 위원회가 경기에서 골프 카트 이용에 대한 허용 여부를 결정하지 못한 경우 그 골프 카트 이용에 제한 사항을 두는 방안을 고려할 수도 있다. 예를 들어 골프 카트는 진단서를 소지한 경기자들에 한해서 혹은, 나이가 많아 신체적인 한계 때문에 달리 참가할 수 없는 일정한 나이를 넘긴 경기자들에 한해서 허용되는 방안 등이다.

법적 지위에 관하여 결정하고 개별적으로 조언을 받는 것은 개별 골프 클럽과 위원회에 속한 문제이다. 관련된 장애인 차별 대우에 관한 문제와 정부나 관련 단체가 발표한 모든 지침을 사람들이 확실히 잘 알고 있도록 하는 것은 골프 클럽에게 있어서 민감한 사안이다.

골프 클럽이 골프 카트의 사용을 허용한 경우 해당 보험 보증금은 그 골프 카트 이용의 결과로 발생한 사고나 개인적인 부상의 경우에 운용되도록 확실히 해 두는 것은 현명한 조치일 것이다.

주니어 골퍼가 성인 골프 클럽 경기에서 참가할 수 있으며 상품을 받을 자격이 있는가?

플레이할 경기에 관한 경기 조건(규칙33-1)을 설정하는 것은 그 경기 담당 위원회의 책임이다. 예를 들어 플레이할 수 있는 자격, 핸디캡 제한 사항, 나이, 성별, 플레이 방식 등의 조건이다. 따라서 어떤 경기에 주니어 골퍼가 참가할 자격이 있는가 그리고 그 경기에서 상품을 받을 수 있는가의 여부를 결정하는 것은 위원회에 속한 문제이다.

플레이어는 스코어 카드에 경기 세부 사항, 일자 및 기타 사항을 기재하여 그 카드를 완성할 책임이 있는가?

각 경기에서 경기자의 서명과 경기 일자가 기재된 스코어 카드를 각 경기자들에게 제공하는 것은 그 경기 담당 위원회의 책임이다. 위원회는 경기자들에게 그 경기 관리에 도움이 되도록 그러한 정보를 완성하도록 요구해도 되지만 반드시 그렇게 하도록 요구할 수는 없다. 결국 이것은 위원회의 책임이며 플레이어가 그렇게 하지 않아도 벌을 받을 수는 없다.

RULE 34

분쟁과 재정

34-1. 클레임과 벌

34-1a. 매치 플레이
규칙2-5에 의하여 **위원회**에 클레임이 제기된 경우 **위원회**는 필요하면 매치의 상태를 조정할 수 있도록 되도록 빨리 재정을 내려야 한다. **위원회**는 클레임이 규칙2-5에 따라서 제기되지 않은 경우는 그 클레임을 심의해서는 안 된다.

규칙1-3의 위반에 대한 경기 실격의 벌을 적용하는 데는 시한이 없다.

34-1b. 스트로크 플레이
스트로크 플레이에서 경기가 끝난 후에는 벌을 취소하거나, 수정하거나, 과해서는 안 된다. 경기 결과가 공식적으로 발표된 때 또는 매치 플레이에 나갈 사람을 선발하는 스트로크 플레이 예선에서는 그 플레이어가 첫 번째 매치에서 티 오프했을 때 끝난 것이다.

예외
다음과 같은 경우에는 경기가 끝난 후에도 **경기자**는 경기 실격의 벌을 받지 않으면 안 된다.
(i) **경기자**가 규칙1-3(합의의 반칙)을 위반했던 경우
(ii) 스코어 카드에 기록된 핸디캡이 **경기자**의 정확한 핸디캡보다 더 높은 것을 **경기자**가 경기가 끝나기 전에 알고 있었으며, 그 스코어 카드를 제출하여 그로 인해 **경기자**가 받은 핸디캡 스트로크 수에 영향을 미쳤던 경우(규칙6-2b)
(iii) **경기자**가 경기가 끝나기 전에 벌을 받은 사실을 모르고 있었기 때문에 그의 벌을 포함시키지 않은 경우를 제외하고, 어떤 이유로든 어느 홀에서라도 실제로 낸 스코어보다 더 낮은 스코어를 제출한 경우(규칙6-6d)
(iv) **경기자**가 벌이 실격으로 규정된 **규칙**을 위반한 것을 경기가 끝나기 전에 알고 있었던 경우

34-2. 심판원의 재정
위원회가 임명한 **심판원**의 재정은 최종적인 것이다.

34-3. 위원회의 재정
심판원이 없을 때는 규칙에 관한 어떤 분쟁이나 의문점은 **위원회**에 문의하지 않으면 안 되며 그 **위원회**의 재정은 최종적인 것이다.

위원회가 재정을 내릴 수 없는 경우 그 **위원회**는 골프 규칙에 관한 분쟁이나 의문점을 대한골프협회 규칙위원회에 회부할 수 있으며 그 규칙위원회의 재정은 최종적인 것이다.

분쟁이나 의문점이 대한골프협회 규칙위원회에 회부되지 않았을 경우 플레이어(또는 플레이어들)는, **위원회**가 내린 재정의 정확성에 관한 의견을 구하기 위하여, 관계 당사자가 동의한 진술서를 **위원회**가 정식으로 임명한 대표자를 통하여 대한골프협회 규칙위원회에 문의할 것을 요구할 수 있다. 그 회답은 공인된 대표자에게 송부된다.

골프 규칙에 따라서 플레이하지 않았을 경우 규칙위원회는 어떤 의문 사항에 대해서도 재정을 내리지 않는다.

정의
용어의 정의는 제2장에 알파벳순으로 나열하였으며 규칙에서 그 용어가 나올 때 굵은 서체를 사용하였다. 13~23쪽 참조.

사례

2009년 유에스 여자 오픈(US Women's Open) 첫 라운드의 1번 홀에서 퍼팅 그린 위에 있는 모모코 우에다(Momoko Ueda)의 볼이 경기가 끝난 뒤 TV 방송 검토에서 어드레스한 후에 움직인 것 같이 보였다. 만일 그것이 사실이라면 우에다는 규칙18-2b에 의하여 벌을 받아야 했으며 볼을 리플레이스했어야 한다.

이 문제는 그날 경기가 끝난 후 유에스 여자 오픈의 주최자인 USGA의 주의를 관심을 끌었으나 규칙34-1b에 경기가 끝난 후에는 벌을 과할 수 없다고 규정되어 있다. 그러나 경기가 끝나기 전에 플레이어가 그 사실을 알고 있었다는 것을 입증할 수 있는 경우 그에 대한 벌은 경기자의 스코어에 포함되어야 했으며 따라서 경기 실격의 벌도 과할 수 있는 상황이었다.

그러므로 유에스 여자 오픈 규칙위원회는 어드레스한 후에 그녀의 볼이 움직인 것에 대해서 벌이 있다는 것을 경기가 끝나기 전에 그녀가 알고 있었는가의 여부를 그녀에게 묻지 않을 수 없었다. 그때 우에다는 그날 경기가 끝난 후 그 상황과 규칙 위반 가능성을 알았으며 그 전에는 알지 못했다고 진술하였다. 따라서 경기가 끝나기 전에 그녀가 벌을 받아야 했다는 것을 알지 못하였기 때문에 그녀에게 벌을 과할 수 없었다.

Q&A

그린섬(Greensome)과 텍사스 스크램블(Texas Scramble) 규정은 어떤 것인가?

이것들은 공인된 경기 방식이 아니며 따라서 골프 규칙에 기술된 내용이 없다. 그러므로 일어날 수도 있는 어떤 문제에 대한 규정은 그 경기 담당 위원회에 속한 문제이며 그 재정은 최종적인 것이다(규칙 34-3).

언제 기록된 스코어가 공식적으로 '코스 레코드(course record)'로 인정되는가?

'코스 레코드'라는 용어는 골프 규칙에 정의된 내용이 없다. 그러므로 어떤 스코어를 코스 레코드로 인정하는 것은 그 경기 담당 위원회에 속한 문제이다. 따라서 홀과 티 마커가 챔피언십 경기 때와 같은 위치에 설치된 개인전 스트로크 플레이 경기(스테이블포드 혹은 파/보기 경기 포함)에서 기록되고, 프리퍼드 라이를 허용하는 로컬 룰이 적용되지 않았을 때 친 스코어의 경우에 한해서 '코스 레코드'로 인정할 것을 권장한다.

2009년 유에스 오픈에서 플레이하는 모모코 우에다. 경기 결과가 공표된 후에 비로소 규칙 위반 가능성이 위원회의 주의를 끌게 되었다.

부속 규칙

부속 규칙 Ⅰ
로컬 룰: 경기 조건

Part A. 로컬 룰	170
1. 경계와 한계의 명시	170
2. 워터 해저드	170
a. 래터럴 워터 해저드	170
b. 규칙26-1에 의하여 잠정적으로 플레이한 볼	170
3. 보호가 필요한 코스 지역: 환경상 취약 지역	170
4. 코스 상태 – 진흙, 과도한 습지, 불량한 코스 상태 및 코스의 보호	170
a. 지면에 박힌 볼의 집어 올리기, 볼의 닦기	170
b. '프리퍼드 라이'와 '윈터 룰'	170
5. 장해물	170
a. 총칙	170
b. 벙커 안에 있는 돌	170
c. 도로와 통로	170
d. 퍼팅 그린에 가까이 있는 움직일 수 없는 장해물	170
e. 어린 나무의 보호	170
f. 임시 장해물	170
6. 드롭 구역	170
Part B. 로컬 룰의 예	171
1. 워터 해저드: 규칙26-1에 의하여 잠정적으로 플레이한 볼	171
2. 보호가 필요한 코스 지역: 환경상 취약 지역	171
a. 수리지: 플레이 금지	171
b. 환경상 취약 지역	171
c. 아웃 오브 바운드	172
3. 어린 나무의 보호	172
4. 코스 상태: 진흙, 과도한 습지 불량한 코스 상태 및 코스의 보호	172
a. 지면에 박힌 볼에 대한 구제	172
b. 볼의 닦기	173
c. '프리퍼드 라이'와 '윈터 룰'	173
d. 에어레이션을 할 때 생긴 구멍	174
e. 뗏장의 이음매	174
5. 벙커 안에 있는 돌	174
6. 퍼팅 그린에 가까이 있는 움직일 수 없는 장해물	174
7. 임시 장해물	175
a. 임시 움직일 수 없는 장해물	175
b. 임시 동력선과 케이블	177
8. 드롭 구역	177
9. 거리 측정 기기	178
Part C. 경기 조건	178
1. 클럽과 볼의 규격	179
a. 적격 드라이버 헤드 목록	179
b. 적격 골프 볼 목록	179
c. 한 가지 볼을 사용하는 조건	179
2. 캐디	180
3. 경기 속도	180
4. 위험한 상황으로 인한 플레이의 일시 중지	180
5. 연습	180
a. 총칙	180
b. 홀과 홀 사이의 연습	180
6. 팀 경기에서의 어드바이스	180
7. 새로운 홀	181
8. 이동 수단	181
9. 도핑 방지	181
10. 동점일 때 승패의 결정 방법	181
11. 매치 플레이를 위한 조 편성: 일반 순위 조 편성	182

부속 규칙 Ⅱ
클럽의 디자인

1. 클럽	184
a. 총칙	184
b. 조절성	184
c. 길이	184
d. 정렬 상태	184
2. 샤프트	184
a. 일직선	184
b. 구부림과 비틀림의 특성	184
c. 클럽 헤드에 부착	184
3. 그립	184
4. 클럽 헤드	186
a. 단순한 모양	186
b. 치수, 체적 및 관성 모멘트	186
c. 스프링 효과와 역학적인 특성	187
d. 볼이 맞는 타면	188
5. 클럽 타면	188
a. 총칙	188
b. 임팩트 부분의 거칠기와 재료	188
c. 임팩트 부분의 마킹	188
d. 장식용 마킹	188
e. 비금속 클럽 타면의 마킹	188
f. 퍼터 타면의 마킹	188

부속 규칙 Ⅲ
볼

1. 총칙	190
2. 무게	190
3. 크기	190
4. 구체의 대칭성	190
5. 초속	190
6. 총거리 표준	190

부속 규칙 Ⅳ
기기 및 다른 장비

1. 티(규칙11)	190
2. 장갑(규칙14-3)	190
3. 골프화(규칙14-3)	191
4. 골프복(규칙14-3)	191
5. 거리 측정 기기(규칙14-3)	191
핸디캡	191

부속 규칙 I

로컬 룰: 경기 조건

정의
용어의 정의는 제2장에 알파벳순으로 나열하였으며 규칙에서 그 용어가 나올 때 굵은 서체를 사용하였다. 13~23쪽 참조.

Part A. 로컬 룰
규칙33-8a에 규정된 바와 같이 **위원회**는 특정 지역의 비정상적인 상태에 대하여 본 부속 규칙 I에 제정된 방침에 부합되는 한 로컬 룰을 제정하여 공표할 수 있다. 그 외에 로컬 룰로 인정되는 사항과 금지되는 사항에 관한 상세한 자료는 규칙33-8에 속한 항목의 '골프 규칙 재정'과 '경기 운영에 관한 지침'에 나와 있다.

특정 지역의 비정상적인 상태가 골프 게임의 정상적인 플레이를 방해하여 **위원회**가 골프 규칙을 수정해야 할 필요가 있다고 생각되는 경우 그 **위원회**는 대한골프협회의 승인을 반드시 받아야 한다.

1. 경계와 한계의 명시
아웃 오브 바운드, 워터 해저드, 래터럴 워터 해저드, 수리지, 장해물 및 **코스**와 분리될 수 없는 부분을 한정하기 위하여 사용하는 표시 방법을 명시한다(규칙33-2a).

2. 워터 해저드
a. 래터럴 워터 해저드
래터럴 워터 해저드로 취급될 수도 있는 **워터 해저드**에 대하여 그 규칙상 취급을 명확하게 한다(규칙26).
b. 규칙26-1에 의하여 잠정적으로 플레이한 볼
원구가 발견되지 않았는데 그 볼이 **워터 해저드** 안에 있다는 것을 알고 있거나 사실상 확실하여도, 그 **워터 해저드** 안에 볼이 있는가 없는가의 여부를 결정하는 것이 불가능하거나 그와 같이 결정하기 위해서는 플레이를 부당하게 지연시키게 되는 경우 그러한 지형적 특성을 가진 **워터 해저드(래터럴 워터 해저드 포함)** 안에 들어갔을지도 모르는 볼에 대해서 규칙26-1에 의하여 잠정적으로 볼을 플레이하도록 허용한다.

3. 보호가 필요한 코스 지역: 환경상 취약 지역
잔디 육성지, 어린 나무의 식수지 및 기타 **코스**의 재배지를 포함한 지역을 플레이가 금지된 **수리지**로 정하여 **코스** 보호에 협조한다. **위원회**는 **코스**에 있거나 **코스**에 인접해 있는 환경상 취약 지역에서 플레이를 금지시킬 필요가 있는 경우 구제절차를 명시한 로컬 룰을 제정하여야 한다.

4. 코스 상태 – 진흙, 과도한 습지, 불량한 코스 상태 및 코스의 보호
a. 지면에 박힌 볼의 집어 올리기, 볼의 닦기
진흙과 과도한 습지가 있는 상태를 포함하여 골프 게임의 정상적인 플레이를 방해할 수도 있는 일시적인 상태에서는 **스루 더 그린**의 모든 곳에서 지면에 박힌 볼에 대한 구제를 인정하거나 **스루 더 그린**의 모든 곳에서 또는 **스루 더 그린**의 잔디를 짧게 깎은 지역에서 볼을 집어 올리고, 닦고, 리플레이스하도록 허용한다.
b. '프리퍼드 라이'와 '윈터 룰'
코스의 불량한 상태나 진흙 등이 깔려 있는 것을 포함한 악조건이 특히 겨울철에, 때로는 광범위하게 나타나기 때문에 **위원회**는 **코스** 보호를 위하여 또는 공정하고 유쾌한 플레이를 위하여 임시 로컬 룰에 의한 구제를 인정하도록 결정할 수 있다. 그 로컬 룰은 상태가 개선되면 곧 철회되어야 한다.

5. 장해물
a. 총칙
장해물이 될 수도 있는 물체에 대한 취급을 명확히 한다(규칙24).

모든 건조물은 **코스**와 분리될 수 없는 부분이며 따라서 장해물이 아니라고 선언한다. 예를 들어 **티잉 그라운드**, **퍼팅 그린** 및 **벙커**의 인공적으로 쌓아 올린 측면 등이다(규칙24 및 33-2a).
b. 벙커 안에 있는 돌
벙커 안에 있는 돌을 움직일 수 있는 **장해물**로 선언함으로써 그 돌의 제거를 허용한다(규칙24-1).
c. 도로와 통로
(i) 도로와 통로의 인공 표면과 측면을 **코스**와 분리될 수 없는 부분으로 선언한다. 또는
(ii) 인공 표면과 측면을 가지고 있지 않은 도로와 통로가 플레이에 불공정하게 영향을 미칠 수 있는 경우 그 도로와 통로로부터 규칙 24-2b에 의하여 받을 수 있는 구제방법을 규정한다.
d. 퍼팅 그린에 가까이 있는 움직일 수 없는 장해물
볼이 움직일 수 없는 **장해물**에서 2클럽 길이 이내에 있는 경우 **퍼팅 그린** 위에 있거나 **퍼팅 그린**에서 2클럽 길이 이내에 있는 움직일 수 없는 **장해물**에 의한 걸리는 상태로부터의 구제를 규정한다.
e. 어린 나무의 보호
어린 나무의 보호를 위하여 구제를 규정한다.
f. 임시 장해물
임시 **장해물** (예를 들어 관람석, TV 케이블 및 그 장비 등)에 의한 방해로부터의 구제를 규정한다.

6. 드롭 구역
규칙24-2b 또는 24-3(움직일 수 없는 장해물), 규칙25-1b 또는 25-1c(비정상적인 코스 상태), 규칙25-3(다른 퍼팅 그린), 규칙 26-1(워터 해저드와 래터럴 워터 해저드) 또는 규칙28(언플레이어블 볼)에 따라 정확히 처리할 수 없거나 실행 불가능한 경우 볼을 드롭할 수 있거나 드롭해야 하는 특정 지역을 설정한다.

Part B. 로컬 룰의 예

본 부속 규칙 'Part A'에서 제정한 방침 안에서 **위원회**는 로컬 룰의 예를 채택하여 아래에 제시한 예를 스코어 카드에 인쇄하거나 게시판에 게시하여 참조할 수 있도록 할 수 있다.

그러나 일시적으로 발생한 자연 현상에 대한 로컬 룰의 예는 스코어 카드에 인쇄해서는 안 된다.

1. 워터 해저드: 규칙26-1에 의하여 잠정적으로 플레이한 볼

워터 해저드(래터럴 워터 해저드 포함)가 다음과 같은 크기와 형태로 되어 있는(있거나) 다음과 같은 위치에 있을 때, 즉

(i) 그 **워터 해저드** 안에 볼이 있는가 없는가의 여부를 결정하는 것이 불가능하거나 그와 같이 결정하기 위해서는 플레이를 부당하게 지연시키게 되는 경우 그리고

(ii) 원구가 발견되지 않았는데 그 볼이 **워터 해저드** 안에 있다는 것을 알고 있거나 사실상 확실한 경우

위원회는 규칙26-1에 의하여 잠정적으로 **볼**을 플레이하도록 허용하는 로컬 룰을 도입할 수 있다. 그때 그 볼은 규칙26-1에 의한 해당되는 선택 사항에 의하여 잠정적으로 플레이된다. 그와 같이 처리하여 잠정적으로 **볼**을 플레이하였는데 원구가 그 **워터 해저드** 안에 있는 경우 플레이어는 원구를 있는 그대로의 상태로 플레이하거나 잠정적으로 플레이한 볼로 플레이를 계속할 수 있으나 원구를 규칙26-1에 의하여 처리해서는 안 된다.

따라서 그러한 상황에서는 <u>다음과 같은 로컬 룰을 권장한다.</u>

"볼이 **워터 해저드** 안에(위치를 명시한다) 있는가 또는 **워터 해저드** 안에서 분실되었는가의 여부에 관하여 의문이 있는 경우 플레이어는 규칙26-1에 규정된 해당되는 선택 사항의 한 가지에 의하여 잠정적으로 다른 볼을 플레이할 수 있다.

원구가 그 **워터 해저드** 밖에서 발견된 경우 플레이어는 그 볼로 플레이를 계속하여야 한다.

원구가 그 워터 해저드 안에서 발견된 경우 플레이어는 원구를 있는 그대로의 상태로 플레이하거나 규칙26-1에 의하여 잠정적으로 플레이한 볼로 플레이를 계속하지 않으면 안 된다.

원구가 5분 이내에 발견되지 않거나 볼을 확인하지 못한 경우 플레이어는 잠정적으로 플레이한 볼로 플레이를 계속하지 않으면 안 된다.

본 로컬 룰의 위반에 대한 벌은
매치 플레이 - 그 홀의 패,
스트로크 플레이 - 2벌타."

2. 보호가 필요한 코스 지역: 환경상 취약 지역

a. 수리지: 플레이 금지

위원회가 **코스**의 어느 지역을 보호하고자 할 경우 그 지역을 **수리지**로 선언하여야 하며 그 지역 안에서의 플레이를 금지하여야 한다. 따라서 다음과 같은 로컬 룰을 권장한다.

"_____ 로 표시된 지역은 플레이가 금지된 **수리지**다. 플레이어의 볼이 그 지역 안에 있거나 그 지역이 플레이어의 **스탠스**나 의도하는 스윙 구역에 방해가 되는 경우 플레이어는 규칙25-1에 의하여 구제를 받지 않으면 안 된다.

본 로컬 룰의 위반에 대한 벌은
매치 플레이 - 그 홀의 패,
스트로크 플레이 - 2벌타."

b. 환경상 취약 지역

관계 당국(즉 정부 기관이나 이와 유사한 기관)이 환경상의 이유로 코스 지역이나 코스에 인접한 지역에 들어가거나 그곳에서 플레이하는 것을 금지하는 경우 위원회는 로컬 룰을 제정하여 그 구제 절차를 명확히 하여야 한다.

위원회는 그 지역을 **수리지**로, 워터 해저드로 또는 **아웃 오브 바운드**로 정하는가의 여부에 관하여 어느 정도의 재량권을 갖는다. 그러나 그곳이 '**워터 해저드**'의 정의에 부합되지 않은 경우에는 단순히 그 지역을 **워터 해저드**로 정해서는 안 되며 그 홀의 특성을 유지하도록 노력하여야 한다. 따라서 다음과 같은 로컬 룰을 권장한다.

"I. 정의

환경상 취약 지역(ESA)이란 관계 당국이 그와 같이 선언한 지역을 말하며 환경상의 이유로 들어가거나 그곳에서 플레이하는 것이 금지되어 있다. 그와 같은 지역은 **위원회**의 재량으로 **수리지, 워터 해저드, 래터럴 워터 해저드** 또는 **아웃 오브 바운드**로 정할 수 있다. 다만 어떤 환경상 취약 지역이 **워터 해저드**나 **래터럴 워터 해저드**로 정해진 경우에는 정의상으로도 그 지역은 **워터 해저드**에 해당되어야 한다.

주
위원회는 한 지역을 환경상 취약 지역으로 선언해서는 안 된다.

II. 환경상 취약 지역 안에 있는 볼

a. 수리지

볼이 **수리지**로 정해진 환경상 취약 지역 안에 있는 경우 **볼**은 규칙25-1b에 따라서 드롭하여야 한다.

발견되지 않은 볼이 **수리지**로 정해진 환경상 취약 지역 안에 있다는 것을 알고 있거나 사실상 확실한 경우 플레이어는 규칙25-1c에 규정된 바에 따라서 벌 없이 구제를 받을 수 있다.

b. 워터 해저드와 래터럴 워터 해저드

그 안에서 발견된 볼이나 발견되지 않은 볼이 **워터 해저드**나 **래터럴 워터 해저드**로 정해진 환경상 취약 지역 안에 있다는 것을 알고 있거나 사실상 확실한 경우 플레이어는 1벌타를 받고 규칙26-1에 의하여 처리하지 않으면 안 된다.

주

규칙26에 따라서 드롭한 볼이 환경상 취약 지역에 의하여 플레이어의 스탠스나 그의 의도하는 스윙 구역이 방해를 받는 위치로 굴러 들어간 경우 플레이어는 본 로컬 룰 III에 규정된 바에 따라서 구제를 받아야 한다.

c. 아웃 오브 바운드

볼이 **아웃 오브 바운드**로 정해진 환경상 취약 지역 안에 있는 경우 플레이어는 1벌타를 받고 원구를 최후로 플레이했던 지점에 되도록 가까운 곳에서(규칙20-5 참조) 볼을 플레이하지 않으면 안 된다.

III. 스탠스나 의도하는 스윙 구역에 방해가 되는 경우

환경상 취약 지역이 플레이어의 **스탠스**나 그의 의도하는 스윙 구역에 방해가 되는 경우 환경상 취약 지역에 의한 방해가 생긴 것으로 한다. 그러한 방해가 있는 경우 플레이어는 다음과 같이 구제를 받지 않으면 안 된다.

(a) 스루 더 그린: 볼이 **스루 더 그린**에 있는 경우 (a) **홀**에 더 가깝지 않고, (b) 환경상 취약 지역에 의한 방해를 피하고, (c) **해저드** 안 또는 **퍼팅 그린** 위가 아닌 곳으로 볼이 정지하고 있는 곳에 가장 가까운 **코스**상의 지점을 결정하지 않으면 안 된다. 플레이어는 그 볼을 집어 올려서 그와 같이 결정한 지점으로부터 1클럽 길이 이내로 위의 (a), (b) 및 (c)의 요건을 충족시킬 수 있는 **코스**의 일부 지점에 벌 없이 그 볼을 드롭하지 않으면 안 된다.

(b) 해저드 안: 볼이 **해저드** 안에 있는 경우 플레이어는 그 볼을 집어 올려서 다음의 한 지점에 드롭하지 않으면 안 된다.

(i) 벌 없이, 그 **해저드** 안에 볼이 있었던 지점에 되도록 가까우나 **홀**에 더 가깝지 않으며, 환경상 취약 지역으로부터 완전한 구제를 받을 수 있는 **코스**의 일부 지점. 또는

(ii) 1벌타를 받고, 홀과 볼이 정지해 있었던 지점을 연결한 직선상으로 그 **해저드** 밖의 한 지점. 그때 그 지점이 **해저드** 후방이면 아무리 멀리 떨어져도 그 거리에는 제한이 없다. 그 밖에 플레이어는, 해당되는 경우, 규칙26 또는 28에 의하여 처리할 수 있다.

(c) 퍼팅 그린 위: 볼이 **퍼팅 그린** 위에 있는 경우 플레이어는 벌 없이 그 볼을 집어 올려서 환경상 취약 지역으로부터 완전한 구제를 받을 수 있으며, 홀에 더 가깝지 않고, 해저드 안이 아닌 곳으로 볼이 정지해 있었던 곳에 가장 가까운 위치에 플레이스하지 않으면 안 된다.

본 로컬 룰 III에 의하여 볼을 집어 올린 경우 그 볼은 닦을 수 있다.

예외

플레이어는 다음의 경우에 본 로컬 룰 III에 의한 구제를 받아서는 안 된다.

(a) 환경상 취약 지역 이외의 다른 것에 의한 방해로 분명히 스트로크하기가 실행 불가능한 경우, 또는

(b) 환경상 취약 지역에 의한 방해가 분명히 무리한 스트로크나 불필요하게 비정상적인 스탠스, 스윙 또는 플레이 방향을 취할 때에만 생기는 경우

본 로컬 룰의 위반에 대한 벌은

매치 플레이 – 그 홀의 패,
스트로크 플레이 – 2벌타.

주

본 로컬 룰에 대한 중대한 위반을 한 경우 위원회는 경기 실격의 벌을 부과할 수 있다."

3. 어린 나무의 보호

어린 나무에 대한 손상을 방지하고자 할 경우 다음과 같은 로컬 룰을 권장한다.

"_____ 로 표시되어 식별할 수 있는 어린 나무의 보호. 그러한 나무가 플레이어의 **스탠스**나 의도하는 스윙 구역에 방해가 되는 경우 벌 없이 볼을 집어 올려서 규칙24-2b(움직일 수 없는 장해물)에 규정된 처리 절차에 따라 드롭하지 않으면 안 된다. 볼이 **워터 해저드** 안에 있는 경우 플레이어는, **가장 가까운 구제 지점**은 그 워터 해저드 안에 있어야 하며 볼도 **워터 해저드** 안에 드롭하여야 한다는 점을 제외하고 규칙24-2b(i)에 따라 볼을 집어 올려서 드롭하지 않으면 안 된다. 또는 플레이어는 규칙26에 의하여 처리할 수도 있다. 본 로컬 룰에 의하여 볼을 집어 올린 경우 그 볼은 닦을 수 있다.

예외

플레이어는 다음의 경우 본 로컬 룰에 의한 구제를 받아서는 안 된다.

(a) 그 어린 나무가 이외의 다른 것에 의한 방해로 분명히 스트로크하기가 실행 불가능한 경우, 또는

(b) 어린 나무에 의한 방해가 분명히 무리한 스트로크나 불필요하게 비정상적인 스탠스, 스윙 또는 플레이 방향을 취할 때에만 생기는 경우

본 로컬 룰의 위반에 대한 벌은

매치 플레이 – 그 홀의 패,
스트로크 플레이 – 2벌타."

4. 코스 상태: 진흙, 과도한 습지, 불량한 코스 상태 및 코스의 보호

a. 지면에 박힌 볼에 대한 구제

규칙25-2는 **스루 더 그린**의 잔디를 짧게 깎은 구역에서 볼 자체의 힘으로 지면에 만든 자국 안에 박힌 볼에 대하여 벌 없이 구제받는 것을 규정하고 있다.

퍼팅 그린에서는 볼을 집어 올릴 수 있으며 볼의 충격으로 입은 손상은 수리할 수 있다(규칙16-1b 및 16-1c). **스루 더 그린**의 어느 곳에서든지 지면에 박힌 볼에 대한 구제를 허용하는 것이 타당하다고 생각할

지주를 댄 나무로부터 구제를 받는 경우

지주를 댄 나무가 플레이어의 스윙에 방해가 되는 경우 플레이어는 로컬 룰에 따라서 구제를 받지 않으면 안 된다. 가장 가까운 구제 지점이 큰 나무에 의하여 방해가 되는 경우에도 플레이어는 그 상태를 그대로 받아들이지 않으면 안 된다.

경우 다음과 같은 로컬 룰을 권장한다.

"**스루 더 그린**의 지면에 볼 자체의 힘으로 지면에 만든 자국 안에 박힌 볼은 벌 없이 집어 올려서 닦을 수 있으며, 홀에 더 가깝지 않고 볼이 있었던 지점에 되도록 가까운 곳에 드롭할 수 있다. 드롭할 때 볼은 **스루 더 그린**의 **코스**상 일부에 먼저 떨어져야 한다.

예외
1. 플레이어는 볼이 잔디를 짧게 깎지 않은 구역 안의 모래에 박힌 경우 본 로컬 룰에 의한 구제를 받아서는 안 된다.
2. 플레이어는 본 로컬 룰에 기재된 상태 이외의 다른 것에 의한 방해로 분명히 **스트로크**하기가 실행 불가능한 경우 본 로컬 룰에 의한 구제를 받아서는 안 된다.

본 로컬 룰의 위반에 대한 벌은
매치 플레이 – 그 홀의 패,
스트로크 플레이 – 2벌타."

b. 볼의 닦기
과도한 습기로 지면이 젖어 있기 때문에 상당히 많은 양의 진흙이 볼에 달라붙게 되는 상태에서는 볼을 집어 올려서 닦고, 리플레이스하도록 허용하는 것이 적절할 것이다. 그러한 상황에서는 다음과 같은 로컬 룰을 권장한다.

"_____ (지역을 명시)에서는 벌 없이 볼을 집어 올려서 닦고, 리플레이스할 수 있다.

주
본 로컬 룰에 의하여 볼을 집어 올릴 때는 그 전에 그 볼 위치를 마크하지 않으면 안 된다 – 규칙20-1 참조.

본 로컬 룰의 위반에 대한 벌은
매치 플레이 – 그 홀의 패,
스트로크 플레이 – 2벌타."

c. '프리퍼드 라이'와 '윈터 룰'
수리지에 관해서는 규칙25에 규정되어 있으며 수시로 있는 특정 지역의 비정상적인 상태가 공정한 플레이를 방해할 수도 있는데 그 상태가 광범위하지 않으면 그러한 곳은 **수리지**로 정해야 한다.

그러나 폭설, 봄철의 해빙, 장마 또는 혹서와 같은 악조건은 페어웨이를 불만족스럽게 만들고 때로는 대형 잔디 깎는 장비의 사용을 막을 수도 있다. 그러한 악조건의 상태가 코스에서 전반적으로 나타나기 때문에 **위원회**가 '프리퍼드 라이'나 '윈터 룰'이 공정한 플레이를 향상시키고 **코스** 보호에 도움이 된다고 생각할 경우 다음과 같은 로컬 룰을 권장한다.

"**스루 더 그린**의 잔디를 짧게 깎은 구역에 있는 볼은(또는 제한된 지역을 명시, 예를 들어 6번 홀 등) 벌 없이 집어 올려서 닦을 수 있다. 플레이어는 볼을 집어 올리기 전에 그 볼 위치를 마크하지 않으면 안 된다. 플레이어가 볼을 집어 올린 경우 그는 원구가 놓여 있었던 지점보다 홀에 더 가깝지 않고, **해저드** 안이나 **퍼팅 그린**이 아닌 곳으로, 원구가 놓여 있었던 곳으로부터 규정된 범위(범위를 명시, 예를 들어 6인치, 1클럽 길이 등) 이내의 지점에 그 볼을 플레이스하지 않으면 안 된다.

플레이어는 그의 볼을 단 한 번만 플레이스할 수 있으며 볼을 플레이스한 시점에 그 볼은 **인 플레이**로 된다(규칙20-4). 볼이 플레이스한 지점에 정지하지 않은 경우에는 규칙20-3d가 적용된다. 볼이 플레이스한 지점에 정지하였는데 그 후에 **움직인** 경우에는 벌이 없으며, 다른 **규칙**이 적용되는 경우를 제외하고 그 볼은 있는 그대로의 상태로 플레이하지 않으면 안 된다.

플레이어가 볼을 집어 올리기 전에 볼 위치를 마크하지 않거나 또는 클럽으로 볼을 굴리는 것과 같은 다른 방법으로 그 볼을 **움직인** 경우 플레이어는 1벌타를 받는다.

주

'잔디를 짧게 깎은 구역'이란, 러프를 지나는 통로를 포함하여 페어웨이 잔디 높이나 그 이하로 깎은 코스의 모든 구역을 뜻한다.

---

* 본 로컬 룰의 위반에 대한 벌은

매치 플레이 – 그 홀의 패,

스트로크 플레이 – 2벌타.

* 본 로컬 룰의 위반으로 일반의 벌을 받은 경우 로컬 룰에 의한 추가의 벌(1벌타)은 적용되지 않는다."

d. 에어레이션을 할 때 생긴 구멍

코스에서 에어레이션을 한 경우 에어레이션을 할 때 생긴 구멍으로부터 벌 없이 구제받는 것을 허용한 로컬 룰의 채택이 타당하다고 생각된다. 따라서 다음과 같은 로컬 룰을 권장한다.

"**스루 더 그린**에서 볼이 에어레이션을 할 때 생긴 구멍 안이나 위에 정지한 경우 그 볼은 벌 없이 집어 올려서 닦을 수 있으며 볼이 있었던 지점에 되도록 가깝고, 홀에 더 가깝지 않은 곳에 드롭하여야 한다. 드롭했을 때 볼은 **스루 더 그린**의 **코스**상 일부에 먼저 떨어지지 않으면 안 된다.

퍼팅 그린에서 에어레이션을 할 때 생긴 구멍 안이나 위에 정지한 볼은 그러한 상태를 피할 수 있는 곳으로, **홀에 더 가깝지 않고**, 에어레이션을 할 때 생긴 구멍에서 가장 가까운 지점에 그 볼을 플레이스할 수 있다.

본 로컬 룰의 위반에 대한 벌은

매치 플레이 – 그 홀의 패,

스트로크 플레이 – 2벌타."

e. 뗏장의 이음매

위원회가 뗏장을 붙인 이음매로부터의 구제를 허용하나 뗏장 그 자체로부터의 구제는 원하지 않은 경우 다음과 같은 로컬 룰을 권장한다.

"**스루 더 그린**에 있는 뗏장의 이음매(뗏장 자체가 아닌)는 **수리지**로 간주한다. 이음매에 의하여 플레이의 스탠스에 방해가 되어도 그것은 규칙25-1에서 뜻하는 방해로 간주하지 않는다.

볼이 뗏장 이음매 안에 있거나 그곳에 접촉한 경우 또는 뗏장 이음매가 의도하는 스윙구역에 방해가 되는 경우 규칙25-1에 의하여 구제를 받을 수 있다. 뗏장을 이은 지역 안에 있는 모든 이음매는 똑같은 이음매로 간주한다.

본 로컬 룰의 위반에 대한 벌은

매치 플레이 – 그 홀의 패,

스트로크 플레이 – 2벌타."

5. 벙커 안에 있는 돌

용어의 정의에 의하면 돌은 **루스 임페디먼트**이기 때문에 플레이어의 볼이 **해저드** 안에 있는 경우 그 **해저드** 안에 있거나 **해저드**에 접촉하고 있는 돌을 접촉하거나 움직여서는 안 된다(규칙13-4). 그러나 **벙커** 안에 있는 돌은 플레이어에게 위험이 될 수 있으며 (플레이어가 볼을 플레이할 때 클럽이 돌을 쳐서 다른 플레이어가 다칠 수 있다) 골프 게임의 정상적인 플레이를 방해할 수도 있다.

따라서 **벙커** 안에 있는 돌을 집어 올리도록 허용하는 것이 타당하다고 생각될 경우 다음과 같은 로컬 룰을 권장한다.

"**벙커** 안에 있는 돌은 움직일 수 있는 **장해물**이다(규칙24–1 적용)."

6. 퍼팅 그린에 가까이 있는 움직일 수 없는 장해물

규칙24-2는 움직일 수 없는 **장해물**에 의한 방해로부터 벌 없이 구제받는 것을 규정하고 있다. 그리고 **퍼팅 그린** 위를 제외하고, 플레이 선상에 움직일 수 없는 **장해물**이 걸려 있어도 그 자체만으로는 규칙24에서 뜻하는 방해가 아니라는 것도 역시 규정하고 있다.

그런데 어떤 **코스**에서는 **퍼팅 그린**의 에이프런(apron)에 있는 잔디를 아주 짧게 깎아 놓았기 때문에 플레이어들이 **퍼팅 그린** 바로 밖에서 퍼트하기를 원할 수도 있다. 그러한 상태에서는 에이프런에 있는 움직일 수 없는 **장해물**이 골프 게임의 정상적인 플레이에 방해가 될 수도 있다. 따라서 그러한 상황에서 움직일 수 없는 **장해물**이 걸리는 경우로부터 벌 없이 구제받는 것을 추가해서 규정한 다음과 같은 로컬 룰의

프리퍼드 라이(Preferred Lies)

플레이어는 더 좋은 라이를 택하기 전에 먼저 그 볼 위치를 마크하지 않으면 안 된다. 플레이어가 볼을 클럽으로 움직이는 것은 허용되지 않는다.

도입이 타당할 것이다.

"움직일 수 없는 **장해물**에 의한 방해로부터의 구제는 규칙24-2에 의하여 받을 수 있다. 그 외에 볼이 **스루 더 그린**에 있으며 움직일 수 없는 **장해물**이 **퍼팅 그린** 위나 **퍼팅 그린**에서 2클럽 길이 이내에 있고, 볼에서도 2클럽 길이 이내에 있으며, 볼과 **홀** 사이의 **플레이 선**상에 걸리는 경우 플레이어는 다음과 같이 구제를 받을 수 있다.

즉 볼을 집어 올려서 (a) **홀**에 더 가깝지 않고, (b) 움직일 수 없는 **장해물**이 걸리는 경우를 피하고, (c) **해저드** 안이나 **퍼팅 그린** 위가 아닌 곳으로, 볼이 정지해 있었던 곳에 가장 가까운 지점에 드롭하지 않으면 안 된다.

그리고 플레이어의 볼이 **퍼팅 그린** 위에 있고 그 **퍼팅 그린**에서 2클럽 길이 이내에 있는 움직일 수 없는 **장해물**이 그의 **퍼트 선**상에 걸리는 경우에도 플레이어는 다음과 같이 구제를 받을 수 있다.

즉 볼을 집어 올려서 (a) **홀**에 더 가깝지 않고, (b) 움직일 수 없는 **장해물**이 걸리는 경우를 피하고, (c) **해저드** 안이 아닌 곳으로 볼이 정지해 있었던 곳에 가장 가까운 지점에 플레이스하지 않으면 안 된다.

볼을 집어 올린 경우 그 볼은 닦을 수 있다.

예외
플레이어는 움직일 수 없는 장해물 이외의 다른 것에 의한 방해로 분명히 스트로크하기가 실행 불가능한 경우 본 로컬 룰에 의한 구제를 받아서는 안 된다.

본 로컬 룰의 위반에 대한 벌은
매치 플레이 – 그 홀의 패,
스트로크 플레이 – 2벌타."

주
위원회는 본 로컬 룰을 다음과 같은 경우 즉 특정한 홀, 잔디를 짧게 깎은 구역으로 한정된 구역 안에 있는 볼, 특정한 장해물이나 퍼팅 그린 위에 있지 않은 장해물 그리고 그와 같이 요망되면 잔디를 짧게 깎은 구역 안에 있는 장해물의 경우로 제한할 수 있다. '잔디를 짧게 깎은 구역'이란 러프를 지나는 통로를 포함하여 페어웨이 잔디 높이나 그 이하로 깎은 코스의 모든 구역을 말한다.

7. 임시 장해물

코스 위나 **코스**에 인접해서 임시 장해물이 설치될 경우 **위원회**는 그러한 장해물이 움직일 수 있는 장해물인가, 움직일 수 없는 장해물인가 또는 임시 움직일 수 없는 장해물인가에 관하여 그 규칙상 취급을 정해 놓아야 한다.

a. 임시 움직일 수 없는 장해물
위원회가 그러한 장해물을 임시 움직일 수 없는 장해물(Temporary Immovable Obstructions, TIO)로 정한 경우 <u>다음과 같은 로컬 룰을 권장한다</u>.

"**I. 정의**
임시 움직일 수 없는 장해물(TIO)이란 경기와 관련하여 수시로 고정되거나 쉽게 움직일 수 없도록 세운 비영구적인 인공 물체를 말한다.

TIO의 예로는 천막, 스코어 보드, 관람석, TV 녹화용 탑 및 화장실이 포함되나 이것들로 한정되는 것은 아니다.

TIO를 받치고 있는 당김 밧줄은 **위원회**가 그것을 고가 동력선이나 케이블로 선언하지 않는 한 TIO의 일부분이다.

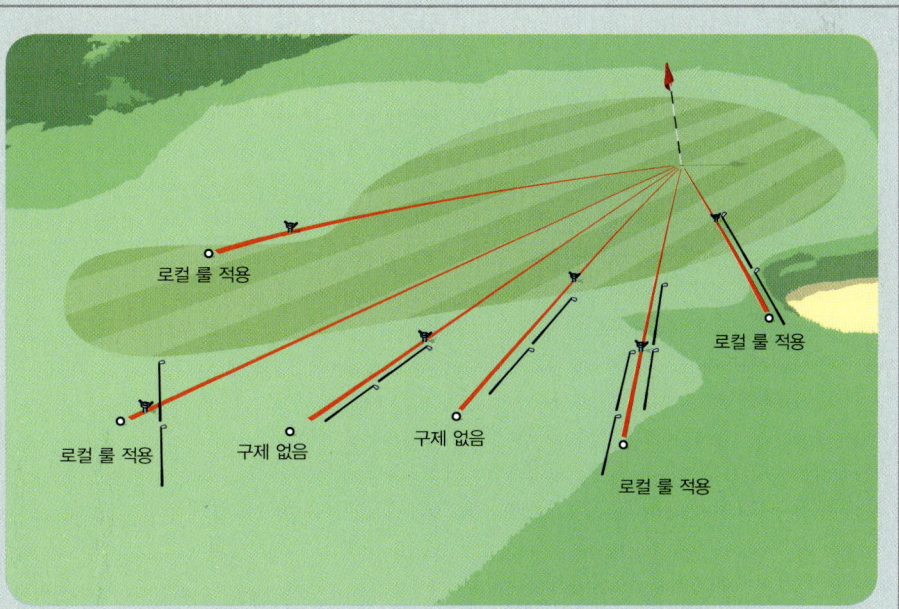

플레이어는 규칙24-2에 의하여 움직일 수 없는 장해물에서 구제를 받을 수 있다. 로컬 룰의 예를 채택한 경우 플레이어는 다음과 같은 경우라면 플레이 선에 걸리는 상태로부터 구제를 받을 수 있다. (a)(i)움직일 수 없는 장해물이 퍼팅 그린 위나 퍼팅 그린에서 2클럽 길이 이내에 있는 경우, (ii)볼이 움직일 수 없는 장해물에서 2클럽 길이 이내에 있는 경우, (b)볼이 퍼팅 그린 위에 있고 퍼팅 그린에서 2클럽 길이 이내에 있는 움직일 수 없는 장해물이 플레이어의 퍼트 선상에 걸리는 경우

II. 방해

다음과 같은 경우에는 TIO에 의한 방해가 생긴 것으로 한다.

(a) 볼이 TIO 앞에 있으며 너무 가까이 있기 때문에 그 TIO가 플레이어의 **스탠스**나 그의 의도하는 스윙 구역에 방해가 되는 경우

(b) 볼이 TIO 안이나, 위나, 아래에 또는 뒤에 있기 때문에 그 TIO의 어느 일부분이 플레이어의 볼과 **홀** 사이를 연결한 직선상에 걸리는 경우로 그의 **플레이 선**상에 있는 경우. 그리고 볼이 홀에서 같은 거리의 그러한 걸리는 상태가 있는 지점으로부터 1클럽 길이 이내에 있는 경우에도 역시 방해가 생긴 것으로 한다.

주
볼이 TIO의 가장 바깥쪽 가장자리 아래에 있는 경우 그 가장자리가 지면을 향하여 밑으로 연장되어 있지 않을지라도 그 볼은 TIO 아래에 있는 볼이다.

III. 구제

플레이어는 **아웃 오브 바운드**에 있는 TIO를 포함한 TIO에 의한 방해로부터 다음과 같이 구제를 받을 수 있다.

(a) 스루 더 그린: 볼이 **스루 더 그린**에 있는 경우 (a) **홀**에 더 가깝지 않고, (b) 위의 II에 기재된 바와 같은 방해를 피하고, (c) **해저드** 안 또는 **퍼팅 그린** 위가 아닌 곳으로 볼이 놓여 있는 곳에 가장 가까운 **코스**상의 지점을 결정하지 않으면 안 된다. 플레이어는 그 볼을 집어 올려서 그와 같이 결정한 지점으로부터 1클럽 길이 이내로 위의 (a), (b) 및 (c)의 요건을 충족시킬 수 있는 **코스**상 일부 지점에 벌 없이 그 볼을 드롭하지 않으면 안 된다.

(b) 해저드 안: 볼이 **해저드** 안에 있는 경우 플레이어는 그 볼을 집어 올려서 다음의 한 가지로 드롭하지 않으면 안 된다.

(i) 벌 없이, 완전한 구제를 받을 수 있는 가장 가까운 **코스**의 일부는 그 **해저드** 안에 있지 않으면 안 된다는 점과 볼도 **해저드** 안에 드롭하지 않으면 안 된다는 점을 제외하고, 위의 III(a)에 따라서 결정한 지점에 볼을 드롭하지 않으면 안 된다. 완전한 구제가 불가능한 경우에는 **해저드** 안에서 최대한의 구제를 받을 수 있는 **코스**의 일부에 드롭하지 않으면 안 된다. 또는

(ii) 1벌타를 받고, 그 **해저드** 밖에서 다음과 같이 처리한다. 즉 (a) **홀**에 더 가깝지 않고, (b) 위의 II에 기재되어 있는 바와 같은 방해를 피하고, (c) **해저드** 안이 아닌 곳으로 볼이 놓여 있는 곳에 가장 가까운 **코스**상의 지점을 결정하지 않으면 안 된다. 플레이어는 그 볼을 집어 올려서 그와 같이 결정한 지점으로부터 1클럽 길이 이내로 위의 (a), (b) 및 (c)의 요건을 충족시킬 수 있는 **코스**의 일부에 드롭하지 않으면 안 된다.

위의 III에 의하여 볼을 집어 올린 경우 그 볼은 닦을 수 있다.

주1
볼이 해저드 안에 있는 경우 본 로컬 룰에도 불구하고 플레이어는 적용할 수 있으면, 규칙26 또는 규칙28에 의하여 처리할 수 있다.

주2
본 로컬 룰에 의하여 드롭해야 하는 볼을 곧 회수할 수 없는 경우에는 다른 볼로 교체할 수 있다.

주3
위원회는 (a) TIO로부터 구제를 받을 때 플레이어에게 드롭 구역이나 볼 드롭 지역의 사용을 허용하거나 사용하도록 요구하는 로컬 룰 또는 (b) 구제의 선택 사항으로서 플레이어가 위의 III에 의하여 재정한 지점에서 TIO의 건너편에 볼을 드롭하는 것을 허용하는 로컬 룰을 제정할 수 있다. 그러나 그 이외의 경우에는 위의 III에 따라 드롭하는 것을 조건으로 한다.

예외
플레이어의 볼이 TIO(TIO 안이나, 위나, 아래가 아닌)의 앞이나 뒤에 있을 때 다음과 같은 경우에는 위의 III에 의한 구제를 받아서는 안 된다.

1. TIO가 아닌 다른 것에 의한 방해로 분명히 플레이어가 **스트로크**하기가 실행 불가능한 경우 또는 TIO가 걸리는 상태가 있을 때 분명히 홀과 볼을 연결한 직선상에 볼을 보낼 수 있는 스트로크하기가 실행 불가능한 경우

코스 위에 TV 중계 탑과 같은 임시 움직일 수 없는 장해물(TIO)이 있는 경우 위원회는 그러한 임시 움직일 수 없는 장해물로부터 구제를 규정한 로컬 룰을 채택하여야 한다.

2. TIO에 의한 방해가 분명히 무리한 스트로크나 불필요하게 비정상적인 스탠스, 스윙 또는 플레이 방향을 취할 때에만 생기는 경우. 또는
3. TIO가 걸리는 경우 플레이어가 볼을 그 TIO에 도달할 수 있을 정도로 홀을 향하여 충분히 멀리 칠 수 있다고 기대하는 것이 분명히 실행 불가능한 경우.

위의 예외 사항 때문에 구제를 받을 수 없는 플레이어는 볼이 스루 더 그린이나 벙커 안에 있는 경우, 만일 해당되면 규칙24-2b에 규정된 바와 같이 구제를 받을 수 있다. 그리고 볼이 워터 해저드 안에 있는 경우, 가장 가까운 구제 지점은 그 워터 해저드 안에 있지 않으면 안 된다는 점과 볼도 그 워터 해저드 안에 드롭하지 않으면 안 된다는 점을 제외하고, 플레이어는 규칙24-2b(i)에 따라서 그 볼을 집어 올리고 드롭할 수 있다. 그렇지 않으면 플레이어는 규칙26-1에 의하여 처리할 수 있다.

IV. 임시 움직일 수 없는 장해물 안에 있는 볼이 발견되지 않은 경우
발견되지 않은 볼이 임시 움직일 수 없는 장해물(TIO) 안이나, 위 또는 밑에 있다는 것을 알고 있거나 사실상 확실한 경우, 적용할 수 있으면 플레이어는 본 로컬 룰III 또는 V의 규정에 의하여 볼을 드롭할 수 있다. 본 로컬 룰 III과 V를 적용하기 위하여 볼은 그 TIO의 가장 바깥쪽 한계를 최후로 넘어간 지점에 놓여 있는 것으로 간주한다(규칙24-3).

V. 드롭 구역
플레이어가 TIO로부터 방해를 받는 경우 위원회는 드롭 구역의 사용을 허용하거나 사용하도록 요구할 수 있다. 플레이어가 구제를 받고 드롭 구역을 사용하는 경우 그는 볼이 최초에 놓여 있었던 곳이나 위의 IV에 의하여 놓여 있다고 간주한 곳에서 가장 가까운 드롭 구역(가장 가까운 드롭 구역이 홀에 더 가까울지라도) 안에 볼을 드롭하지 않으면 안 된다.

주
위원회는 드롭 구역이 홀에 더 가까운 상황이 되는 경우 그 사용을 금지하는 로컬 룰을 제정할 수 있다.

본 로컬 룰의 위반에 대한 벌은
매치 플레이 - 그 홀의 패,
스트로크 플레이 - 2벌타."

b. 임시 동력선과 케이블
임시 동력선, 케이블 또는 전화선이 코스 위에 가설된 경우 다음과 같은 로컬 룰을 권장한다.

"임시 동력선, 케이블, 전화선 그리고 가설물을 덮고 있는 매트나 받치고 있는 지주는 장해물이다.
1. 그 가설물을 쉽게 움직일 수 있으면 규칙24-1을 적용한다.
2. 그 가설물이 고정되어 있거나 쉽게 움직일 수 없으면 볼이 스루 더 그린에 있거나 벙커 안에 있는 경우, 플레이어는 규칙24-2b에 규정된 바에 따라서 구제를 받을 수 있다. 볼이 워터 해저드 안에 있는 경우 플레이어는, 가장 가까운 구제 지점은 그 워터 해저드 안에 있지 않으면 안 되며 볼도 해저드 안에 드롭하지 않으면 안 된다는 점을 제외하고, 규칙24-2b(i)에 따라 볼을 집어 올려서 드롭할 수 있다. 또는 규칙26에 의하여 처리할 수도 있다.
3. 볼이 고가 동력선이나 케이블에 맞은 경우 그 스트로크를 취소하고 플레이어는 규칙20-5(앞서 스트로크한 곳에서 다음 스트로크를 하는 경우)에 따라서 원구를 플레이한 곳에 될수록 가까운 지점에서 볼을 플레이하지 않으면 안 된다.

주
임시 움직일 수 없는 장해물을 받치고 있는 당김 밧줄은 로컬 룰에 의하여 위원회가 그것을 고가 동력선이나 케이블로 취급할 것을 선언하지 않는 한 임시 움직일 수 없는 장해물의 일부분이다.

예외
스트로크하여 볼이 지상에서 올라가는 케이블의 고가 접합 부분에 맞은 경우 그 스트로크를 다시 해서는 안 된다.

---

4. 케이블이 풀로 덮여 있는 도랑은 표시되어 있지 않더라도 수리지이며 규칙25-1b가 적용된다.

본 로컬 룰의 위반에 대한 벌은
매치 플레이 - 그 홀의 패,
스트로크 플레이 - 2벌타."

8. 드롭 구역
구제를 규정한 규칙에 따라서 처리할 수 없거나 실행 가능성이 없다고 위원회가 생각한 경우 구제를 받을 때 볼을 드롭할 수 있거나 반드시 드롭해야 하는 드롭 구역을 설정할 수 있다. 일반적으로 그러한 드롭 구역은 필수적으로 그곳에 드롭하기 보다는, 해당 규칙에 따라 할 수 있는 구제 선택 사항에 추가해서, 선택할 수 있는 구제방법으로 규정되어야 한다.

워터 해저드를 위해 설정한 드롭 구역의 예를 사용한 경우 다음과 같은 로컬 룰을 권장한다.

"볼이 워터 해저드 안에 있거나 또는 발견되지 않은 볼이 워터 해저드 안에(위치를 명시) 있다는 것을 알고 있거나 사실상 확실한 경우 플레이어는 다음의 한 가지로 처리할 수 있다.
(i) 규칙26에 의하여 처리한다. 또는
(ii) 추가 선택 사항으로 1벌타를 받고, 볼을 드롭 구역 안에 드롭한다.

본 로컬 룰의 위반에 대한 벌은
매치 플레이 - 그 홀의 패,

스트로크 플레이 - 2벌타."

주

드롭 구역을 사용할 경우, 볼의 드롭과 재드롭에 관하여 다음과 같은 규정이 적용된다.

(a) 플레이어는 볼을 드롭할 때 반드시 드롭 구역 안에 설 필요는 없다.
(b) 드롭한 볼은 드롭 구역 안에 있는 코스의 일부에 먼저 떨어지지 않으면 안 된다.
(c) 드롭 구역이 선으로 정해진 경우 그 선은 드롭 구역 안에 있는 것으로 한다.
(d) 드롭한 볼은 반드시 드롭 구역 안에 정지해 있어야 하는 것은 아니다.
(e) 드롭한 볼이 규칙20-2c(i-vi)에 기재된 어느 한 위치로 굴러가서 정지한 경우 재드롭하지 않으면 안 된다.
(f) 드롭한 볼이 코스의 일부에 먼저 떨어진 지점에서 2클럽 길이 이내에 정지하고, 위의 (e)에 기재된 어느 위치에도 들어가서 정지하지 않으면, 코스의 일부에 먼저 떨어진 지점보다 홀에 더 가까이 굴러가도 된다.
(g) 위의 (e) 및 (f)의 규정을 준수한다면 드롭한 볼은 다음의 지점보다 홀에 더 가까이 굴러가서 정지해도 된다.
• 볼의 최초 위치 또는 추정 위치(규칙20-2b 참조)
• 가장 가까운 구제 지점 또는 최대한의 구제를 받을 수 있는 지점(규칙24-2, 25-1 또는 25-3) 혹은
• 원구가 워터 해저드나 래터럴 워터 해저드의 경계를 최후로 넘어간 지점(규칙26-1)

9. 거리 측정 기기

위원회가 규칙14-3 주에 따라서 조치를 취하고자 할 경우 <u>다음과 같은 문구를 권장한다.</u>

"(해당 사항을 적절히 명시한다. 예를 들어 '본 경기에서' 또는 '본 **코스**에서 개최되는 모든 플레이에서') 플레이어는 단지 거리만 측정하는 기기를 사용하여 거리에 관한 정보를 획득할 수 있다. **정규 라운드** 중 플레이어가 그의 플레이에 영향을 미칠지도 모르는 다른 상태(예를 들어 지면의 경사도, 풍속, 온도 등)를 측정하도록 고안된 거리 측정 기기를 사용한 경우 플레이어는 그 기기의 추가적인 기능이 사용되었는가 안 되었는가의 여부에 상관없이, 경기 실격이 되는 규칙14-3을 위반한 것이다."

Part C. 경기 조건

규칙33-1에 "**위원회**는 플레이할 경기에 관한 조건을 제정하지 않으면 안 된다"라고 규정되어 있다. 그 조건에는 참가 방법, 참가 자격, 플레이할 라운드의 수 등과 같이 골프 규칙이나 본 부속 규칙

거리 측정 기기

위원회가 거리 측정 기기의 사용을 허용한 로컬 룰을 도입한 경우 그 기기는 거리 측정에 한해서 사용되지 않으면 안 되며 경사도, 풍속 및 온도와 같은 다른 상태를 측정할 수 있는 것이어서는 안 된다.

에서 취급하기에 적절하지 못한 많은 사항들이 포함되어야 한다. 그와 같은 조건들에 관한 상세한 자료는 규칙33-1에 속한 항목의 '골프 규칙 재정'과 '경기 운영에 관한 지침'에 나와 있다.

그리고 경기 조건에서 취급할 수도 있는 다수의 사항이 있는데 그것은 특히 **위원회**의 주의를 끌고 있는 사항들이며 다음과 같은 사항들이다.

1. 클럽과 볼의 규격
다음의 조건들은 숙련된 플레이어들이 참가하는 경기에만 적용하도록 권장한다.

a. 적격 드라이버 헤드 목록
R&A는 자체의 웹사이트(www.randa.org)에 사정(査定)을 받고 골프 규칙에 적합한 것으로 판정된 드라이빙 클럽 헤드 목록(driving club head list)을 정기적으로 올린다. 위원회는 플레이어에게 그 목록에 등재되어 있는 모델과 로프트가 확인된 클럽 헤드를 부착한 드라이버로 제한하고자 할 경우 그 목록을 게시하여 이용할 수 있도록 하여야 하며 다음과 같은 경기 조건을 사용하여야 한다.

"플레이이가 휴대한 어떤 드라이버도 R&A가 발행한 현행 적격 드라이버 헤드 목록에 등재된 모델과 로프트가 확인된 클럽 헤드를 부착하지 않으면 안 된다.

예외
1999년 이전에 제작되었던 클럽 헤드를 부착한 드라이버는 본 경기 조건에서 제외된다.

---

* 본 조건에 위반된 1개 또는 2개 이상의 클럽을 휴대하였으나 스트로크하지 않은 것에 대한 벌은

매치 플레이 – 위반이 발견된 홀을 끝마친 시점에 위반이 있었던 각 홀에 대하여 1개 홀씩 빼서 매치의 상태를 조정한다. 다만 빼는 홀 수는 1라운드에 최고 2개 홀까지로 한다.

스트로크 플레이 – 위반이 있었던 각 홀에 대하여 2벌타를 과한다. 다만 벌타 수는 1라운드에 최고 4타까지로 한다(규칙 위반이 있었던 처음 2개 홀에 각각 2벌타).

매치 플레이 또는 스트로크 플레이 – 위반이 홀과 홀 사이에서 발견된 경우 그 위반은 다음 홀의 플레이 중에 발견된 것으로 간주되며 따라서 그 벌은 다음 홀에 적용되지 않으면 안 된다.

보기와 파 경기 – 규칙32-1a 주1 참조.
스테이블포드 경기 – 규칙32-1b 주1 참조.

* 플레이어가 본 조건을 위반하고 휴대한 클럽에 대하여 위반이 있었던 것을 발견한 즉시, 매치 플레이에서는 그의 상대방에게 스트로크 플레이에서는 그의 마커나 동반 경기자에게 사용하지 않겠다는 선언을 하지 않으면 안 된다. 플레이어가 그렇게 하지 않은 경우 그는 경기 실격이 된다.

본 조건에 위반된 클럽으로 스트로크한 것에 대한 벌은 경기 실격."

b. 적격 골프 볼 목록
R&A는 자체의 웹 사이트(www.randa.org)에 테스트를 받고 골프 규칙에 적격으로 판정된 볼을 열거한 적격 골프 볼 목록을 주기적으로 올린다. 위원회는 플레이어가 그 목록에 등재된 상표의 골프 볼을 플레이하도록 요구하고자 할 경우 그 목록을 이용할 수 있도록 하여야 하며 다음과 같은 경기 조건을 사용하여야 한다.

"플레이어가 플레이하는 볼은 R&A에서 발행한 현행 적격 골프 볼 목록에 등재되어 있지 않으면 안 된다.

본 조건의 위반에 대한 벌은 경기 실격."

c. 한 가지 볼을 사용하는 조건
정규 라운드 중에 상표와 모델이 다른 볼로 교체하는 것을 금지하고자 할 경우 다음과 같은 조건을 권장한다.

"라운드 중 사용하는 볼에 관한 제한 사항(규칙5-1 주)

(i) '한 가지 볼(One Ball)'을 사용하는 조건
정규 라운드 중에 플레이어가 플레이하는 볼은 현행 적격 골프 볼 목록에 한 가지 종류로 등재된 것과 동일한 상표와 모델의 볼이 아니면 안 된다.

주
다른 상표와 또는 모델의 볼을 드롭하거나 플레이스한 경우 플레이어는 벌 없이 그 볼을 집어 올릴 수 있으며 그 후에 조건에 적합한 올바른 볼을 드롭하거나 플레이스하여 처리하지 않으면 안 된다(규칙20-6).

---

*본 조건에 대한 위반의 벌은

매치 플레이 – 위반이 발견된 홀을 끝마친 시점에 위반이 있었던 각 홀에 대하여 1개 홀씩 빼서 매치의 상태를 조정하지 않으면 안 된다. 다만 빼는 홀 수는 1라운드에 최고 2개 홀까지로 한다.

스트로크 플레이 – 위반이 있었던 각 홀에 대하여 2벌타를 과한다. 다만 벌타 수는 1라운드에 최고 4타까지로 한다(규칙 위반이 있었던 처음 2개 홀에 각각 2벌타).

보기와 파 경기 – 규칙32-1a 주1 참조.
스테이블포드 경기 – 규칙32-1b 주1 참조.

(ii) 위반을 발견했을 때의 처리 절차
플레이어는 그가 본 조건에 위반된 볼을 플레이하고 있었던 것을 발견한 경우 그는 다음 **티잉 그라운드**에서 플레이하기 전에 그 볼을 포기하고 조건에 적합한 볼을 사용하여 그 라운드를 끝마쳐야 한다. 그렇지 않은 경우 플레이어는 경기 실격이 된다.

그러한 위반이 1개 홀의 플레이 도중에 발견되어 플레이어가 그 홀을 끝마치기 전에 조건에 적합한 볼로 교체하기로 결정한 경우 플레이어는 조건을 위반하여 플레이했던 볼이 놓여 있었던 지점에 그 조건에 적합한 볼을 플레이스하지 않으면 안 된다."

2. 캐디 (규칙6-4 주)

플레이어가 어느 시점에서도 1명의 **캐디**만을 사용한다면 규칙6-4에서는 **캐디**를 사용하는 것을 허용하고 있다. 그러나 상황에 따라서 **위원회**는 **캐디**의 사용을 금지하거나 플레이어가 **캐디** 선정하는 것을 제한할 수 있다. 예를 들어, 프로 골퍼, 형제나 자매, 부모, 경기에 참가한 다른 플레이어들 등. 그와 같은 경우에는 <u>다음과 같은 문구를 권장한다</u>.

캐디의 사용 금지

"정규 라운드 중 플레이어의 **캐디** 사용을 금지한다."

캐디로 고용할 수 있는 사람의 제한

"정규 라운드 중 플레이어가 _____ 를 그의 **캐디**로 고용하는 것을 금지한다.

---

*본 조건의 위반에 대한 벌은

매치 플레이 – 위반이 발견된 홀을 끝마친 시점에 위반이 있었던 각 홀에 대하여 1개 홀씩 빼서 매치의 상태를 조정한다. 다만 빼는 홀 수는 1라운드에 최고 2개 홀까지로 한다.

스트로크 플레이 – 위반이 있었던 각 홀에 대하여 2벌타를 과한다. 다만 벌타 수는 최고 4타까지로 한다(규칙 위반이 있었던 처음 2개 홀에 각각 2벌타).

매치 플레이 또는 스트로크 플레이 – 위반이 홀과 홀 사이에서 발견된 경우 그 위반은 다음 홀의 플레이 중에 발견된 것으로 간주되며 따라서 그 벌은 다음 홀에 적용되지 않으면 안 된다.

보기와 파 경기 – 규칙32-1a 주1 참조.

스테이블포드 경기 – 규칙32-1b 주1 참조.

* 본 조건을 위반하고 캐디를 사용한 플레이어는 그 위반을 발견한 즉시 정규 라운드의 나머지 부분에서 확실히 본 조건을 따르도록 하지 않으면 안 된다. 그렇지 않은 경우 플레이어는 경기 실격이 된다."

3. 경기 속도 (규칙6-7 주2)

위원회는 규칙6-7 주2에 따라 느린 플레이를 예방하기 위하여 경기 속도 지침을 설정할 수 있다.

4. 위험한 상황으로 인한 플레이의 일시 중지 (규칙6-8b 주)

골프 코스에서 낙뢰로 인한 많은 사상자가 발생해 왔기 때문에 모든 골프장과 골프 경기의 주최자들에게 낙뢰로부터 사람을 보호하기 위한 특별한 예방 조치를 강력히 권고한다. 특히 규칙6-8과 33-2d에 유의하기 바란다. **위원회**가 규칙6-8b 주에 나와 있는 바와 같은 조건을 채택하고자 할 경우 <u>다음과 같은 문구를 권장한다</u>.

"위험한 상황 때문에 **위원회**의 지시로 플레이가 일시 중지되었을 때 매치 또는 조의 플레이어들이 홀과 홀 사이에 있는 경우 플레이어들은 **위원회**가 플레이의 재개를 지시할 때까지 플레이를 재개해서는 안 된다. 그들이 1개 홀의 플레이 도중인 경우에는 즉시 플레이를 중단하여야 하며 그 후에는 **위원회**가 플레이의 재개를 지시할 때까지 플레이를 재개해서는 안 된다. 플레이어가 플레이를 즉시 중단하지 않은 경우, 규칙33-7에 규정된 바와 같은 벌을 면제해 줄 만한 정당한 사유가 있는 상황이 아니면, 그 플레이어는 경기 실격이 된다.

위험한 상황으로 인한 플레이의 일시 중지를 위한 신호는 사이렌이 길게 울리는 소리로 한다."

다음 신호는 일반적으로 사용되는 신호이며 모든 **위원회**도 이와 유사하게 할 것을 권장한다. 즉

즉시 플레이 중단: 사이렌이 1회 길게 울리는 소리

플레이 중단: 사이렌이 3회 연속 울리는 소리를 반복

플레이 재개: 사이렌이 짧게 2회 울리는 소리를 반복

5. 연습

a. 총칙

위원회는 규칙7-1 주, 7-2 예외(c), 7 주2 및 33-2c에 따라서 연습에 관한 규정을 제정할 수 있다.

b. 홀과 홀 사이의 연습 (규칙7 주2)

위원회가 규칙7-2 주2에 따라서 조치를 취하고자 할 경우 <u>다음과 같은 문구를 권장한다</u>.

"플레이어는 홀과 홀 사이에서, 방금 플레이한 홀의 **퍼팅 그린** 위에서나 그 근처에서, 연습 **스트로크**를 해서는 안 되며 볼을 굴려서 방금 플레이한 홀의 **퍼팅 그린** 면을 테스트해서도 안 된다.

본 조건의 위반에 대한 벌은

매치 플레이 – 다음 홀의 패.

스트로크 플레이 – 다음 홀에서 2벌타.

매치 또는 스트로크 플레이 – 정규 라운드의 마지막 홀에서 위반한 경우 플레이어는 그 홀에서 벌을 받는다."

6. 팀 경기에서의 어드바이스 (규칙8 주)

위원회가 규칙8 주에 따라서 조치를 취하고자 할 경우 <u>다음과 같은 문구를 권장한다</u>.

"골프 규칙8 주에 따라서 각 팀은 그 팀 선수들에게 **어드바이스**를 줄 수 있는 1명(규칙에 의하여 플레이어가 **어드바이스**를 구할 수 있는 사람에 추가하여)을 임명할 수 있다. 다만 그와 같은 사람(임명될 사람에 대한 어떤 제한 사항을 삽입하고자 할 경우 그러한 제한 사항을 여기에 삽입한다)은 **어드바이스**를 주기 전에 **위원회**에 신분을 밝히지 않으면 안 된다."

위험한 상황으로 인한 경기의 일시 중단

위원회가 경기 일시 중단 신호를 보낸 경우 플레이어들은 즉시 플레이를 중단하지 않으면 안 된다. 플레이어가 그 신호 후에 한 번이라도 스트로크한 경우 그는 경기 실격된다.

7. 새로운 홀 (규칙33-2b 주)
단일 라운드 경기가 2일 이상에 걸쳐서 열리게 되는 경우 **위원회**는 규칙33-2b 주에 따라서 **홀과 티잉 그라운드**를 날마다 다르게 위치시킬 수 있다고 규정할 수 있다.

8. 이동 수단
경기에서 플레이어들이 걸어서 플레이하도록 요구하고자 할 경우 <u>다음과 같은 조건을 권장한다.</u>
"플레이어는 **위원회**가 허가하지 않는 한, **정규 라운드** 중 어떤 형태의 이동 수단도 타고 가서는 안 된다."

---

*본 조건의 위반에 대한 벌은

매치 플레이 – 위반이 발견된 홀을 끝마친 시점에 위반이 있었던 각 홀에 대하여 1개 홀씩 빼서 매치의 상태를 조정한다. 다만 빼는 홀 수는 1라운드에 최고 2개 홀까지로 한다.
스트로크 플레이 – 위반이 있었던 각 홀에 대하여 2벌타를 과한다. 다만 벌타 수는 1라운드에 최고 4타까지로 한다(규칙 위반이 있었던 처음 2개 홀에 각각 2벌타).
매치 또는 스트로크 플레이 – 위반이 홀과 홀 사이에서 발견된 경우 그 위반은 다음 홀의 플레이 중에 발견된 것으로 간주되며 따라서 그 벌은 다음 홀에 적용되지 않으면 안 된다.
보기와 파 경기 – 규칙32-1a 주1 참조.
스테이블포드 경기 – 규칙32-1b 주1 참조.
* 인가되지 않은 형태의 모든 이동 수단의 사용은 위반을 발견한 즉시 그 사용을 중단하지 않으면 안 된다. 그렇지 않은 경우 플레이어는 경기 실격이 된다."

9. 도핑 방지
위원회는 경기 조건에서 플레이어에게 도핑(금지 약물 복용) 방지 방침에 따라야 한다는 것을 요구할 수 있다.

10. 동점일 때 승패의 결정 방법
매치 플레이와 스트로크 플레이의 양쪽 플레이 방식에서 동점은 그대로 수용할수 있는 결과가 될 수 있다. 그러나 단 한 사람의 우승자를 가리고자 할 경우 **위원회**는 규칙33-6에 의하여 동점을 결정하는 방법과 시기를 확정할 권한을 갖는다. 그 결정 사항은 사전에 공표하여야 한다.
따라서 <u>KGA</u>는 다음과 같이 권장한다.

매치 플레이
올 스퀘어(all square)로 끝난 매치는 한 편이 한 홀을 이길 때까지 한 홀씩 연장하여 플레이하여야 한다. 그 플레이오프는 매치를 시작한 홀에서 출발하여야 한다. 핸디캡 적용 매치에서 핸디캡 스트로크는 **정규 라운드**에서와 똑같이 인정되어야 한다.

스트로크 플레이
(a) 스크래치 스트로크 플레이 경기에서 동점이 된 경우에는 플레이오프를 하도록 권장한다. 플레이오프는 18홀로 하거나 또는 **위원회**가 정한 18홀보다 더 적은 수의 홀이 될 수도 있다. 이와 같은 플레이오프를 시행할 수 없거나 그래도 동점인 경우에는 1홀씩 하는 플레이오프를 권장한다.

(b) 핸디캡 적용 스트로크 플레이 경기에서 동점의 경우 핸디캡 적용 플레이오프를 하도록 권장한다. 이러한 플레이오프는 18홀로 끝날 수 있는데 **위원회**가 정한 18홀 보다 더 적은 수의 홀이 될 수도 있다. 이와 같은 플레이오프는 최소한 3개 홀로 이루어지도록 권장한다. 핸디캡 스트로크 할당표와 관련이 없는 상황에서, 18홀보다 더 적은 홀에서 하는 플레이오프의 경우 플레이어들의 플레이오프 핸디캡을 결정하기 위하여 플레이할 홀 수의 18홀에 대한 비율을 각 플레이어의 핸디캡에 곱하여 적용하여야 한다. 핸디캡의 1/2타 이상은 1타로 계산하고 그 이하의 분수는 무시하여야 한다(4사5입). 포볼 스트로크 플레이와 보기, 파 및 스테이블포드 경기와 같은 핸디캡 스트로크 표와 관련이 있는 경기에서 플레이어들은 그들 각자의 스트로크 할당표를 사용하는 경기를 할 때 그 경기를 위하여 할당받았던 것과 같은 핸디캡 스트로크를 받아야 한다.

(c) 어떤 형태의 플레이오프도 할 수 없는 경우에는 매칭 스코어 카드(matching score cards) 방식을 권장한다. 이러한 매칭 카드 방식은 사전에 발표되어야 하며 이 같은 절차로도 우승자를 가리지 못할 경우의 가능성에 대비한 조치도 역시 규정해 놓아야 한다. 일반적으로 인정될 수 있는 매칭 카드 방식은 최종 9개 홀 스코어에서 가장 좋은 스코어를 근거로 하여 우승자를 결정하는 방법이다. 그런데 동점이 된 플레이어들이 최종 9개 홀에서도 동일한 스코어를 낸 경우에는 최종 6개 홀에서, 그 다음에는 최종 3개 홀에서 그리고 최종적으로는 18번 홀에서 낸 스코어를 근거로 하여 우승자를 결정한다. 다수의 **티잉 그라운드**에서 출발하는 경기에 이 방법이 사용될 경우 '최종 9개 홀, 최종 6개 홀 등'은 10–18번 홀, 13–18번 홀 등으로 간주하도록 권장한다.

개인별 스트로크 플레이와 같은 핸디캡 스트로크 표와 관련이 없는 경기에서 최종 9개 홀, 최종 6개 홀, 최종 3개 홀 등의 계획안이 사용된 경우에는 그 홀들에서 낸 스코어에서 핸디캡의 1/2, 1/3, 1/6 등을 공제하여야 한다. 그와 같은 공제에서 소수점 이하의 사용에 관하여 위원회는 관계 핸디캡 취급 기관이 추천하는 바에 따라서 조치를 취하여야 한다.

포볼 스트로크 플레이와 보기, 파 및 스테이블포드 경기와 같이 핸디캡 스트로크 표와 관련이 있는 경기에서 플레이어들은 그들 각자의 스트로크 할당표를 사용하는 경기를 할 때 그 경기를 위하여 그들이 할당받았던 것과 같은 핸디캡 스트로크를 받아야 한다.

일반 순위 조 편성 방식

예선 통과 64명의 경우		예선 통과 32명의 경우		예선 통과 16명의 경우	
상위 1/2	하위 1/2	상위 1/2	하위 1/2	상위 1/2	하위 1/2
1 vs. 64	2 vs. 63	1 vs. 32	2 vs. 31	1 vs. 16	2 vs. 15
32 vs. 33	31 vs. 34	16 vs. 17	15 vs. 18	8 vs. 9	7 vs. 10
16 vs. 49	15 vs. 50	8 vs. 25	7 vs. 26	4 vs. 13	3 vs. 14
17 vs. 48	18 vs. 47	9 vs. 24	10 vs. 23	5 vs. 12	6 vs. 11
8 vs. 57	7 vs. 58	4 vs. 29	3 vs. 30		
25 vs. 40	26 vs. 39	13 vs. 20	14 vs. 19	상위 1/2	하위 1/2
9 vs. 56	10 vs. 55	5 vs. 28	6 vs. 27	예선 통과 8명의 경우	
24 vs. 41	23 vs. 42	12 vs. 21	11 vs. 22	1 vs. 8	2 vs. 7
4 vs. 61	3 vs. 62			4 vs. 5	3 vs. 6
29 vs. 36	30 vs. 35				
13 vs. 52	14 vs. 51				
20 vs. 45	19 vs. 46				
5 vs. 60	6 vs. 59				
28 vs. 37	27 vs. 38				
12 vs. 53	11 vs. 54				
21 vs. 44	22 vs. 43				

11. 매치 플레이의 조 편성

매치 플레이의 조 편성은 완전한 제비뽑기식 편성 방식이나 일정한 수의 플레이어들을 각각 4등분이나 8등분하여 조의 편성표에 따라 나누어서 배치하는 편성 방식이 있으나 매치의 편성을 예선 라운드에 의하여 결정할 경우 일반 순위 조 편성 방식을 권장한다.

일반 순위 조 편성 방식

조 편성에서 순위를 결정할 목적일 때는 최하위를 결정하는 라운드가 아닌 예선 라운드에서 동점인 경우 그 순위는 그 스코어를 제출한 순서에 따라서 결정되며, 제일 먼저 스코어를 제출한 사람이 가장 낮은 번호를 받는다. 스코어를 제출한 순위를 결정할 수 없는 경우 동점은 제비뽑기로 결정한다.

사례

위원회는 코스의 악화된 상태에 대처하기 위하여 일반적으로 프리퍼드 라이나 '윈터 룰(winter rules)' 규칙을 사용한다. 이러한 로컬 룰에 의하여 볼을 플레이스할 특정 지역은, 불변의 일정한 규칙은 없으며 그 범위가 다를 수 있다. 따라서 어떤 위원회는 6인치 이내로, 다른 위원회는 스코어 카드 길이 이내로 혹은 1클럽 길이 이내로도 규정하고 있다. 로컬 룰에서 그것을 결정하고 명확히 하는 것은 위원회에 속한 문제이다. 그러므로 플레이어는 경기에 들어가기 전에 불필요한 벌을 피하기 위하여 볼을 플레이스할 거리를 알아 두어야 한다.

이것은 중국에서 열린 2010년 미션 힐스 스타 트로피(Mission Hills Star Trophy) 경기에서 미국 PGA 투어 골퍼인 류지 이마다(Ryuji Imada)가 엄청난 26벌타를 피하기 위하여 조언에 귀기울여야 했던 사건이다. 이마다는 PGA 투어의 기준인 볼이 있는 위치에서 1클럽 길이 이내에 더 좋은 라이를 택할 수 있다고 생각하였다. 그러나 이번 토너먼트 특유의 로컬 룰은 1스코어 카드 길이 이내에 볼을 플레이스하도록 규정되어 있었다.

이마다의 동반 경기자는 라운드 중 착오를 일으킬 가능성에 대하여 그의 주의를 환기시켰고, 이마다는 스코어 카드에 서명하기 전에 경기 위원에게 그가 로컬 룰을 위반해왔다는 것을 알렸다. 조사 결과 규정된 거리를 초과하여 좋은 라이를 택했던 것이 13번으로 한 번에 2벌타씩 받아야 한다고 재정되었다.

이마다는 로컬 룰 인쇄물을 읽지 않았기 때문에 자신 말고는 탓할 사람이 없다는 것을 인정하고 결국 첫 라운드에서 24 오버파인 스코어 97에 서명하였다!

Q&A

스트로크 플레이에서 동점일 때 승패의 결정 방법은 어떻게 정하는가?

동점일 때 승패의 결정 방법을 정하는 것은 위원회에 속한 문제이며 위원회는 사전에 그 방법을 발표하여야 한다. R&A가 추천하는 방법은 부속 규칙 I, Part C, 10에서 볼 수 있다.

부속 규칙 II, III 및 IV

정의

용어의 정의는 제2장에 알파벳순으로 나열하였으며 규칙에서 그 용어가 나올 때 굵은 서체를 사용하였다. 13~23쪽 참조.

R&A는 어느 때든지 클럽과 볼에 관련된 규칙의 변경과 이들 규칙에 관련된 해석을 내리고 변경하는 권한을 갖는다. 최신의 정보에 관해서는 R&A나 R&A 웹사이트 www.randa.org/equipmentrules 를 참조하기 바란다.

규칙에 규정되어 있지 않은 사항으로 **규칙**의 목적이나 의도에 어긋나거나 게임의 성격을 현저하게 변화시키는 클럽이나 볼의 디자인에 관해서는 R&A가 그 적부(適否)를 재정한다.

부속 규칙 II와 III에 나와 있는 치수와 제한은 그것에 의하여 적합성이 확정되는 단위로 표시되어 있다. 동등한 가치의 야드, 파운드 법/미터 법으로 환산된 치수는 역시 정보를 위하여 참조하게 되며 1인치(inch) = 25.4밀리미터(mm)의 환산율을 사용하여 계산한다.

부속 규칙 II

클럽의 디자인

클럽의 적합성에 관하여 의문이 있는 플레이어는 R&A에 문의하여야 한다.

제조업자는 제조하고자 하는 클럽이 **규칙**에 적합한지 아닌지의 여부에 관한 재정을 구하기 위하여 그 클럽의 견본을 R&A에 제출하여야 한다. 그 제출된 견본은 대조용으로 R&A의 소유물이 된다. 제조업자가 클럽을 제조하거나 판매하기 전에 그 견본을 제출하지 않거나, 견본을 제출하였으나 재정을 기다리지 않은 경우 그 제조업자는 클럽이 **규칙**에 부적합하다는 재정을 받을 위험을 지게 된다.

다음 항목들은 그 규격 및 해석과 함께 클럽의 디자인에 관한 일반의 표준을 정한 것이다. 그에 대한 규정과 정확한 해석에 관한 더 상세한 정보는 '클럽과 볼의 규격에 관한 지침'에 규정되어 있다. 클럽이나 클럽의 일부분이 **규칙**의 범위 안에서 규격에 맞도록 요구되는 경우 그것은 그러한 규격에 맞도록 할 의도를 가지고 고안되고 제조되지 않으면 안 된다.

1. 클럽 (Clubs)

a. 총칙

클럽은 볼을 치기 위하여 고안된 장비이며 일반적으로 그 모양과 사용 목적에 의하여 구분된 우드(wood), 아이언(iron), 퍼터(putter)의 3가지 형태로 되어 있다. 퍼터는 주로 **퍼팅 그린** 위에서 사용하기 위하여 고안된 로프트가 10도 이하인 클럽이다.

    클럽은 본질적으로 전통과 관습에서 벗어난 형태와 구조여서는 안 된다. 클럽은 1자루의 샤프트(shaft)와 1개의 헤드(head)로 구성되어 있어야 하며 샤프트에는 역시 플레이어가 단단히 잡을 수 있도록 하기 위한 물질을 부착할 수 있다('3.그립' 참조). 클럽의 모든 부분은 클럽이 단일체가 되도록 고정되어 있어야 하며 어떤 외부 부착물도 부착되어서는 안 된다. 다만 클럽의 성능에 영향을 미치지 않는 부착물은 예외로 한다.

b. 조절성

모든 클럽은 무게 조절을 위하여 그 특색 있는 기능을 통합할 수 있다. 다른 형태의 조절은 역시 R&A에 의한 사정을 받은 후 허용될 수 있다. 다음의 요구 사항은 허용할 수 있는 모든 조절 방법에 적용된다.

(i) 조절은 손쉽게 할 수 없도록 한다.
(ii) 조절할 수 있는 부분은 단단히 고정시키고 라운드 중에 그 부분이 느슨해질 가능성이 없도록 한다.
(iii) 조절한 모든 형상이 **규칙**에 적합하여야 한다.

    정규 라운드 중에 클럽의 성능을 조절하거나 다른 방법에 의하여 고의로 변경해서는 안 된다(규칙4-2a 참조).

c. 길이

클럽의 전장은 18인치(0.457m) 이상이어야 하며, 퍼터를 제외하고, 48인치(1.219m)를 초과해서는 안 된다.

    우드와 아이언 클럽의 길이는 클럽을 수평면상에 가로 놓고, 그림 I에서 보는 바와 같이, 소울(sole)이 수평면에 대하여 60도의 각도를 이루는 상태에서 측정하여 구한다. 클럽의 길이는 2평면(수평면과 소울 평면) 사이의 교차점으로부터 그립 상단까지의 거리로 정한다. 퍼터의 길이는 그립 상단으로부터 샤프트의 축선이나 샤프트의 연장된 직선을 따라서 클럽의 소울까지 측정하여 구한다.

d. 정렬 상태

정상적인 **어드레스** 자세를 취하고 클럽을 지면에 댔을 때 샤프트는 다음과 같이 정렬되어야 한다.

(i) 토우(toe)와 힐(heel)을 통하여 이루는 수직면에 대한 똑바른 샤프트 부분의 투영은 그 수직선에 대하여 10도 이상이어야 한다(그림 II 참조). 클럽의 종합적인 디자인이 플레이어가 수직이나 거의 수직 상태의 자세로 클럽을 효과적으로 사용할 수 있도록 되어 있는 경우 그 수직면에서 샤프트가 그 수직선에 대하여 25도 정도까지 필요하게 될 수도 있다.

(ii) 의도하는 플레이 선에 연하여 이루는 수직면에 대한 똑바른 샤프트 부분의 투영은 그 수직선에 대하여 앞쪽으로 20도 이하이어야 하며 뒤쪽으로 10도 이하이어야 한다(그림III 참조).

    퍼터를 제외하고 클럽 힐 부분의 전체는 샤프트의 똑바른 부분의 축선을 포함하여 이루는 평면과 의도하는 플레이 선(수평 방향)을 포함하여 이루는 평면 사이의 0.625인치(15.88mm) 이내에 들어 있어야 한다(그림IV 참조).

2. 샤프트 (Shaft)

a. 일직선

샤프트는 그립의 상단으로부터 소울의 위쪽으로 5인치(127mm) 이내의 1점까지 일직선이어야 한다. 그때 샤프트의 똑바른 부분이 끝나는 1점으로부터 소울까지의 길이는 그 사이에 샤프트와 네크(neck) 및(또는) 소켓(socket)의 구부러진 부분이 있는 경우에도 샤프트 축선을 따라서 구부러진 그대로 측정한다(그림V 참조).

b. 구부림과 비틀림의 특성

샤프트는 그 길이에서 어느 1점을 선택하여 보아도 다음과 같아야 한다. 즉

(i) 샤프트 종축의 주위를 어떻게 회전시켜 놓든 상관없이 샤프트를 구부리면 그 휘어지는 양이 같아야 한다.
(ii) 양 방향으로의 비틀림 정도가 같아야 한다.

c. 클럽 헤드에 부착

샤프트는 클럽 헤드의 힐에 직접 부착하거나 1개의 단순한 네크와 (또는) 소켓을 통하여 부착하지 않으면 안 된다. 네크와 (또는) 소켓의 상단으로부터 클럽의 소울까지의 길이는 네크와 (또는) 소켓의 축선을 따라서, 그리고 구부러진 부분은 구부러진 그대로, 측정할 때 5인치(127mm)를 초과해서는 안 된다(그림VI 참조).

퍼터에 대한 예외: 퍼터의 샤프트나 네크 또는 소켓은 클럽 헤드의 어느 부분에 부착해도 된다.

3. 그립 (Grip, 187쪽의 그림 VII 참조)

그립은 플레이어가 꼭 쥘 수 있도록 하기 위하여 샤프트에 부착된 재료로 되어 있다. 그립은 샤프트에 고정되어 있지 않으면 안 되며, 똑바르고, 형태가 단순해야 하며, 샤프트의 끝까지 연장되어 있어야 하고, 손의 어느 부분도 본을 떠서 부착해서는 안 된다. 재료가 부착되어 있지 않은 경우에는 플레이어가 잡도록 고안된 샤프트 부분을 그립으로 간주하지 않으면 안 된다.

(i) 퍼터 이외의 클럽은 그 그립 횡단면이 원형이어야 한다. 다만 마디가 없이 연속적이고 똑바르며 갈빗대 무늬가 도드라지게 한 재료를 그립의 전체 길이에 결합시킬 수 있다. 그때 감아서 결합시키는 형태의 그립이나 모조 그립은 약간 오목한 줄이 나선형으로 되어 있

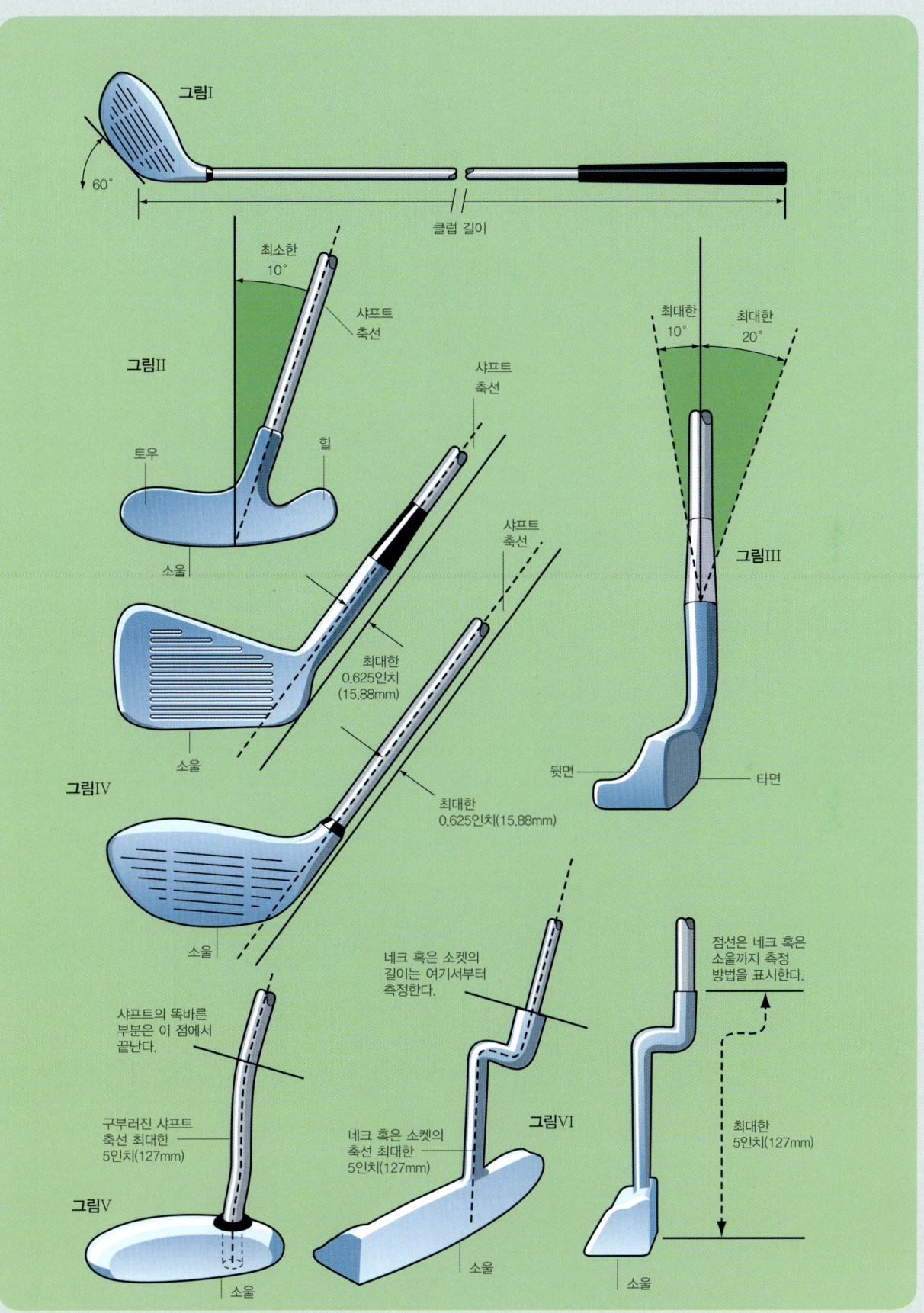

부속 규칙 II

어도 허용된다.
(ii) 퍼터의 그립은 그 횡단면에 오목한 부분이 없고 대칭이며 그립의 전체 길이에 걸쳐서 대개 같은 형태이면 횡단면은 원형이 아니어도 된다(아래의 (v) 참조).
(iii) 그립은 앞으로 가면서 점점 더 가늘어지게 할 수는 있으나 그 사이에 어떤 불룩한 곳이나 잘록한 곳이 있어서는 안 된다. 그립의 횡단면 치수는 어느 방향에서 측정해도 1.75인치(44.45mm)를 넘어서는 안 된다.
(iv) 퍼터 이외의 클럽은 그 그립의 축선이 샤프트의 축선과 일치하지 않으면 안 된다.
(v) 퍼터는 그립의 횡단면이 원형이고 그 축선이 샤프트의 축선과 일치하며 최소한 서로 1.5인치(38.1mm) 떨어져 있으면 2개의 그립을 가질 수 있다.

4. 클럽 헤드 (Club head)

a. 단순한 모양

클럽 헤드는 일반적으로 그 모양이 단순하지 않으면 안 된다. 모든 부품은 견고해야 하며 사실상 구조적이고 기능적이어야 한다. 클럽 헤드나 그 부품은 어떤 다른 물체와 닮은 모양으로 고안되어서는 안 된다. 단순한 모양을 정확히 또는 포괄적으로 정의할 수는 없다. 따라서 이러한 요구 조건에 위배된다고 간주되기 때문에 허용되지 않는 특징물을 열거하면 다음과 같은 것들이 포함된다. 그러나 반드시 그것들에 한정된 것은 아니다.

(i) 모든 클럽
- 클럽 타면을 관통하는 구멍
- 클럽 헤드를 관통하는 구멍(퍼터 및 뒤쪽에 움푹 들어간 부분이 있는 아이언 클럽에 대해서는 다소의 예외가 인정될 수 있다)
- 규격에 대한 치수를 맞추기 위하여 만들어진 특징물
- 클럽 타면 안으로 또는 앞으로 연장되어 있는 특징물
- 클럽 헤드 정상의 중앙선 위에 현저하게 연장되어 있는 특징물
- 클럽 타면 안으로 연장된 그 클럽 헤드 위에 새긴, 이랑 모양의 홈이나 활주 부분(퍼터에 대해서는 다소의 예외가 인정될 수 있다)
- 부착된 광학 또는 전자 기기

(ii) 우드와 아이언
- 위의 (i)에 열거된 모든 특징물
- 클럽 헤드의 힐과(또는) 토우의 테두리 안에 있는, 위에서 보이는 움푹 들어간 부분
- 클럽 헤드 뒤쪽의 테두리 안에 있는, 위에서 보이는 아주 심하게 움푹 들어간 부분이나 다수의 움푹 들어간 부분
- 따로 허용되지 않는 특징물을 단순한 모양의 규정에 적합하게 만들기 위한 의도로 클럽 헤드에 부착되어 있는 투명한 물질
- 위에서 보았을 때 클럽 헤드의 테두리를 넘어서 연장되어 있는 특징물

b. 치수, 체적 및 관성 모멘트

(i) 우드

클럽이 수평면에서 60도의 라이 각도를 유지하고 있을 때 그 클럽 헤드의 치수는 다음과 같지 않으면 안 된다.
- 클럽 헤드의 힐에서 토우까지의 길이는 타면에서 뒷면까지의 길이보다 더 길다.
- 클럽 헤드의 힐에서 토우까지의 길이는 5인치(127mm) 이하이다.
- 클럽 헤드의 소울에서 헤드 정상까지의 길이는 허용되는 특징물을 포함하여 2.8인치(71.12mm) 이하이다.

이러한 치수는 그 수직 투영면에서
- 힐과 토우, 그리고
- 타면과 뒷면(그림Ⅷ의 치수A 참조)의 가장 바깥쪽 점 사이를 수평선으로 측정하여 구하며, 그 수평 투영면에서 소울과 헤드 정상(그림Ⅷ의 치수B 참조)의 가장 바깥쪽 점 사이를 수직선으로 측정하여 구한다. 힐의 가장 바깥쪽 점을 명확히 정할 수 없는 경우에는 클럽을 수평면상에 놓고 그 수평면에서 위로 0.875인치(22.23mm) 되는 지점으로 간주한다(그림Ⅷ의 치수C 참조).

클럽 헤드의 체적은 460입방 센티미터(28.06입방 인치) 이하이어야 한다. 그때 허용 오차는 10입방 센티미터(0.61입방 인치)이다.

클럽이 60도의 라이 각도를 유지하고 있을 때 클럽 헤드 중심을 지나는 종축 주위의 관성 모멘트 분력은 5,900그램·평방 센티미터(32.259온스·평방 인치) 이하이어야 한다. 그때 시험 허용 오차는 100그램·평방 센티미터(0.547온스·평방 인치)이다.

(ii) 아이언

클럽 헤드가 정상적인 어드레스 자세를 취한 위치에 놓여 있을 때 그 클럽 헤드의 치수는 힐에서 토우까지의 길이가 타면에서 뒷면까지의 길이보다 더 길지 않으면 안 된다.

(iii)퍼터(그림Ⅸ 참조)

클럽 헤드가 정상적인 어드레스 자세를 취한 위치에 놓여 있을 때 그 클럽 헤드의 치수는 다음과 같아야 한다.
- 힐에서 토우까지의 길이는 타면에서 뒷면까지의 길이보다 더 크다.
- 클럽 헤드의 힐에서 토우까지의 길이는 7인치(177.8 mm) 미만이거나 같다.
- 클럽 타면의 힐에서 토우까지의 길이는 클럽 헤드의 타면에서 뒷면까지 길이의 2/3보다 더 크거나 같다.
- 클럽 타면의 힐에서 토우까지의 길이는 클럽 헤드의 힐에서 토우까지 길이의 1/2보다 더 크거나 같다.
- 클럽 헤드의 소울에서 헤드 정상까지의 길이는 허용되는 특징물을 포함하여, 2.5인치(63.5mm) 미만이거나 같다.

전통적인 모양을 한 클럽 헤드에 관하여 이러한 치수는 그 수직 투영면에서
- 클럽 헤드의 힐과 토우

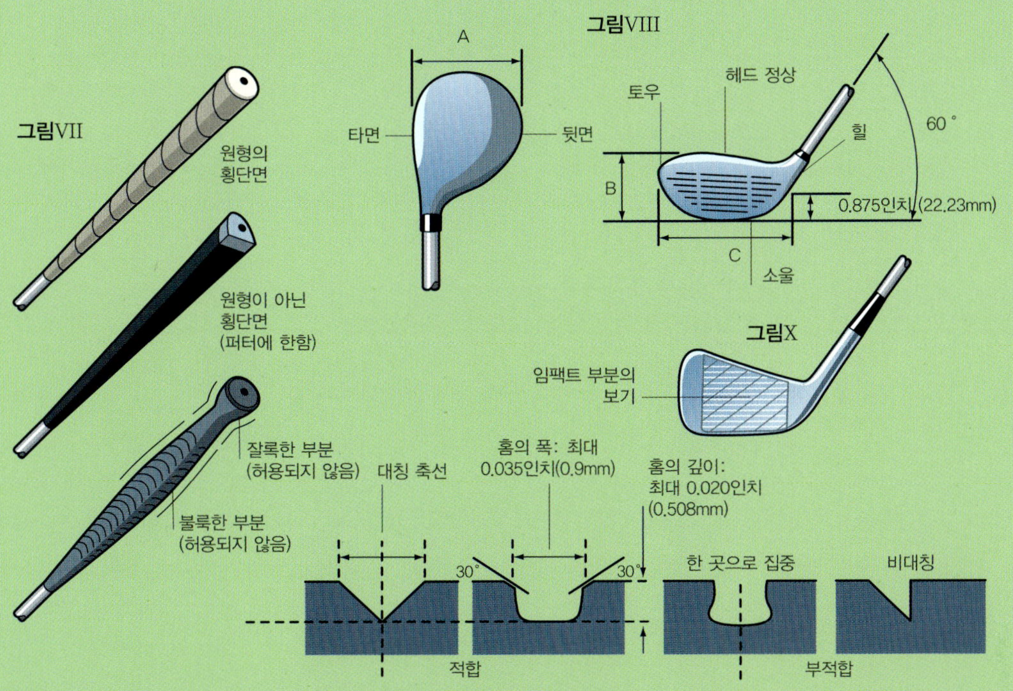

그림 XI 홈 횡단면의 예

- 클럽 타면의 힐과 토우
- 타면과 뒷면의 가장 바깥쪽 점 사이를 수평선으로 측정하여 구하며, 그 수평 투영면에서 클럽 헤드의 소울과 헤드 정상의 가장 바깥쪽 점을 수직선으로 측정하여 구한다.

그러나 보통과 다른 모양을 한 클럽 헤드에 관하여 토우에서 힐까지의 치수는 타면에서 그대로 측정될 수 있다.

c. 스프링 효과와 역학적인 특성

클럽 헤드의 고안, 재료 및(또는) 구조 또는 클럽 헤드(클럽 타면을 포함)에 대한 표면 처리는 다음과 같은 경우가 있게 해서는 안 된다.

(i) **R&A** 내규의 진자(振子) 테스트 규정에 명기된 제한 사항을 초과한 스프링 효과를 내는 경우
(ii) 반드시 그것으로 한정된 것은 아니나, 클럽 헤드의 스프링 효과에 부당한 영향을 미치게 하려고 또는 그러한 효과를 가진 별도의 스프링이나 스프링과 같은 특징이 있는 것을 포함한 특징물이나 기술을 통합한 경우.
(iii) 볼의 움직임에 부당한 영향을 미치는 경우

주
위의 (i)은 퍼터에는 적용되지 않는다.

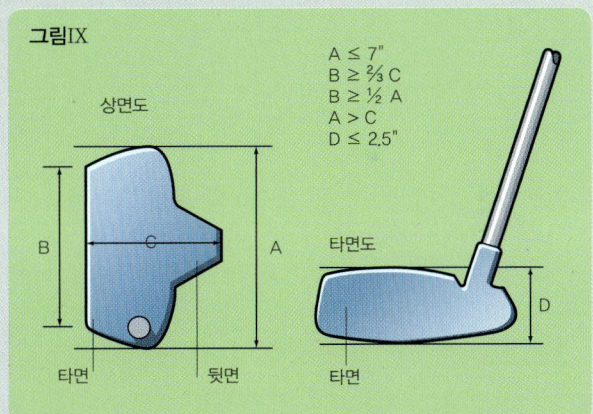

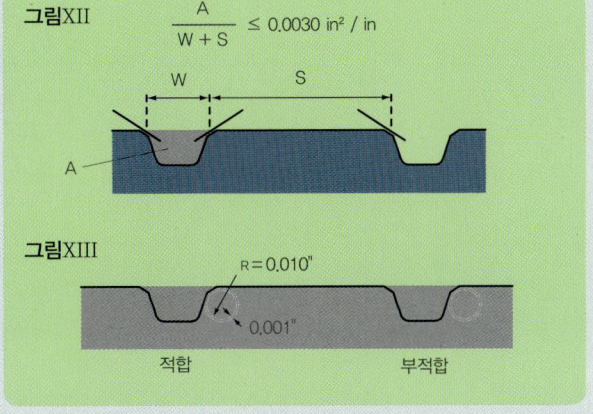

d. 볼이 맞는 타면

클럽 헤드는 볼이 맞는 타면이 1면뿐이어야 한다. 다만 퍼터에 한하여 양면의 성능이 같고 번갈아 사용할 수 있도록 제작되었으면 2면이어도 된다.

5. 클럽 타면 (Club Face)

a. 총칙

클럽의 타면은 단단하고 견고하지 않으면 안 되며 표준 스틸 타면보다 현저하게 많거나 적은 스핀이 볼에 걸리게 해서는 안 된다(퍼터에 대해서는 약간의 예외가 인정될 수 있다). 아래에 열거하여 설명된 마킹을 제외하고 클럽 타면은 매끄러워야 하며 조금도 오목한 곳이 있어서는 안 된다.

b. 임팩트 부분의 거칠기와 재료

다음에 자세히 설명된 것과 같은 마킹을 제외하고 볼에 부딪치도록 의도한 부분('임팩트 부분') 범위 안에 있는 표면의 거칠기는 장식을 위한 분사(噴砂) 정도의 거칠기나 정교히 프레이즈(fraise)로 깎은 면 정도의 거칠기를 넘어서는 것이 되어서는 안 된다(187쪽의 그림X 참조).

임팩트 부분의 전면은 동일한 재료로 되어 있지 않으면 안 된다(나무로 만든 클럽에 대해서는 예외가 인정될 수 있다).

c. 임팩트 부분의 마킹

클럽이 그 임팩트 부분에 홈과(또는) 펀치 마크를 가진 경우 그것들은 다음 규격에 맞지 않으면 안 된다.

(i) 홈

- 홈은 똑바르고 평행으로 되어 있지 않으면 안 된다.
- 홈은 횡단면이 대칭이 아니면 안 되며 측면이 한 곳으로 집중되어서는 안 된다(187쪽의 그림XI 참조).
- *25도 이상의 로프트 각을 가진 클럽용의 홈은 단순한 횡단면을 갖지 않으면 안 된다.
- 홈의 폭, 서로의 간격 및 횡단면은 임팩트 부분의 전체에 걸쳐서 일정하지 않으면 안 된다(우드에는 약간의 예외를 둘 수 있다).
- 각 홈의 폭(W)은 R&A 내규의 30도 측정 방법으로 측정하여 0.035인치(0.9mm) 이하가 아니면 안 된다.
- 인접한 홈들의 가장자리와 가장자리 간격(S)은 홈 폭의 3배 이상으로 0.075인치(1.905mm) 이상이 아니면 안 된다.
- 각 홈의 깊이는 0.020인치(0.508mm) 이하가 아니면 안 된다.
- *드라이빙 클럽이 아닌 클럽용 횡단면의 면적(A)을 홈의 피치(W+S)로 나눈 값은 인치당 0.0030평방 인치($0.0762mm^2/mm$) 이하가 아니면 안 된다(187쪽의 그림XII 참조).
- 홈은 날카로운 가장자리나 솟아오른 끝을 가져서는 안 된다.
- *25도 이상의 로프트 각을 가진 클럽용의 홈 가장자리는 그림XIII에서 보는 바와 같이 측정할 때 실제로 유효 반경이 0.010인치(0.254mm) 이상인 둥근 형태가 되지 않으면 안 되나 0.020인치(0.508mm) 이상이어서는 안 된다. 이때 0.001인치(0.0254mm) 범위 내의 유효 반경 편차는 허용될 수 있다.

(ii) 펀치 마크

- 어느 펀치 마크의 최대 치수도 0.075인치(1.905mm) 이상이어서는 안 된다.
- 인접한 펀치 마크들의 간격(또는 펀치 마크와 홈과의 간격)은 각각 중심에서 중심까지 측정할 때 그 간격은 0.168인치(4.27mm) 이상이 아니면 안 된다.
- 펀치 마크의 깊이는 0.040인치(1.02mm) 이하가 아니면 안 된다.
- 펀치 마크는 날카로운 가장자리나 솟아오른 끝을 가져서는 안 된다.
- *25도 이상의 로프트 각을 가진 클럽용의 펀치 마크 가장자리는 187쪽의 그림XIII에서 보는 바와 같이 측정할 때 실제로 유효 반경이 0.010인치(0.254mm) 이상인 둥근 형태가 되지 않으면 안 되나 0.020인치(0.508mm) 이상이어서는 안 된다. 이때 0.001인치(0.0254mm) 범위 내의 유효 반경 편차는 허용될 수 있다.

주1

위에서 별표(*)를 붙여서 표시한 홈 및 펀치 마크 규격은 2010년 1월 1일 이후에 제조된 클럽의 새로운 모델과 클럽 타면의 마킹을 고의로 변경한, 예를 들어 다시 홈을 새겨서 변경한 클럽에 한하여 적용된다. 2010년 1월 1일 이전 이용 가능한 클럽의 규칙상 취급에 관한 더 상세한 정보에 관해서는 www.randa.org의 '장비 검색(Equipment Search)' 항목을 참조한다.

주2

위원회는 경기 조건에서, 플레이어가 휴대한 클럽은 위에서 별표(*)를 붙여서 표시한 홈 및 펀치 마크 규격에 적합한 것이 아니면 안 된다는 것을 요구할 수 있다.

이 경기 조건은 숙련된 플레이어가 속한 경기에 한해서 적용하기를 권장한다. 더 상세한 정보에 관해서는 《골프 규칙 재정》의 재정4-1/1을 참조한다.

d. 장식용 마킹

임팩트 부분의 중심을 표시하기 위하여 각 변의 길이가 0.375인치(9.53mm)인 정방형의 경계선 범위 안에 하나의 의장을 만들어 넣을 수 있다. 그러한 의장은 볼이 움직이는 데 부당한 영향을 미쳐서는 안 된다. 장식용 마킹은 임팩트 부분 밖에서는 허용된다.

e. 비금속 클럽 타면의 마킹

위의 여러 규격은 클럽 헤드 타면의 임팩트 부분이 금속의 경도보다 더 낮은 경도의 재료로 되어 있고 로프트 각도가 24도 이하인 나무로 만든 클럽 헤드에는 적용되지 않으나, 볼이 움직이는 데 부당한 영향을 미칠 가능성이 있는 마킹은 금지된다.

f. 퍼터 타면의 마킹

퍼터 타면의 어느 마킹도 날카로운 가장자리나 솟아오른 끝을 가져서는 안 된다. 그리고 임팩트 부분의 거칠기, 재료 및 마킹에 관한 규격들은 여기에 적용되지 않는다.

Q&A

클럽 길이에 대하여 제한 사항이 있는가?
제한 사항이 있다. 클럽의 전장은 0.457m(18인치) 이상이어야 하며, 퍼터를 제외하고 1.219m(48인치)를 초과해서는 안 된다.

골프 클럽은 조절할 수 있도록 디자인할 수 있는가?
할 수 있다. 모든 클럽은 조절할 수 있도록 디자인할 수 있다. 그러나 조절할 수 있는 구조는 부속 규칙 II, 4b에 설명된 다음과 같은 조건에 적합하지 않으면 안 된다.
(i) 조절은 손쉽게 할 수 없도록 한다. 이것은 순전히 손이나 보통 골퍼들의 호주머니나 골프 백에 넣고 다니는(예를 들어 동전이나 피치 마크 수리 도구) 물건보다는 특별한 공구를 사용하지 않으면 안 된다는 것을 의미한다.
(ii) 조절할 수 있는 부분은 단단히 고정시키고 라운드 중에 그 부분의 느슨해질 가능성이 없도록 한다. 다만 마찰에 의하여 꼭 맞게 고정시킨 구조는 정상적으로 허용되지 않는다.
(iii) 조절한 모든 형상이 규칙에 적합하지 않으면 안 된다. 따라서 퍼터를 라이에 따라 조절할 수 있도록 디자인할 경우 샤프트는 그 수직선에 대하여 10도 이상의 각도로 위치시킬 수 있도록 하지 않으면 안 된다(부속 규칙 II, 1d 참조).

내가 디자인한 골프 장비의 한 품목이 규칙에 적합한가 아닌가의 여부를 어떻게 알 수 있는가?
R&A는 골프 장비의 한 품목에 관한 견본이 사정을 위하여 제출된 경우 공식적인 재정을 내릴 수 있는 유일한 기관이다. 그러나 때로는 설명, 도표 그리고(혹은) 사진에 근거한 비공식적인 의견도 내릴 수 있다. 그리고 R&A는 새로운 디자인에 관한 고안은, 어떤 클럽, 기기 혹은 부품의 개발 방법에 대하여 그리고 분명히 생산을 개시하기 이전에, 될수록 빨리 통보하거나 제출하여야 한다는 것을 강력히 권고한다. 유리하게 작용할 견본이 없이는 최종적인 재정이 내려질 수 없을지라도 R&A와의 소통이 될수록 빠른 경우 손실이 큰 착오는 방지할 수 있다. 제조업자가 그 견본을 제출하지 않거나 R&A의 재정을 받기 전에 장비의 한 품목을 제조하고(하거나) 판매하기 시작한 경우 그 제조업자는 그 장비 품목이 규칙에 부적합하다는 재정을 받을 위험을 안게 된다. 장비의 제출이나 문의는 다음 주소로 문의하여야 한다. Equipment Standards, The R&A, St Andrews, Fife, KY16 9JD, Scotland.

드라이빙 클럽의 '스프링(spring)' 효과에 관련된 규칙은 무엇인가?
드라이빙 클럽에 관한 '스프링' 효과의 R&A 해석은 클럽 헤드의 유연성(혹은 특성 시간)을 측정하여 나온다. 이것은 진자 위에 매달린 강철 덩어리를 여러 높이에서 투하하여 클럽 타면에 부딪치는 구조로 되어 있는 진자 테스트 방법을 사용하여 측정한다. 이때 순간적이지만 두 개의 물체가 접촉해 있는 시간(특성 시간)의 길이는 측정의 기초가 된다. 적격한 클럽의 한계는 특성 시간이 239마이크로초이며 그 이내의 수치에 해당하면 적격한 것으로 본다. 그때 시험 허용 오차는 18마이크로초이다.

적격 드라이버 헤드 목록과 부적격 드라이빙 클럽 목록은 R&A 웹사이트(www.randa.org)에 발표된다. 드라이빙 클럽 경기 조건에 관한 정보와 전체 테스트 규정의 사본을 포함하여 드라이빙 클럽 상태에 관한 더 상세한 사항은 R&A 웹사이트에서 확인할 수 있다. 클럽과 볼에 관한 규칙, 규격 그리고 해석도 R&A 웹사이트와 R&A 출판물 《클럽과 볼에 관한 규칙의 안내서(A Guide to the Rules on Clubs and Balls)》에서 찾아볼 수 있다.

부속 규칙 Ⅲ

볼

1. 총칙
볼은 대체로 전통과 관습에서 벗어난 형태와 구조여서는 안 된다. 역시 볼의 재료와 제작도 규칙의 목적과 의도에 반해서는 안 된다.

2. 무게
볼의 무게는 1.620온스(45.93g) 이하이어야 한다.

3. 크기
볼의 직경은 1.680인치(42.67mm) 이상이어야 한다.

4. 구체(球體)의 대칭성
볼은 구체의 대칭성을 가진 볼의 특성과 다른 특성을 갖도록 고안되거나, 제조되거나 의도적으로 개조되어서는 안 된다.

5. 초속
볼의 초속은 R&A 내규의 골프 볼을 위한 초속 표준에 명기된 조건에 의하여 지정된 한도를 초과해서는 안 된다.

6. 총거리 표준
볼이 날아간 거리와 굴러간 거리를 합계한 거리는 R&A에서 승인한 기구로 테스트 할 때 R&A 내규의 골프 볼 총거리 표준(Overall Distance Standard)에 명기된 조건에 의하여 지정된 거리를 초과해서는 안 된다.

부속 규칙 Ⅳ

기기 및 다른 장비

어떤 기기 및 다른 장비를 사용하는 것이 **규칙**에 위반되는가 안 되는가의 여부에 의문이 있는 플레이어는 R&A에 그 의견을 문의하여야 한다.

제조업자는 제조하고자 하는 기기 및 다른 장비를 플레이어가 **정규 라운드** 중에 사용할 경우 규칙14-3에 위반되는가 안 되는가의 여부에 관한 재정을 구하기 위하여 그 제조하고자 하는 기기 및 다른 장비의 견본을 R&A에 제출하여야 한다. 그 제출된 견본은 대조용으로 R&A의 소유물이 된다. 제조업자가 기기 및 다른 장비를 제조하고(하거나) 판매하기 전에 그 견본을 제출하지 않거나 견본을 제출하였으나 재정을 기다리지 않은 경우 그 제조업자는 기기 및 다른 장비의 사용이 **규칙**에 위반된다는 재정을 받을 위험을 지게 된다.

다음의 항목은 규격 및 해석과 함께 기기 및 다른 장비의 디자인을 위한 일반적인 규정을 정하고 있다. 이 항목들은 규칙11-1(티잉 그라운드)와 규칙14-3(인공의 기기, 비정상적인 장비 및 장비의 비정상적인 사용)과 관련해서 동시에 읽어야 한다.

1. 티 (규칙11)
티는 볼을 땅에서 높이 올려놓기 위하여 고안된 장치를 말하며 다음과 같은 내용과 일치하지 않으면 안 된다.
- 4인치(101.6mm) 이하이어야 한다.
- **플레이 선**을 가리키도록 디자인되거나 제조되어서는 안 된다.
- 볼의 움직임에 부당하게 영향을 미쳐서는 안 된다.
- 그외 플레이어가 **스트로크**하거나 플레이하는 데 그에게 원조가 되어서는 안 된다.

2. 장갑 (규칙14-3)
단순한 장갑이라면 플레이어는 클럽을 쥐는 데 원조가 될 수 있도록 그 장갑을 낄 수 있다.

'단순한' 장갑은 다음과 같은 내용과 일치하지 않으면 안 된다.
- 별도의 한 손가락집 속으로 손이 들어가는 외피로 되어 있거나 손가락들(네 손가락과 엄지손가락)이 각각 맞는 손가락집들 속으로 들어가는 꼭 맞는 외피로 되어 있어야 한다.
- 전체 손바닥과 손가락들이 쥐는 표면은 매끄러운 재료로 제조되어야 한다.

'단순한' 장갑은 다음과 같은 것들이 통합되어 있어서는 안 된다.
- 주로 충전 부분을 제공하거나 충전 부분을 제공하는 효과를 낼 수 있는 목적으로 장갑을 쥐는 표면이나 장갑의 내부에 사용한 재료. 충전 부분이란 다른 재료를 추가하지 않아도 인접한 부분보다 0.025인치(0.635mm) 이상 더 두꺼운 재료로 된 장갑의 일부분을 말한다.

주

충전 부분의 정의(위의 문장 참조) 내용을 초과하지 않는다면 마모 방지, 습기 흡수 또는 다른 기능을 위한 목적으로 재료를 추가할 수 있다.

- 클럽이 손에서 미끄러져 나가는 것을 방지하거나 손에 들러붙는 것을 방지하는 데 도움이 될 수 있는 가죽 끈
- 손가락들을 함께 감아서 묶을 수 있는 수단
- 그립에 있는 재료에 들러붙게 하기 위하여 장갑 위에 부착해 놓은 재료
- 그립 위의 일관된 위치와(또는) 특정 위치를 플레이어가 손으로 잡는 데 그를 원조하기 위하여 디자인된 시각 보조 재료 이외의 특징물
- **스트로크**하는 데 플레이어를 원조하기 위한 무게가 나가는 것
- 관절의 움직임을 제지할 수도 있는 어떤 특징물
- 플레이어가 **스트로크**하는 데 또는 그의 플레이를 원조할 수도 있는 어떤 다른 특징물

3. 골프화 (규칙14-3)

확고한 **스탠스**를 취하는 데 플레이어에게 도움이 되는 골프화는 착용할 수 있다. 경기 조건에 따라서 골프화 바닥의 스파이크와 같은 특징물은 허용되지만 골프화는 다음과 같은 특색 있는 기능이 통합되어 있어서는 안 된다.

- 플레이어가 **스탠스**를 취하고(하거나) **스탠스**의 장소를 만드는 데 도움이 되도록 디자인되었다.
- 플레이어가 필요한 일직선 맞춤을 하는 데 도움이 되도록 디자인되었다.
- 플레이어가 **스트로크**하는 데 또는 달리 그의 플레이를 원조할 수도 있다.

4. 골프복 (규칙14-3)

골프복은 다음과 같은 특색 있는 기능이 포함되어 있어서는 안 된다.

- 플레이어가 필요한 일직선 맞춤을 하는 데 도움이 되도록 디자인되었다.
- 플레이어가 **스트로크**하는 데 또는 달리 그의 플레이를 원조할 수도 있다.

5. 거리 측정 기기 (규칙14-3)

정규 라운드 중에는 **위원회**가 그와 같은 취지의 로컬 룰을 도입하지 않는 한 어떤 거리 측정 기기의 사용도 허용되지 않는다(규칙14-3 주 및 부속 규칙 I, Part B, 9).

로컬 룰이 유효한 경우일지라도 그 기기는 거리 측정에만 제한되지 않으면 안 된다. 거리 측정 기기를 사용하여 로컬 룰에 위반되는 특색 있는 기능에는 다음과 같은 내용이 포함된다. 그러나 이것들로 한정된 것은 아니다.

- 경사도를 측정하는 것.
- 플레이에 영향을 미칠 수도 있는 다른 상태(예를 들어 풍속이나 풍향 또는 온도, 습도 등과 같은 다른 기상 상태에 근거한 정보)를 측정하는 것.
- 플레이어가 **스트로크**할 때 또는 그의 플레이에 원조가 되는 권고를 할 수 있는 것(예를 들면 클럽 선택, 플레이할 샷의 방식, 잔디 읽기 또는 문제점에 관련된 어떤 어드바이스 등).
- 샷 거리에 영향을 미칠 수 있는 경사도나 다른 상태에 근거하여 두 지점 사이의 유효 거리를 계산하는 것.

이와 같은 거리 측정 기기 즉 규칙에 부적합한 특색 있는 기능을 사용하는 것은 다음과 같은 조치가 되어 있거나 있지 않거나를 불문하고 규칙에 위반된다.

- 그 특색 있는 기능은 스위치를 끌 수 있거나 연결을 풀 수 있다.
- 그 특색 있는 기능은 스위치가 꺼져 있거나 연결이 풀려 있다.

스마트폰이나 소형 개인용 디지털 컴퓨터(PDA)와 같은 다기능 측정 기기는 위에서 말한 제한 사항(즉 거리 측정에 한정되어 있지 않으면 안 된다)을 충족시킨 거리 측정 응용 기능을 포함하고 있다면 거리 측정기기로 사용할 수 있다. 이에 추가하여 그 거리 측정 응용 기능이 사용되고 있을 때에는 그 측정 기기에 입력된 다른 특징물이나 응용 기능이 있어서는 안 되며 만일 그 다른 특싱불이나 응용 기능을 사용했다면 그 기능이 실제로 이용되거나 이용되지 않거나의 여부를 막론하고 규칙에 위반된다.

핸디캡

골프 규칙은 핸디캡의 할당과 조정에 관해서는 규정하지 않는다. 이와 같은 문제들은 관련된 전국적인 골프 단체의 관할 구역 내에 속한 문제이며 그에 따라서 문의 사항도 그 단체에 직접 문의하여야 한다.

감사의 말

R&A와 출판사는 사진 촬영을 위한 캐슬 코스의 이용 그리고 전적인 협조와 아낌없는 원조에 대하여 세인트 앤드루스 트러스트(St. Andrews Trust) 및 세인트 앤드루스 캐슬 코스(The Castle Course, St. Andrews)의 임직원들에게 진심으로 감사드립니다. 이 책에 게재한 사진 촬영에 대한 협조에 대하여 리틀스톤 골프 클럽(Littlestone Golf Club)에게도 깊은 감사의 뜻을 전합니다.

사진 촬영에 대한 감사의 말

아래 열거한 사진을 제외한 모든 사진은 옥토퍼스 출판 그룹(Octopus Publishing Group)을 대신하여 톰 마일스(Tom Miles)가 촬영하였다.

Alamy Wayne Hutchinson 128; **Congressional Country Club** Michale G Leemhuis 162; **Getty Images** 122, 124, 127 left, 164; Adrian Dennis/AFP 14 below, 100; Andrew Redington 37, 86, 110, 125, 134, 149; Chris Graythen 168; Craig Jones 115; David Cannon 42, 51 right, 61, 67, 145; Donald Miralle 10, 176; Fred Vulch 68; Harry How 72; Hulton Archive 30; Ian MacNicol 45 right; Ian Walton 140; Jamie Squire 20, 75, 155; Julian Finney 22; Kevin C Cox 36; Richard Heathcote 64, 95; Ross Kinnaird 15, 45 left; S Badz 146; Scott Halleran 73; Simon Redington 81; Steve Dykes 23; Steve Grayson 104; Stuart Franklin 14 above, 51 left, 165; Warren Little 97, 135, 139; **Peter Dazeley** 127 right.

사진과 그림으로 보는 골프 룰 해설집 2012-2015

초판 인쇄 | 2012년 3월 20일
초판 발행 | 2012년 4월 10일
편찬 | R&A Rules Limited
옮긴이 | 김동욱, 박종업
감수 | 대한골프협회
발행인 | 안창근
마케팅 | 민경조
기획·편집 | 안성희
디자인 | JR 디자인
펴낸곳 | 고려닷컴
출판등록 | 1980년 8월 4일 제1-38호
주소 | 서울시 마포구 서교동 464-59 서강빌딩 6층
전화 | 02 996 0715~6
팩스 | 02 996 0718
homepage | www.koryobook.co.kr
e-mail | koryo81@hanmail.net
ISBN | 978-89-91335-20-2 13690

● 잘못된 책은 바꿔 드립니다.

GOLF RULES ILLUSTRATED

First published in 2011
under the title Golf Rules Illustrated - 2012-2015 Edition
by Hamlyn, a division of Octopus Publishing Group Ltd
Endeavor House, 189 Shaftesbury Avenue, London, WC2H 8JY

Text copyright © R&A Rules Limited 2003, 2005, 2008, 2009, 2011
Design copyright © Octopus Publishing Group Ltd 2003, 2005, 2008, 2009, 2011
All rights reserved.

Korean translation copyright © 2012 koryo.com Publishing Co. This Korean edition is published arrangement with Hamlyn, a division of Octopus Publishing Group Ltd, London through Duran Kim Agency, Seoul.

이 책의 한국어판 저작권은 듀란킴 에이전시를 통한 Hamlyn과의 독점계약으로 고려닷컴에 있습니다. 저작권법에 의하여 한국 내에서 보호를 받는 저작물이므로 무단전재와 무단복제를 금합니다.